História
da
Ética

Coleção Fundamentos do direito

Dados Internacionais de Catalogação na Publicação (CIP)
(Câmara Brasileira do Livro, SP, Brasil)

Sidgwick, Henry
 História da ética / Henry Sidgwick ; [tradução Cláudio J. A. Rodrigues]. -- 1. ed. -- São Paulo : Ícone, 2010. -- (Coleção fundamentos do direito)

 Título original: Outlines of history of ethics for English readers
 Bibliografia.
 ISBN 978-85-274-1059-5

 1. Ética I. Título. II. Série.

09-08453 CDD-170.9

Índices para catálogo sistemático:

1. Ética : História   170.9
2. Filosofia moral : História   170.9

Henry Sidgwick

História da Ética

Coleção Fundamentos do direito

1ª Edição
Brasil – 2010

© COPYRIGHT DA TRADUÇÃO – 2010
ÍCONE EDITORA LTDA.

CONSELHO EDITORIAL
CLÁUDIO GASTÃO JUNQUEIRA DE CASTRO
DIAMANTINO FERNANDES TRINDADE
DORIVAL BONORA JR.
JOSÉ LUIZ DEL ROIO
MARCIO PUGLIESI
MARCOS DEL ROIO
NEUSA DAL RI
TEREZA ISENBURG
URSULINO DOS SANTOS ISIDORO
VINÍCIUS CAVALARI

TÍTULO ORIGINAL
Outlines of History of Ethics for English Readers

TRADUÇÃO
CLÁUDIO J. A. RODRIGUES

DESIGN DE CAPA E DIAGRAMAÇÃO
RICHARD VEIGA

REVISÃO
ISAÍAS ZILLI
ROSA MARIA CURY CARDOSO
SANDRA SANTOS

PROIBIDA A REPRODUÇÃO TOTAL OU PARCIAL DESTA OBRA, DE QUALQUER FORMA OU MEIO ELETRÔNICO, MECÂNICO, INCLUSIVE ATRAVÉS DE PROCESSOS XEROGRÁFICOS, SEM PERMISSÃO EXPRESSA DO EDITOR.
(LEI Nº 9.610/98)

TODOS OS DIREITOS RESERVADOS PELA
ÍCONE EDITORA LTDA.
RUA ANHANGUERA, 56 – BARRA FUNDA
CEP: 01135-000 – SÃO PAULO/SP
FONE/FAX.: (11) 3392-7771
WWW.ICONEEDITORA.COM.BR
ICONEVENDAS@ICONEEDITORA.COM.BR

PREFÁCIO

O núcleo deste livreto tem como base o artigo sobre "Ética" que escrevi há alguns anos para a *Enciclopédia Britânica*. Descobri que, na opinião de pessoas cujas palavras têm valor para mim, este artigo parecia ir ao encontro das necessidades dos estudantes ingleses ávidos por alcançar um conhecimento geral da história do pensamento ético: por isso, obtive a permissão dos Srs. Black, editores da *Enciclopédia Britânica*, de reimprimi-lo em um volume separado.

Ao fazer isso, o alterei e o ampliei de maneira considerável: contudo, após certa hesitação, determinei-me a seguir as principais linhas do artigo original, de acordo com o qual o capítulo IV, que trata do período moderno, ficou restrito à Ética Inglesa e só faz referência aos sistemas éticos estrangeiros de um modo secundário, como fontes de influência para o pensamento inglês.

Tomei esta resolução, em parte porque me pareceu que o mérito de meu artigo – se houver algum – situa-se em uma unidade compacta de movimento que, inevitavelmente, se perderia caso eu tentasse incluir um tratamento dos moralistas franceses e alemães em escala correspondente à que concedi aos moralistas ingleses: ao mesmo tempo uma parcela[1] considerável do que,

---

[1] Eu chamei atenção às palavras "parcela considerável" porque elas foram deixadas de lado por um revisor que selecionou esta frase para fazer severa crítica. A omissão delas substitui uma opinião que eu consideraria como indefensável para alguém que eu ainda acho quase incontrovertível.

desse modo, omitir me pareceu ter um interesse secundário e distinto para os leitores ingleses quando comparado ao que incluí.

Devo também explicar que, por alguma razão semelhante, me esforcei por manter a Ética separada o máximo possível, quando achei conveniente, da Teologia e da Metafísica, assim como da Política: esta separação, no entanto, se dá naturalmente de maneira menos completa em algumas partes do tema do que em outras: – por exemplo, ao tratar do período medieval, as relações da Ética com a Teologia são necessariamente mais notórias do que no período moderno. Finalmente, talvez eu possa dizer que concentrei meus esforços o máximo possível para demonstrar imparcialidade e "objetividade" de tratamento; e para melhor alcançar este resultado procurei não envolver os modos contemporâneos do pensamento ético – com o que me comprometi de maneira polêmica – salvo de um modo muito breve e resumido.

Na maior parte do livro – isto é, de longe a maior parte do Capítulo II, em quase todo o Capítulo IV e em parcelas do Capítulo III – minha exposição baseia-se primordialmente em meu próprio estudo dos autores originais. Quando isso não ocorre, procurei evitar o erro de comparar diferentes historiadores da filosofia e recorri aos autores originais sempre que essa comparação me deixou em dúvida. E de ponta a ponta me empenhei em corrigir e complementar os resultados de meu próprio estudo, comparando-os com os pontos de vista expressos em outras obras históricas. Sou especialmente grato, quanto ao Capítulo II, à *Geschichte der Griechischen Philosophie* de Zeller; mas, ao revisar o capítulo, também recebi utilíssimas sugestões da *Geschichte der Ethik* de Ziegler e de um excelente livreto sobre o epicurismo do Sr. Wallace.

O relato sobre moralidade cristã do Capítulo III, obtive naturalmente de tantas fontes que não me é impossível mencioná-las; contudo, uma ou duas boas declarações, com certeza, obtive da *History of European Morals* de Lecky. O trecho sobre ética medieval deste mesmo Capítulo foi composto principalmente no artigo original, com a ajuda de Neander e Wuttke, no entanto, ao revisá-la, recebi a valiosa ajuda da *Christliche Ethik* de Gass.[2] Do período moderno recebi diversas sugestões da *Geschichte der Ethik* de Jödl, dos *Principles of Morals* de Wilson e Fowler, de um livreto do Sr. Fowler sobre Shaftesbury e Hutcheson, de

---

[2] Eu também deveria ter mencionado a *Geschichte der Philosophie des Mittelalters* de Stöckl como um livro do qual obtive alguma assistência.

outro do mesmo tipo sobre Hobbes, do Sr. Croom Robertson e do *Pessimism* do Sr. Sully, assim como das abrangentes histórias da filosofia de Ueberweg e Erdmann. Eu também devo expressar meu reconhecimento aos amigos e correspondentes pelos conselhos que me deram quanto a inúmeras partes de minha obra: especialmente a Lord Acton; a R. D. Hicks, Ilmo. membro do Trinity College de Cambridge e ao Rev. Alexander Stewart, de Mains, Dundee, que amavelmente me auxiliou lendo as provas do livro.

Ao revisar este livro para sua segunda edição, me empenhei em tirar proveito de todas as críticas das quais tive conhecimento e fiz, consequentemente, diversas modificações menores em minhas afirmações. Estas ocorreram principalmente no Capítulo II "Ética Grega e Greco-Romana"; mas também reescrevi uma boa parte do relato sobre a doutrina de Kant no Capítulo IV.

Para evitar equívocos, talvez deva explicar que minhas mudanças necessariamente não sugerem um reconhecimento de que minhas declarações anteriores estivessem erradas; procurei evitar até mesmo objeções que me pareceram sem fundamento, caso cogitasse que poderia fazer isto sem sacrificar alguma coisa que fosse importante ao meu próprio ponto de vista.

Duas críticas diferentes foram transmitidas no "Relato Geral do Assunto" no Capítulo I, por escritores cujos pontos de vista merecem grande consideração. Um crítico americano – Sr. H. M. Stanley – diz que "o capítulo não está caracterizado por aquela objetividade de tratamento que o escritor declarou fazer parte de seu método. Seu espírito é mais dogmático do que histórico. Alguém que é apenas um historiador não deveria dar sua própria concepção da ciência ética e consequentemente discutir seu assunto como parece fazer o Professor Sidgwick".

Por outro lado, o Professor Wallace (*Mind*, vol. xi. p. 471) fala desse capítulo como sendo "pouco mais que um resumo abstrato dos fatos apresentados em outras partes do livro sob seu aspecto histórico". O que eu almejava nesse capítulo era algo intermediário entre estas duas descrições quanto ao que eu realmente fiz. Pretendia não oferecer "minha própria concepção", mas uma concepção que pudesse ser em geral aceita como adequadamente imparcial e abrangente, por pensadores de diversas escolas até hoje: embora, para tornar esta definição introdutória mais útil aos estudiosos de ética histórica, não medi esforços para indicar brevemente a ordem e a maneira pela qual os diversos elementos em nossa atual concepção do assunto foram historicamente desenvolvidos.

Finalmente, devo novamente expressar minha gratidão ao Sr. R. D. Hicks pela assistência inestimável que me concedeu na revisão do Capítulo II.

A principal alteração que tive de fazer na terceira edição consistiu em ampliar materialmente meus relatos sobre as doutrinas de Hume e Adam Smith. Também mudei minha opinião sobre um ponto de certa importância na história do Utilitarismo: Agora estou disposto a aceitar a *Deontology* de Bentham, que foi publicada postumamente, como contribuidora de um relato em geral, valioso de sua perspectiva acerca da relação da Virtude com a Felicidade do agente virtuoso. Por outro lado, além de corrigir alguns erros de impressão e de escrita e de me empenhar em remover certas expressões embaraçosas, modifiquei ou expliquei algumas declarações que os correspondentes criticaram por serem obscuras ou equivocadas. Fico grato por tais críticas, às quais é meu desejo sempre dar a devida atenção.

H. SIDGWICK

ÍNDICE

INTRODUÇÃO

I. ÉTICA GREGA E GRECO-ROMANA, 15
  § 1. Ética pré-socrática (550-430 a.C.), 16
  § 2. Sócrates, Platão e Aristóteles (430-322 a.C.), 16
  § 3. Cínicos e Cirenaicos, 17
  § 4. Ética pós-aristotélica, de 300 a.C. a cerca de 300 d.C., 17

II. CRISTANDADE E ÉTICA MEDIEVAL, 19
  § 1. Do período pré-escolástico a 1100 d.C. Agostinho (354-430 d.C.), 19
  Erígena (c. 810-877 d.C.), 19
  § 2. Escolástica se desenvolve e chega ao seu auge (1100-1274 d.C.), 19
  § 3. Decadência da Filosofia Medieval e a transição ao
     Pensamento Moderno (c. 1300-1600 d.C.), 20

III. ÉTICA MODERNA, EM ESPECIAL A INGLESA, 20
  § 1. Hobbes (1640 e 1651), 20
  § 2. Moralidade Independente. Racional e Jurídica (1651-1711), 20
  § 3. Antiegoísmo Psicológico. Naturalidade da Benevolência
     e Consciência desinteressada (1711-1747), 21
  § 4. Butler (1726 e 1736). Dualismo dos Princípios Dominantes.
     Divergência entre Consciência e Benevolência, 22
  § 5. Psicologia predominando sobre a Ética.
     Explicação dos Sentimentos Morais (1740-1759), 22
  § 6. Intuicionismo Tardio e Senso Comum, de 1757 (Price) ou 1788 (Reid), 23
  § 7. Utilitarismo plenamente Desenvolvido,
     de 1785 (Paley) ou 1789 (Bentham), 23

CAPÍTULO I
IMPORTÂNCIA GERAL DO TEMA

§ 1. Ética: o estudo do Bem Último do homem, 25
Distinto da Teologia, o estudo do Bem Absoluto, 26
§ 2. A Ética parcialmente distinta da Política, 26
§ 3. Ética e Psicologia, 27
§ 4. Ética: o estudo do Dever ou Conduta Correta, 29
§ 5. Ética e Jurisprudência, 31
Origem da Faculdade Moral, 32
Livre-arbítrio, 33
Resumo da Ética, 33

CAPÍTULO II
ÉTICA GREGA E GRECO-ROMANA

§ 1. Filosofia Pré-socrática, 35
Pitágoras (c. 580-500 a.C.), 36
Heráclito (c. 530-470 a.C.), 37
Demócrito (c. 460-370 a.C.), 38
§ 2. A era dos Sofistas (c. 450-400 a.C.), 40
§ 3. Sócrates (nasc. c. de 470 a.C.- falec. 399 a.C.), 44
§ 4. As Escolas Socráticas, 51
Aristipo e os Cirenaicos, 51
Antístenes e os Cínicos, 52
§ 5. Platão (427-347 a.C.), 54
§ 6. Teoria da Virtude de Platão, 59
§ 7. A Concepção de Prazer de Platão e sua relação com o Bem Humano, 64
§ 8. Platão e Aristóteles, 67
Aristóteles (384-322 a.C.), 67
§ 9. O ponto de vista de Aristóteles do Bem-estar Humano, 70
§ 10. Aristóteles, teoria da Virtude, 73
§ 11. O Parecer de Aristóteles sobre Justiça, Amizade e Sabedoria Prática, 78
§ 12. Platão e Aristóteles sobre o Voluntário, 81
§ 13. Transição ao Estoicismo, 83
Zenão (prov. 342-270 a.C.), 84
§ 14. Estoicismo, 85

Liberdade e Determinismo Estoicos, 87
§ 15. Sabedoria e Natureza Estoica, 88
§ 16. Estoicos e Hedonistas, 93
§ 17. Epicuro (341-270 a.C.), 95
§ 18. Filosofia Grega Tardia, 99
Ceticismo Acadêmico e Ecletismo, 100
§ 19. Filosofia em Roma, 102
Cícero (106-43 a.C.), 103
§ 20. Estoicismo Romano, 106
Sêneca (f. 65 d.C.), 106
Epicteto, 107
Marco Aurélio (120-180 d.C.), 108
§ 21. Platonismo Tardio e Neoplatonismo, 110
Plutarco (c. 48-120 d.C.), 111
Plotino (205-270 d.C.), 111

CAPÍTULO III
CRISTIANISMO E ÉTICA MEDIEVAL

§ 1. As características da moralidade cristã que devem ser destacadas, 115
§ 2. A "lei de Deus" Cristã e Judaica, 116
§ 3. Interioridade Cristã e Pagã, 119
Fé, 120
Amor, 122
Pureza, 122
§ 4. Peculiaridades distintivas da Moralidade Cristã, 123
Obediência, 123
Alienação do Mundo e da Carne, 123
Paciência, 125
Beneficência, 125
Cristianismo e Riqueza, 127
Pureza (em sentido especial), 128
Humildade, 128
Dever Religioso, 128
Cristianismo e Livre-arbítrio, 130
§ 5. Desenvolvimento da opinião no Cristianismo Primitivo, 130
Moralidade Monástica, 131

§ 6. Desenvolvimento da doutrina ética, 132
Agostinho (354-430 d.C.), 133
Ambrósio (c. 340-397 d.C.), 135
§ 7. Moralidade Eclesiástica na "Era das Trevas", 136
§ 8. Ética Escolástica, 138
João Scoto Erígena (810-877), 138
Anselmo (1033-1109), 139
Abelardo (1079-1142), 139
Método Escolástico, 141
Pedro Lombardo (f. 1164), 141
§ 9. Tomás de Aquino (1225-1274), 142
Duns Scotus, 147
Guilherme de Occam, 147
§ 10. Misticismo Medieval, 148
Boaventura (1221-1274), 149
Eckhart, 151
§ 11. Casuística, 151
Os Jesuítas, 152
§ 12. A Reforma, 153
Transição para a Filosofia Moderna, 154

CAPÍTULO IV
ÉTICA MODERNA, EM ESPECIAL A INGLESA

§ 1. Ética Moderna antes de Hobbes. Bacon, 157
A lei da Natureza, 158
Grotius (1583-1645), 159
§ 2. Hobbes (1588-1679), 162
§ 3. Os Moralistas de Cambridge. Cudworth (1617-1688), 167
More (1614-1687), 168
§ 4. Moralidade como um Código da Natureza, 170
Cumberland (1632-1718), 170
Locke (1632-1704), 171
§ 5. Clarke (1675-1729), 174
§ 6. Shaftesbury (1671-1713), 178
Mandeville, 183
§ 7. Butler (1692-1752), 184

Wollaston (1659-1724), 189
§ 8. A Doutrina desenvolvida e sistematizada de Shaftesbury, 191
Hutcheson (1694-1747), 192
§ 9. Sentimentos morais e simpatia. Hume (1711-1776), 194
Adam Smith (1723-1790), 201
§ 10. Sentimentos Morais compostos por Associação, 205
Hartley (1705-1757), 206
Psicologia e Ética, 209
§ 11. Intuicionismo tardio. Price (1723-1791), 210
§ 12. Reid (1710-1796), 212
§ 13. Dulgard Stewart (1753-1828), 216
Whewell (1794-1866), 218
Controvérsia entre as Escolas Intuicional e Utilitarista, 219
§ 14. Utilitarismo, 220
Tucker, 220
Paley (1743-1805), 222
§ 15. Bentham e sua Escola (1748-1842), 223
§ 16. J. S. Mill (1806-1873), 227
Associacionismo, 231
§ 17. Controvérsias Éticas Atuais, 234
Associação e Evolução, 234
Ética Evolucional, 235
Otimismo e Pessimismo, 238
Transcendentalismo, 238
T. H. Green (1836-1882), 239
§ 18. Livre-arbítrio, 240
Reid sobre o Livre-arbítrio, 242
Ética Determinista, 243
§ 19. Influência Francesa sobre a Ética Inglesa, 245
Helvetius (1715-1771), 246
Comte (1798-1857), 246
§ 20. Influência Alemã sobre a Ética Inglesa, 248
Kant (1724-1804), 249
Ética Pós-kantiana, 254
Hegel (1770-1831), 255
Pessimismo Alemão, 256
Schopenhauer (1788-1860), 257
Hartmann, 258

CAPÍTULO V
ÉTICA MODERNA, EM ESPECIAL A INGLESA

§ 1. Idealismo Absoluto, 261
Bradley (1846-1924), 262
Taylor (1865-1945), 264
§ 2º. Personalidade como a concepção central da Ética, 264
§ 3º. Ética da Evolução, 266
Huxley (1825-1895), 266
Nietzsche (1844-1900), 266
Sorley e Schurman, 268
Spencer (1820-1903), 269
§ 4º. Teoria Sociológica francesa da Moralidade, 270
Lévy-Bruhl (1857-1939), 270
§ 5º. Utilitarismo, 272
Sidgwick (1838-1900), 272
§ 6º. Intuicionismo, 275
Martineau (1805-1900), 276
§ 7. Ética como uma Ciência: Wundt (1832-1920), 278
§ 8º. Ética e Teoria dos Valores, 279
Brentano (1838-1917), 279
Meinong, 280
Ehrenfels, 280
Moore (1873-1958), 282
Rashdall (1858-1924), 284
Paulsen (1846-1908), 287
Sorley, 288
§ 9º. O Fim Moral com a Expansão da Vida, 290
Guyau, 291
Eucken (1846-1926), 291
Croce (1866-1952), 293
Dewey (1859-1952), 294
Hobhouse (1864-1929), 296
§ 10. Características da Ética Contemporânea, 298
§ 11. Ética e Teísmo, 301
§ 12. Liberdade Humana, 302
§ 13. Moralidade e Imortalidade, 303

INTRODUÇÃO

Para auxiliar o leitor na compreensão e disposição da questão histórica um tanto resumida como lhe é apresentada neste livro, achei que seria proveitoso antepor uma breve sinopse dos três períodos tratados nos Capítulos II, III e IV, respectivamente.

I. ÉTICA GREGA E GRECO-ROMANA

A primeira das três grandes divisões de meu tema – a história da Ética Grega e Greco-Romana – naturalmente está subdividida em Ética Pré-Socrática, Socrática, Platônica, Aristotélica e Pós-Aristotélica. Se nós utilizarmos estas como divisões cronológicas definidas, o primeiro período poderá se estender até cerca de 430 a.C., quando a nova dialética de Sócrates começou a impressionar o público ateniense: o segundo pode ser levado até o fim do século IV ou à morte de Aristóteles (322 a.C.) ou ao surgimento aproximadamente simultâneo de Zenão e Epicuro como mestres em Atenas; o terceiro poderá ser estendido, se preferirmos, até a supressão das escolas de filosofia em Atenas, pelo zelo ortodoxo de Justiniano, em 529 d.C.; contudo, procurei não levar o interesse do leitor, neste último estágio, para além do século III d.C. Ao abordar a primeira divisão, porém, não considerei proveitoso observar uma linha de demarcação estritamente cronológica; assim incluí Demócrito nesta divisão, o qual foi um contemporâneo mais jovem de Sócrates, porque o ensino de Demócrito está em relação íntima e positiva com a filosofia pré-socrática e não foi influenciada por nenhuma das novas linhas de pensamento que encontram seu ponto de partida comum no próprio Sócrates.

§ 1. *Ética pré-socrática (550-430 a.C.)*

Em todo caso os três períodos destacados acima não têm a mesma importância. A característica marcante do primeiro período ou período pré-socrático da filosofia grega é que a investigação filosófica está concentrada principalmente na explicação do mundo exterior; nela o interesse pela conduta humana ocupa um lugar secundário e inferior. É por meio do ensino de Sócrates que a filosofia moral consegue ocupar a posição central que jamais veio a perder, no pensamento grego. Sócrates é o ponto de partida essencial do qual divergem todas as linhas subsequentes do pensamento ético grego: as especulações sobre a conduta anterior a Sócrates são, para que possamos entender, apenas um tipo de prelúdio à execução real feita por ele. Além disso, os três pensadores desse período, aos quais chamei atenção, Pitágoras, Heráclito e Demócrito, só os conhecemos indiretamente ou por meio de passagens fragmentadas citadas por outros escritores. Em ambas as áreas nós não temos como nos deter por muito tempo no exame de suas doutrinas. Por isso, é interessante – e será de grande ajuda para o estudioso fixar em sua mente suas características principais – anotar as relações de afinidade que estes três pensadores pré-socráticos têm respectivamente com as três linhas importantes do pensamento pós-socrático: Pitágoras com o platonismo, Heráclito com o estoicismo e Demócrito com o epicurismo.

§ 2. *Sócrates, Platão e Aristóteles (430-322 a.C.)*

O segundo período, embora bem mais curto temporalmente do que o terceiro, ocupa, como o leitor irá perceber, um espaço muito maior em meu capítulo. Em parte isso ocorre porque as obras reais de Platão e a parte mais importante das obras de Aristóteles chegaram até nós, ao passo que os livros dos principais pensadores pós-aristotélicos se perderam quase que completamente. Mas esta não é toda a explicação: antes, este fato é em si mesmo uma indicação do interesse preeminente e permanente relacionado aos escritos destes primeiros mestres. Para nós, de qualquer maneira, Sócrates, Platão e Aristóteles, juntos, ocupam um único lugar na história da filosofia moral: para compreendermos os homens e suas obras deveríamos contemplá-los o máximo possível em relação uns aos outros. Considerado independentemente de Platão e Aristóteles, Sócrates seria, na verdade, a figura histórica mais interessante; contudo, a importância mais profunda de seu método dialético inevitavelmente se perderia. A obra de Platão é, como ele mesmo a apresenta, em essência a continuação de uma investigação iniciada por Sócrates, e a obra de Aristóteles, em ética pelo menos, é na maior parte uma reafirmação sistemática dos resultados definitivos pouco a pouco e desenvolvidos pela incansável e continuamente renovada pesquisa de Platão, suplementada por outras aplicações do que é essencialmente o método Socrático formalizado.

§ 3. *Cínicos e Cirenaicos*

Neste período, uma forma secundária de consideração é dada ao desenvolvimento das escolas Cínica e Cirenaica: sobretudo, é interessante, por se apresentar para nós numa forma mais antiga e mais rudimentar, esta oposição inflexível entre a Virtude e o Prazer, que posteriormente, no período pós-aristotélico, continua entre o Estoicismo e o Epicurismo. Tanto a escola Cínica quanto a Cirenaica resistem por um tempo, mesmo após a fundação das escolas posteriores e mais importantes de Zenão e de Epicuro; no entanto, não podemos ver a doutrina Cirenaica ir além da metade do terceiro século a.C., e no final deste mesmo século o Cinismo, como escola independente, parece ter se extinguido, embora ele se restabeleça mais tarde como um ramo ou modificação do Estoicismo.

§ 4. *Ética pós-aristotélica, de 300 a.C. a cerca de 300 d.C.*

O terceiro e derradeiro período da Ética Grega e Greco-Romana pode ser estendido, aproximadamente, por seis séculos – terminando meio século depois da era cristã. Mas o interesse filosófico do período é distribuído de maneira muito desigual. Seu ponto mais interessante é exatamente seu começo, visto que Zenão e Epicuro parecem ter fundado a escola Estoica e Epicurista, respectivamente e por volta da mesma época, pouco antes do final do século IV a.C. Nenhum evento igual em importância a esta dupla geração de doutrinas ocorre na história da filosofia moral nos seis séculos subsequentes, de qualquer maneira, até o surgimento do Neoplatonismo no século III d.C. e mesmo este é de menos importância na história da ética do que é na história da filosofia em geral.

Consequentemente, ao estudarmos este período, convém dividi-lo – se é que posso dizer assim – *longitudinalmente* e não *transversalmente*; considerando primeira e separadamente cada uma das quatro escolas fundadas por Platão, Aristóteles, Zenão e Epicuro, respectivamente, e em seguida examinar suas mútuas relações. Neste período, o Estoicismo tem a liderança e em toda parte reivindica a primeira e a maior parte de nossa atenção até o encerramento do século II d.C., quando o interesse passa a ser o desenvolvimento tardio do platonismo. A relação antitética do Estoicismo para com o Epicurismo é simples, permanente e fácil de compreender. A atitude da escola Peripatética ou Aristotélica, negligenciando-se modificações menores, pode ser brevemente caracterizada como de "ortodoxia moderada", que se empenha em manter pretensões superiores de Virtude de maneira adequada com a finalidade de evitar as extravagâncias Estoicas. A história mais antiga do Estoicismo é um assunto obscuro, no qual me aprofundei apenas até onde se pode notar a importância da obra de Crisipo, o "segundo fundador" do Estoicismo (*circ.* 280-206 a.C.). Depois disso, os pontos essenciais a serem observados em seu desenvolvimento são a tendência ao Ecletismo ou Sincretismo, no final do século II a.C., representado por Panécio, a influência do Estoicismo sobre o pensamento romano, como foi delineada nos escritos de Cícero, e as características do Estoicismo romano tardio, que nós conhecemos a partir dos escritos de Sêneca e Marco Aurélio. As variações na escola de Platão são as mais notáveis; falando em termos gerais, nós podemos distinguir três principais transições em sua história: a primeira mudança é quanto ao período do ceticismo filosófico (*circ.* 250-100 a.C.) na qual seu ensino ético é dúbio. Em seguida, o ceticismo se extingue durante o século I a.C. e a visão predominante da escola se torna semelhante, em linhas gerais, à ortodoxia moderada dos Peripatéticos – até, no século II d.C., surgir uma tendência ao misticismo, que alcança seu mais pleno desenvolvimento no Neoplatonismo de Plotino no século III.

II. CRISTANDADE E ÉTICA MEDIEVAL

Quando, no fim do século III d.C., o Neoplatonismo perde seu interesse, encontramos a Cristandade dominando o pensamento europeu: consequentemente, dou início ao meu segundo capítulo com uma breve apresentação das características inconfundíveis da moralidade cristã e, em seguida, faço um esboço conciso do desenvolvimento da doutrina ética da Igreja Ocidental.

§ 1. Do período pré-escolástico a 1100 d.C.
Agostinho (354-430 d.C.)

Se o leitor estiver surpreso pela rapidez com que ele é levado mais de seis séculos adiante, de Agostinho a Anselmo, é preciso ter em mente a longa suspensão das atividades intelectuais mais elevadas que ocorreu durante esta era de dissolução e reconstrução social e é possível notar que é o único pensador original que chama nossa atenção durante essa "era das trevas".

Erígena (c. 810-877 d.C.)

João Erígena está relacionado de maneira indireta com o lampejo parcial de luz e ordem que a Europa deve a Carlos Magno, contudo, a única parte da vida de Erígena da qual nós temos um conhecimento preciso é aquela que ele passou como líder da escola da Corte (*Schola Palatina*) no reinado de Carlos, o Baldo, a partir de 843.

§ 2. Escolástica se desenvolve e chega ao seu auge (1100-1274 d.C.)

Além disso, é digno de nota que o importante desenvolvimento da filosofia medieval, que começa com Anselmo e que é conhecido pelo nome de Escolástica, coincide aproximadamente com o grande esforço para estabelecer ordem social e política na Europa Ocidental, com base na supremacia eclesiástica, que começa com Hildebrando, e esta Escolástica, como o poder do papado, culmina no século XIII com Thomás de Aquino – o único escritor cujas doutrinas achei proveitoso expor com mais detalhes neste capítulo.

§ 3. Decadência da Filosofia Medieval e a transição ao Pensamento Moderno (c. 1300-1600 d.C.)

No século XIV a Escolástica perde seu esplendor, embora seu método ainda dominasse a Europa culta. No século XV a influência do pensamento medieval é atacada e subjugada pela Renascença, já no século XVI a Reforma e a crescente ciência física se combinam para despedaçá-la. Com o século XVII o período do pensamento moderno efetivamente tem seu início.

III. ÉTICA MODERNA, EM ESPECIAL A INGLESA

§ 1. Hobbes (1640 e 1651)

O capítulo final ocupa-se de maneira particular com o processo do pensamento ético inglês de Hobbes a J. S. Mill, mas, para explicar o Hobbismo, pareceu-me sensato começar pela descrição do ponto de vista precedente de Lei Natural do qual o Hobbismo se forma por antítese, e que foi tomado como a base da Lei Internacional na obra sensacional de Grotius uns quinze anos antes que as concepções de Hobbes tomassem a forma escrita. Por um século e meio que se interpõe entre Hobbes e Bentham o desenvolvimento da ética inglesa passa sem receber nenhuma influência material de fontes estrangeiras. Esse processo pode, de maneira conveniente, ser dividido em partes, como virá a seguir; contudo, o leitor precisa observar que as divisões não podem, em sua inteireza, ser tratadas numa sucessão cronológica.

§ 2. Moralidade Independente. Racional e Jurídica (1651-1711)

No primeiro período o aspecto do Hobbismo, ao qual os moralistas ortodoxos se opõem, diz respeito à dependência da moralidade social que se baseia no estabelecimento da ordem política. Deixando de lado diferenças menores, em geral, podemos distinguir duas linhas de oposição: (1) a dos "moralistas de Cambridge" e Clarke, que ressaltava a autoevidência dos princípios morais vistos de maneira abstrata e sua irrefutabilidade intrínseca pelas vontades racionais, independentemente de qualquer consideração delas como leis estabelecidas pelos homens por um legislador onipotente; (2) a de Cumberland e Locke, que trata a moralidade como um código da Legislação Divina a ser averiguado, levando em consideração as relações dos seres humanos como destinados e criados por Deus. A primeira linha, eu poderia dizer que é a dos Primeiros Intuicionistas Racionais, para distingui-la de uma linha de pensamento um tanto semelhante, introduzida no século seguinte por Price e Reid, enquanto os moralistas Jurídicos, Cumberland e Locke, talvez, sejam vistos de maneira mais didática como precursores do Utilitarismo de Paley – embora, como demonstrei, o método de Locke de determinar as leis da natureza seja mais intuitivo que utilitarista. De qualquer modo, no entanto, é preciso acrescentar que essas duas linhas de pensamento não se opõem definitivamente uma à outra nesse período: Cumberland, de maneira especial, é considerado por Clarke como um aliado e está de algum modo mais próximo dele do que ele de Locke.

§ 3. Antiegoísmo Psicológico. Naturalidade da Benevolência e Consciência desinteressada (1711-1747)

No segundo período a resposta ao Hobbismo toma um novo ponto de partida e chega a afetar a sua base de Egoísmo Psicológico. Essa linha de pensamento teve início com Shaftesbury e se desenvolveu em caminhos diferentes por Butler e Hutcheson: os três concordam em se manter firmes contra Hobbes (*a*) de que a Benevolência desinteressada e o Senso moral ou Consciência são fontes naturais de ação não reduzíveis ao Amor próprio; e (*b*) que induzem, sempre, ou na maioria das vezes, à conduta que o egoísmo esclarecido ditaria e estão, por conseguinte, *em harmonia* com, embora *distintas* do Amor próprio. Eu digo "sempre *ou* na maioria das vezes" porque neste ponto a maior precaução de Butler o conduz a um modo de pensar bem diferente do de Shaftesbury ou Hutcheson na constituição de um novo ponto de partida. Do ponto de vista de Shaftesbury e Hutcheson o Senso Moral, a Benevolência Abrangente e o Interesse Próprio Esclarecido se combinam em uma tripla ligação para nos atrair, se nós víssemos apenas os fatos empíricos como são, para a boa conduta.

§ 4. Butler (1726 e 1736). Dualismo dos Princípios Dominantes. Divergência entre Consciência e Benevolência

Na visão de Butler é necessário (1) encarar a possibilidade de um conflito aparente entre a consciência e Amor próprio e, consequentemente, ressaltar a autoridade do primeiro; (2) notar que os ditames da Consciência divergem de maneira importante das direções que uma simples consideração pela felicidade geral poderia conceder. Sobre o primeiro destes pontos ele faz menção no prefácio a seus *Sermons* (1726); o segundo só se tornou perfeitamente claro mais tarde e é enfatizado na dissertação *On Nature of Virtue*, um anexo à *Analogy* (1736). Esta última data, portanto, pode ser tomada como o ponto de partida da controvérsia entre as Éticas Intuicional e Utilitarista, que se tornam mais tarde proeminentes.

§ 5. Psicologia predominando sobre a Ética. Explicação dos Sentimentos Morais (1740-1759)

A divisão seguinte do tema se caracteriza pela preponderância da Psicologia sobre a Ética: a questão que é tratada não só mais originalmente como também mais eficazmente não é (*a*) Como deve ser determinada a conduta correta, mas (*b*) Como os sentimentos morais precisam ser explicados cientificamente. Três linhas de explicação – das quais todas fornecem elementos para o Associacionismo posterior de James e John S. Mill e outros – são desenvolvidas por Hume, Hartley e Adam Smith, respectivamente. Destas, a de Hume, que reduz o sentimento moral à simpatia para com os efeitos aprazíveis e dolorosos da ação, leva naturalmente a uma solução utilitarista da questão estritamente ética (*a*): contudo, a linha de Hume se preocupa primordialmente com a explicação psicológica e não com a construção ética.

§ 6. Intuicionismo Tardio e Senso Comum, de 1757 (Price) ou 1788 (Reid)

Finalmente, quando o interesse principal se volta novamente para a determinação sistemática da conduta correta, nós descobrimos a oposição entre a óbvia Consciência do homem e a Benevolência abrangente, que Butler notou em 1736, desenvolvida na antítese entre a moralidade Intuicional e Utilitarista, que perdurou até agora.

§ 7. Utilitarismo plenamente Desenvolvido, de 1785 (Paley) ou 1789 (Bentham)

Meu esboço histórico teve o tempo todo a intenção de chegar ao Utilitarismo de Mill, mas achei por bem incluir um breve relato de dois modos atuais de pensamento não retratados no esboço histórico, que denominei Ética "Evolucional" e "Transcendental". Além disso, antes do final do último século, precisamos notar uma reintrodução da influência estrangeira: os sistemas Utilitaristas de Bentham e Mill mostram a influência respectivamente de escritores franceses como Helvetius e Comte: ao passo que, novamente, a influência do Kantismo em parte tem se misturado, em parte se contrastado com o Intuicionismo de Senso Comum, o qual é comumente conhecido como Escola Escocesa,[3] representado por Reid e Stewart e, posteriormente, no terceiro quarto do século XIX, uma nova forma de pensamento ético que eu tenho chamado de Transcendentalismo se desenvolveu sob a influência de Kant e Hegel combinados, e o pessimismo[4] fracamente percebido no atual estágio do pensamento inglês pode em parte se remeter a uma origem alemã. Consequentemente, concluí o capítulo com um breve relato de alguns sistemas éticos franceses e alemães vistos em relação com o pensamento inglês.

---

[3] Este termo é suscetível a equívocos, enquanto a atividade intelectual da Escócia desempenha um papel proeminente no movimento do pensamento ético inglês a partir de Hutcheson; contudo, o que é mais largamente conhecido como escola Escocesa é a que foi fundada por Reid.

[4] Eu utilizo o termo pessimismo em seu sentido vulgar, para denotar a perspectiva de que o mundo é tão mau que sua não existência seria melhor do que sua existência – não que necessariamente seja o pior mundo possível.

CAPÍTULO I

IMPORTÂNCIA GERAL DO TEMA

Há certa dificuldade em definir o tema da Ética de um modo que seja possível reclamar convenientemente a aceitação geral, visto que suas relações e natureza são entendidas de maneira variada pelos escritores de diferentes escolas e são, consequentemente, concebidas de modo um tanto indefinido por pessoas cultas em geral. Por isso, me pareceu melhor, neste capítulo introdutório, primeiramente desenvolver pouco a pouco os diversos pontos de vista que a mente humana tem sido levada a ter dos temas da investigação ética e suas relações com temas semelhantes como a Teologia, a Política e a Psicologia e, em seguida, concluir com uma declaração sobre esses pontos e oferecer um panorama das principais divisões do nosso tema, que procurarei, ao mesmo tempo, fazer de maneira tão neutra e abrangente quanto possível.

§ 1. Ética: o estudo do Bem Último do homem

A derivação do termo é até certo ponto enganosa; porque Ética (ἠθικά) originalmente significava aquilo que dizia respeito ao caráter enquanto distinto do intelecto; contudo, as qualidades do caráter que nós chamamos virtudes e vícios constituíam somente um elemento do tema que este termo costumava denotar no tratado de Aristóteles. De acordo com o ponto de vista Aristotélico – que é o da filosofia grega em geral e que tem sido amplamente usado nos últimos tempos – o objeto primordial da investigação ética é tudo o que está incluído na noção do que vem a ser, por fim, bom e proveitoso para o homem, tudo que é razoavelmente escolhido ou procurado por ele, não como meio para um fim ulterior, mas por si mesmo.

Distinto da Teologia, o estudo do Bem Absoluto

A qualificação "para o homem" é importante para distinguir a questão do conteúdo da Ética daquele Bem Absoluto ou Bem Universal, que pode ser expresso como a questão do conteúdo da Teologia, dizendo "Teologia" num amplo sentido, como envolvendo apenas a hipótese de um fim ou Bem último, à realização do qual todo processo do mundo, como empiricamente conhecido por nós, é de algum modo um meio, mas não necessariamente relacionando a Personalidade com este fim ou Bem. Essa distinção entre Ética e Teologia não foi, no entanto, alcançada de imediato e sem esforço pelo desenvolvimento da reflexão ética. Na verdade, no Platonismo, como veremos, a Ética e a Teologia estavam indissoluvelmente misturadas. Além disso, a distinção não deve ser vista como sugerindo uma separação completa dos dois temas, pelo contrário, em quase todo sistema filosófico no qual o universo é contemplado como portador de um fim ou Bem último, o bem dos seres humanos é concebido ou como idêntico ou incluído neste Bem Universal ou de qualquer maneira intimamente relacionado com ele por semelhança ou derivação.

§ 2. *A Ética parcialmente distinta da Política*

Mas, além disso, na definição dada acima, a Ética ainda não está claramente destacada da Política porque a Política também está preocupada com o Bem ou Bem-estar dos homens, enquanto estes forem membros dos estados. E, de fato, o termo Ética é às vezes usado, mesmo por escritores modernos, num amplo sentido, chegando mesmo a incluir pelo menos uma parte da Política, a saber, a consideração do fim ou Bem último do estado e o padrão ou critério geral para determinar a bondade ou maldade das instituições políticas. Todavia, também é corrente em um sentido mais estrito equivalente ao termo qualificado de "Ética Particular", que às vezes é preferido – como um estudo do Bem ou Bem-estar do homem, até onde este pode ser atingido pela atividade racional dos indivíduos. Este último é o significado ao qual o termo está, na maior parte, restrito ao esboço histórico subsequente, ao mesmo tempo eu não procurei traçar uma divisão nítida entre os dois temas, a relação dos quais, pelo menos em muitos dos sistemas com os quais lidamos, é concebida como muito próxima e íntima. A dificuldade em separá-los é facilmente percebida se nós aproximarmos os limites entre eles do lado ético ou do político. Por um lado, os homens individuais são quase que universalmente membros de alguma comunidade política ou governada; aquilo que nós denominamos suas virtudes são principalmente demonstradas em suas relações para com seus semelhantes e seus prazeres e dores mais notórios, que são derivados, no todo ou em parte, de suas relações com outros seres humanos. Desse modo, aqueles que consideram ou a Virtude ou o Prazer como o único ou o principal constituinte de um bem mais elevado do indivíduo concordariam que este Bem não deve ser buscado em uma vida de isolamento monástico e sem consideração para com o bem-estar de sua comunidade, eles admitiriam que a ética particular tem um viés político. Por outro lado, deveria, em geral, haver acordo de que o objetivo final e principal do homem de estado deveria ser promover o bem-estar de seus concidadãos, atuais e futuros, considerados como indivíduos, de maneira que a investigação dos detalhes deste bem-estar deve ser uma parte integral da Política. Ainda podemos, em grande escala, estudar os elementos e as condições do bem dos indivíduos. E até onde é possível atingi-los por meio da atividade racional deles mesmos ou de outros indivíduos que agem como particulares, sem considerar a maneira pela qual a estrutura e funções do governo devem ser determinadas com vistas ao mesmo fim, e em seguida, é ao primeiro destes temas, como distinto do último, o que vislumbraremos de modo particular nas páginas a seguir.

§ 3. *Ética e Psicologia*

Quando, porém, nós isolamos, até onde é possível, no pensamento o homem individual com a finalidade de contemplação ética, uma relação diferente da Ética entra em cena de maneira proeminente: a saber, sua relação com a Psicologia, ou seja, o estudo da alma ou mente humana. A reflexão logo faz parecer que o bem supremo do homem não pode consistir em algo externo e material, como a riqueza, nem mesmo em simples saúde corporal, que a experiência mostra ser compatível com extrema maldade e infelicidade. Na verdade, parece que é comum julgarmos os homens como bons ou maus, corajosos, justos, equilibrados ou o oposto disso, a partir de uma consideração dos efeitos externos de suas ações, não obstante e em primeiro lugar, pessoas de reflexão geralmente estão de acordo que tais julgamentos, são suscetíveis a se tornarem superficiais e errôneos, e que certo estado da mente do agente, certa qualidade de intenção, propósito, motivo ou disposição é requisito para a constituição de um ato moralmente bom; em segundo lugar, quando nós analisamos, por sua vez, as consequências externas mencionadas acima, nós descobrimos que o que realmente julgamos ser o bem ou mal quase sempre são os efeitos sobre os sentimentos dos homens ou outros seres sensíveis, ou efeitos sobre o caráter e a vontade humanos. Consequentemente, quase todas as escolas éticas concordariam que o objeto principal de sua investigação deve pertencer ao plano psíquico da vida humana, quer (1) eles sustentem que o fim do homem deva ser encontrado na existência psíquica, considerada simplesmente como sensível e emocional, identificando-a com algumas espécies de sentimento proveitoso ou Prazer, ou o gênero ou teor de tais sentimentos, quer (2) eles prefiram sustentar que o bem-estar da mente deve permanecer exclusiva ou principalmente na qualidade de sua atividade – sua Virtude. E quando nós tentamos realizar ou observar em um sistema claro e completo, nós somos levados inevitavelmente ao estudo mais psicológico, seja (1) para examinar diferentes tipos e graus de prazer e dor, seja (2) para determinar a natureza e relações mútuas de diferentes virtudes ou boas qualidades de caráter e seus opostos. Mais uma vez tenho falado sobre o bem do homem como sendo o objeto de escolha ou intenção racional, querendo dizer, por meio disso, que é distinto dos objetos de impulsos meramente sensuais e emocionais, que são propensos a induzir à ação oposta ao verdadeiro bem do agente, como ele o concebe. Mas esta concepção de "escolha" ou "impulsão da Razão" que se encontra na reflexão, acha-se envolvida em dificuldades: parece que para alguns este impulso último à ação é sempre dado, não pelo Intelecto, mas pelo Sentimento; consequentemente a análise psicológica cuidadosa descobre que é necessário tornar clara a operação normal do Intelecto na ação que nós denominamos razoável e especialmente sua relação com os desejos e aversões que surgem, pelo menos em parte, independentemente da razão e parecem entrar em conflito com ela. Além disso, no decurso da controvérsia que os moralistas causaram quanto ao que é verdadeiramente bom ou proveitoso – a natureza fundamental do que já foi indicado – tem-se feito apelo continuamente à experiência dos desejos reais dos homens, na hipótese de que o que é verdadeiramente proveitoso para o homem pode ser identificado com o que ele deseja natural ou permanentemente ou ambos. Assim, de diversas maneiras, as questões éticas levam inevitavelmente a discussões psicológicas; de fato, nós podemos dizer que todas as noções éticas importantes são também psicológicas, exceto talvez as antíteses fundamentais de "bem" e "mal", "certo" e "errado", com as quais a psicologia, enquanto trata do que é e não do que deve ser, não está diretamente interessada.

§ 4. *Ética: o estudo do Dever ou Conduta Correta*

As duas antíteses há pouco mencionadas com frequência são vistas como idênticas. E, de fato, não importa para os propósitos comuns se nós falamos de conduta "certa" ou "boa", de motivos "errados" ou "maus". A reflexão, no entanto, mostrará que a noção comum do que é Bom para um ser humano – mesmo que nós o restrinjamos ao que é "no final das contas" bom ou "bom em si", e não simplesmente como um meio para algum outro fim – inclui mais do que a noção comum do que é Certo para ele ou é seu Dever: ela inclui também seus Interesses ou Felicidade. Sem dúvida, em geral, se acredita que será, no final das contas, melhor para um homem cumprir seu dever e que isto promoverá seu Interesse ou Felicidade reais; mas acontece que as noções de dever e interesse não podem ser identificadas ou mesmo que a relação inseparável entre os dois possa ser cientificamente conhecida e demonstrada. Esta relação, na verdade, é muitas vezes considerada, pelos pensadores modernos, mais como uma questão de fé – como alguma coisa providencialmente deixada obscura, para que o dever possa ser cumprido como dever e não a partir de um mero cálculo do amor próprio. Dessa maneira, chegamos à outra concepção da Ética, na qual se pensa estar relacionada primariamente com as regras gerais de Dever ou Ação Correta – algumas vezes chamada Código Moral – vistas como absolutamente obrigatórias a cada homem, precisando devidamente ser obedecida por eles sem se importar com seus interesses pessoais. A relação de dever para com a felicidade particular do agente é vista como uma questão de interesse secundário de um ponto de vista ético. Nessa perspectiva, o estudo se relaciona consigo mesmo de um novo modo com a teologia, até onde as regras de dever são consideradas como um código da legislação divina. Além disso, como nós veremos, ela tem uma estrita afinidade com a jurisprudência abstrata, até onde se concebe que esta trate das regras da Lei cognoscível pela razão como natural e universalmente válida e, consequentemente, não dependente da legislação humana para que sua reivindicação seja executável pela pena judicial, visto que essas regras jurídicas devem sempre constituir uma parte importante – embora não em geral – do Código Moral. Nós podemos contrastar isso como uma visão moderna da ética com a perspectiva previamente dada, que foi aquela primeiramente tomada da filosofia grega antiga em geral[5] – a transição de uma para a outra se deve principalmente à influência do Cristianismo, mas em parte também à da jurisprudência romana. É verdade que a concepção da "lei não escrita e inabalável dos deuses" de nenhum modo estava ausente da reflexão moral da Grécia; entretanto, a ideia de Lei não foi tomada como a noção última e fundamental nos antigos sistemas éticos. Estes seguiram a hipótese de que o homem devia, como um ser racional, procurar seu próprio e mais elevado bem nesta vida terrena e, portanto, que quaisquer leis que ele tenha que obedecer devem se mostrar um meio para se atingir este bem ou particulares nos quais ele é realizado. Sobre este ponto, a mudança produzida pelo Cristianismo é mais impressionante se nós considerarmos seus efeitos sobre a humanidade em geral do que se nós olharmos apenas sua influência sobre as mentes que foram mais completamente convencidas por seu espírito religioso. Porque o verdadeiro santo cristão viveu ainda sobre a terra, não menos que o filósofo pagão, uma vida

---

[5] Esta afirmação requer certa qualificação quando aplicada ao Estoicismo; através do qual, de fato, como parecerá agora, a transição foi feita em parte, a começar da maneira antiga para a moderna de pensamento. Veja c. ii §§ 15 e 19 e c. iv § 1º.

que ele considerou intrinsecamente preferível a todos os outros modos de existência terrena e, como o filósofo platônico, uma vida da qual a virtude prática não foi tanto a essência quanto a expressão exterior. Ainda que para o santo esta vida terrena proporcionasse apenas uma antecipação imperfeita da bem-aventurança pela qual ele aguardava, da perspectiva dos cristãos mais comuns, o bem último do homem desapareceu do escrutínio de uma mera especulação ética diante do fulgor indefinido de uma vida futura de felicidade, sobrenaturalmente concedida por Deus como recompensa pela obediência a Suas leis. Ou antes, talvez, pela maioria de cristãos, o código moral foi mais bem aceito, em analogia ainda mais próxima à legislação humana, enquanto apoiado por sanções penais; visto que em todas as eras do Cristianismo o temor aos sofrimentos do inferno provavelmente foi o motivo mais poderoso para tirar os homens do vício do que a esperança dos prazeres do céu. Em ambas as perspectivas, o bem-estar último ou aflição última dos seres humanos tornou-se algo que pode ser imaginado e retoricamente descrito, mas não definitivamente conhecido ou cientificamente investigado, e assim surge o conteúdo da Ética definido em si mesmo mais uma vez como Lei Moral, um corpo de regras absolutamente prescrito e que fornece um guia completo para a conduta humana, embora não reivindique conter uma afirmação completa do bem humano.

§ 5. *Ética e Jurisprudência*

Dentro da Igreja Cristã, durante os primeiros tempos de sua história, as regras de moralidade eram, em geral, consideradas como conhecidas – na maior parte, se não totalmente – pela Revelação e não pela mera Razão; e por isso, naturalmente, cabia aos teólogos expor e aos sacerdotes administrar, esse código da legislação divina. Quando, porém, um tratamento mais filosófico da ética foi introduzido pelos escolásticos, a combinação dos dois elementos no código – um distintamente cristão e o outro apreensível pela razão natural, unindo a todos os homens independentemente da revelação – começou a ser claramente percebida; e uma teoria adequada desse segundo elemento pareceu ser proporcionada pelo desenvolvimento da jurisprudência teórica que se seguiu ao reavivamento do estudo da lei romana no século

XII. No tratamento posterior dos princípios legais de Roma, a noção de uma lei da natureza se tornou proeminente e esta noção foi natural e facilmente adaptada para representar o elemento da moralidade que era independente da revelação. É verdade que a lei natural com a qual os juristas filosóficos estavam preocupados não se relacionava com a conduta correta em geral, mas somente com as ações corretas (ou abstinências) enquanto são exigidas para satisfazer as legítimas pretensões das outras; consequentemente, não poderia de maneira adequada ser identificada senão com uma parcela do código moral. Esta parcela, no entanto, é de importância tão fundamental que a distinção a pouco notada foi muitas vezes deixada de lado ou tratada como secundária pelos pensadores medievais e modernos; a noção de Lei Natural foi vista como semelhante à Moralidade em geral, até onde é apreensível pela Razão e regulamentadora da conduta exterior.

Origem da Faculdade Moral

É principalmente em relação a essa perspectiva jurídica de moralidade que a investigação quanto à origem da faculdade moral tem ocupado um lugar de destaque no moderno tratamento da Ética. Enquanto o princípio que governa ou deveria governar o homem é considerado apenas como a faculdade de conhecer nosso verdadeiro bem, juntamente com suas causas ou condições principais, não parece importante investigar como essa faculdade se originou, assim como não é muito importante para o geômetra investigar a origem da faculdade espacial. Mas quando a faculdade moral chegou a ser concebida como Consciência, isto é, como a faculdade de conhecer as regras absolutamente obrigatórias, faculdade que deveria ser obedecida sem se fazer referência ao interesse aparente do agente – um tipo de legislador interno que reivindica supremacia inquestionável e incondicional sobre todas as outras fontes de ação – era de se esperar que a legitimação de sua reivindicação fosse desafiada e seriamente investigada; e não é muito difícil compreender como esta legitimação é vista como dependente da "originalidade" da faculdade – isto é, de ser uma parte do plano ou tipo de acordo com o qual a natureza humana foi originalmente construída. Consequentemente, as investigações quanto às condições morais das crianças e selvagens e até de animais e teorias mais ou menos conjecturais do desenvolvimento da alma foram comumente consideradas como suplementos ou introduções necessários à discussão da ética moderna.

Livre-arbítrio

Desse modo, é por meio da concepção jurídica da Ética que a controvérsia sobre o livre-arbítrio se torna importante. Um homem comum naturalmente não investiga se é "livre" ou não ao procurar seu próprio bem, conquanto ele saiba o que é e que seu bem seja alcançável pela ação voluntária. Quando, porém, sua conduta é comparada com um código, o qual sendo violado acarreta punições, a questão se ele realmente obedeceria à regra pela qual é julgado é óbvia e inevitável, caso ele não obedecesse, e seria contrário à justiça puni-lo.

Resumo da Ética

Em suma, o conteúdo da Ética, compreendido de maneira mais abrangente, inclui (1) uma investigação dos constituintes e condições do Bem ou Bem-estar dos homens considerados individualmente, que toma de maneira especial a forma de um exame da natureza geral e espécies particulares da (*a*) Virtude ou (*b*) Prazer e os principais meios para a concretização destes fins; (2) uma investigação dos princípios e detalhes mais importantes do Dever ou Lei Moral (até onde este é diferente da Virtude); (3) certa investigação sobre a natureza e origem da Faculdade pela qual o dever é reconhecido e, mais geralmente, quanto à parte tomada pelo Intelecto na ação humana, e suas relações com os diversos tipos de Desejo e Aversão; (4) certo exame da questão do Livre-arbítrio humano. Ele está relacionado com a Teologia, até onde um Bem Universal é reconhecido, inclusive quanto a um Bem Humano ou um análogo a ele e, além disso, até onde a moralidade é considerada como um Código de Designação Divina. Está relacionado com a Política, em que o bem-estar de qualquer indivíduo é limitado pelo bem-estar de sua sociedade, e também com a Jurisprudência – se esta estiver separada da Política – até onde a moralidade se identifica com a Lei Natural. Finalmente, quase todos os ramos da discussão ética pertencem pelo menos em parte à Psicologia, e as investigações quanto à origem da faculdade moral e da liberdade da Vontade são inteiramente psicológicas – exceto se a Psicologia é diferente da Metafísica e tomada como uma ciência puramente empírica, a discussão do Livre-arbítrio pode talvez ser relegada a este último tema.

Nós, presentemente, continuaremos a traçar de maneira concisa o curso da especulação ética desde sua origem na Europa até nossos dias; concentrando nossa atenção, durante a última parte desse período, àqueles modos de pensar que foram desenvolvidos na Inglaterra ou exerceram uma grande influência sobre aquele país.

Eu gostaria de salientar que o termo "moral" é aqui, em geral, usado como sinônimo de "ético" (*moralis* é a tradução latina para o grego (ἠθικός), e desse modo o usarei nas páginas seguintes.

CAPÍTULO II

ÉTICA GREGA E GRECO-ROMANA

§ 1. Filosofia Pré-socrática

A especulação ética da Grécia e, portanto, da Europa não teve, mais que qualquer outro elemento da civilização europeia, um começo abrupto e absoluto. As expressões ingênuas e fragmentadas de sábios preceitos para a conduta, nas quais as reflexões morais incipientes em toda parte se manifestam pela primeira vez, fornecem um elemento digno de nota da literatura grega na poesia "gnômica" do sétimo e sexto séculos antes de Cristo; sua importância no desenvolvimento da civilização grega é surpreendentemente caracterizada pela enumeração tradicional dos "sete sábios" do sexto século, e a influência destes sobre o pensamento ético é suficientemente demonstrada nas referências que Platão e Aristóteles fazem das definições e máximas dos poetas e sábios. Contudo, de expressões como estas para a filosofia moral ainda foi preciso um longo passo, porque embora Tales (*c.* 640-560 a.C.), um dos sete sábios, também fosse o primeiro filósofo físico da Grécia, não temos nenhum fundamento para supor que sua sabedoria prática tivesse algo de caráter filosófico, e uma concentração geral de interesse sobre questões físicas ou metafísicas – como distintas da moral – é característica da filosofia grega em geral, no período que vai de Tales a Sócrates, de maneira que, na série de pensadores originais que são comumente classificados como filósofos pré-socráticos, há apena três – se nós omitirmos os Sofistas

– cujo ensino ético chama nossa atenção. Estes três são Pitágoras, Heráclito e Demócrito. Vale a pena notar também que cada um deles antecipa de um modo interessante um elemento importante do pensamento pós-socrático.

Pitágoras (c. 580-500 a.C.)

O primeiro destes, Pitágoras, seria provavelmente o mais interessante de todos, se nós pudéssemos traçar com alguma definição mesmo que um esboço de sua obra através do estreito fio lendário que a tradição histórica desenvolveu sobre ele. O testemunho verdadeiramente mais valioso, no entanto, apresenta Pitágoras como o fundador de uma ordem ou irmandade com fins morais ou religiosos – baseados na crença da transmigração das almas – e não como o gerador de uma escola de filosofia ética. Em seus preceitos sobre moderação, coragem, lealdade na amizade, obediência à lei e ao governo, sua recomendação para um autoexame diário – mesmo nas regras de abstinência e observância cerimonial, que nós podemos acreditar que ele formulou – podemos discernir um esforço, impressionante em sua originalidade e honestidade, de moldar o máximo possível as vidas dos homens à "semelhança de Deus", mas estes preceitos parecem ter sido anunciados muito mais de uma maneira dogmática, ou até mesmo profética, do que de uma maneira filosófica e, se anunciado ou exigido, precisou ser aceito por seus discípulos com uma reverência não filosófica pelo *ipse dixit*[6] do mestre. Nós, no entanto, podemos encontrar vestígios de um elemento genuinamente filosófico em algumas das tradições fragmentárias da doutrina pitagórica que chegaram até nós. Desse modo a – inicialmente espantosa – proposição dos pitagóricos, de que a essência da justiça (concebida como retribuição equivalente) é um número quadrado, que indica uma séria tentativa de estender à área da conduta esse ponto de vista matemático do universo que era a característica fundamental do pitagorismo; a noção de "quadratura", sem dúvida, é utilizada para expressar essa exata proporcionalidade de retribuição ao se abandonar o que é comumente percebido como a essência da justiça retributiva. Semelhantemente, nas proposições em que a Virtude

---

[6] Esta frase famosa foi originalmente atribuída aos Pitagóricos.

e a Saúde são "harmonias", essa Amizade é uma "equidade harmônica", e na classificação pitagórica do bem com a unidade, limite, retidão etc., e do mal com as qualidades opostas, nós podemos encontrar pelo menos o germe do ponto de vista de Platão de que a bondade na conduta humana, como na natureza externa e nas obras de arte, dependem de certas relações quantitativas de elementos no bom resultado, exatamente proporcional ao excesso ou à imperfeição e serem evitados.

Heráclito (c. 530-470 a.C.)

Se Pitágoras antecipa em parte certas características do Platonismo, Heráclito pode ser considerado como um precursor do Estoicismo. Na verdade, nós não temos razão em supor que o elemento moral em seu filosofar "obscuro" foi feito para ser algo semelhante a um sistema ético completo. Mas quando ele ordena aos homens a obedecerem à "lei divina da qual todas as leis humanas retiram seu sustento", a Justiça à qual até mesmo os céus estão sujeitos; quando ele ordena a que eles permaneçam firmes pela Razão de que esta é, na verdade, comum a todos os homens, embora a maioria se renda às ilusões dos sentidos e reduzam a felicidade à satisfação dos apetites mais humilhantes; quando ele lhes diz que a "Sabedoria é... agir de acordo com a natureza com entendimento"; – nós reconhecemos uma qualidade distintamente Estoica nessa reverência intransigente por uma lei objetiva, reconhecida em um triplo aspecto como Racional, Natural e Divina. Assim, em sua perspectiva otimista de nosso mundo de batalhas e esforços, à vista de Deus tudo é "bom, correto e justo" – a injustiça aparente do mundo só diz respeito à apreensão humana –, nós podemos encontrar uma simples antecipação da prova elaborada da perfeição do mundo que os Estoicos tentaram posteriormente. Podemos crer que foi na rendição de sua alma a este ponto de vista divino e universal das coisas que Heráclito, sobretudo, atingiu a "complacência" (εὐαρέστησιν) que ele diz ter considerado como o bem supremo, e nós descobrimos o mesmo termo usado pelos últimos estoicos para expressar uma atitude similar de aquiescência alegre nos decretos da Providência.

Demócrito (c. 460-370 a.C.)

Demócrito – cujo sistema filosófico, como um todo, está para o Epicurismo numa relação um tanto semelhante àquela que Heráclito mantém com relação ao Estoicismo – é habitual e adequadamente classificado com os pensadores "pré-socráticos", porque sua doutrina não demonstra nenhum traço da influência de Sócrates, do qual toda grande escola do pensamento ético na Grécia tem seu ponto de partida; cronologicamente falando, no entanto, Demócrito é um contemporâneo um pouco mais jovem de Sócrates. Sua antecipação ao sistema Epicurista é mais claramente marcante no campo da física – onde, na verdade, ele "ajudou" Epicuro com a parte principal de sua doutrina – do que no da ética. No entanto, bom número de fragmentos que permaneceram de seus tratados sobre ética possui um caráter resolutamente Epicurista. Desse modo, ele parece ter sido o primeiro pensador a declarar expressamente que "prazer" ou "alegria" (εὐθυμία) é o bem último ou supremo; e sua identificação disso com um temperamento uniforme e não perturbável da mente (συμμετρία, ἀταραξία), a consideração feita por ele sobre a moderação e a limitação dos desejos como um meio de obtenção do maior prazer. Sua preferência pelos prazeres da alma àqueles simplesmente corporais.

A importância que ele atribui à compreensão ou Sabedoria, especialmente como libertação do temor da morte e do que vem depois dela – todos estes aspectos têm sua contrapartida na doutrina Epicurista. No entanto, a parte principal do ensino moral de Demócrito – até onde nós podemos julgá-lo a partir dos poucos fragmentos que chegaram até nós – parece ter sido de um tipo não sistemático que pertence ao período pré-socrático; e muitas de suas afirmações – como, por exemplo, de que é pior fazer do que sofrer injustiça, de que não somente cometer um erro, mas querer cometer um erro é mau e odioso – parecem expressões ingênuas de um exagero de sentimento moral que não foi reduzido a qualquer coerência racional com seu ponto de vista do Bem último.

Em geral, podemos dizer que o que permanece dos tratados morais de Demócrito é o bastante para nos habilitar a conjecturarmos como a conversão da filosofia grega em direção à ética, que realmente se deve a Sócrates, poderia ter acontecido sem ele; contudo, isso não nos dá o direito de atribuir a seus autores mais do que uma apreensão rudimentar das condições formais que o ensino moral deve cumprir antes de poder exigir ser tratado como científico.

A verdade é que um sistema moral não poderia ser satisfatoriamente construído até que a atenção tivesse sido seriamente direcionada ao vazio e inconsistência das opiniões morais comuns da humanidade; até que isso fosse feito, os conselhos morais do filósofo, por maior que fosse seu desprezo pela multidão comum, inevitavelmente tinham estes defeitos. Para este propósito era necessária a concentração de um intelecto filosófico de primeira ordem sobre os problemas da prática.

Em Sócrates, pela primeira vez, nós encontramos a combinação exigida de um interesse supremo na conduta e um desejo ardente por conhecimento, um desejo que foi, ao mesmo tempo, rejeitado pelas investigações físicas e metafísicas que tinham sido o principal foco de interesse de seus predecessores, por um profundo descontentamento com os resultados de suas especulações e uma consequente descrença na possibilidade de penetrar no segredo do universo físico. As doutrinas desses pensadores, disse ele, eram, a uma só vez, tão extravagantes e tão mutuamente contraditórias que eles eram "como loucos discutindo".

Uma atitude negativa semelhante para com toda a série antecedente de filósofos dogmáticos já tinha achado expressão no extenso cepticismo de Górgias, que declarou que a natureza essencial das coisas que os filósofos investigavam não existia, ou que de qualquer modo não poderiam ser conhecidas, ou se conhecidas, não poderiam ser declaradas; e também na famosa proposição de Protágoras, de que a apreensão humana é o único padrão do que é e do que não é. No caso de Sócrates, porém, tal visão encontrou apoio adicional em uma devoção ingênua que o levou a procurar as coisas das quais os deuses pareciam ter reservado o conhecimento somente para si. O regulamento da ação humana, por outro lado (exceto em ocasiões de dificuldade especial, para os quais presságios e oráculos poderiam ser concedidos), eles tinham deixado para a razão humana; consequentemente, Sócrates concentrou seus esforços sobre isso.

§ 2. A era dos Sofistas (c. 450-400 a.C.)

A exigência por uma teoria racional sobre a boa conduta não era, no entanto, original em Sócrates, embora sua concepção do conhecimento necessário fosse do mais alto grau. A reflexão do pensador mais independente está condicionada pelo conceito de sua época e nós não podemos desconectar o trabalho de Sócrates da instrução profissional na arte da conduta – determinado por um grupo de pessoas que foram descritas em geral e desde então como "Sofistas" –, que é um fenômeno notável deste período da civilização grega. Dos mestres profissionais da "virtude"[7] ou "excelência humana", a quem este nome foi aplicado, o mais brilhante e impressionante parece ter sido Protágoras de Abdera, a cuja doutrina filosófica há pouco me referi; e não é improvável que a noção original de instrução sobre a virtude compartilhada por meio de palestras se deva a este pensador vigoroso e empreendedor, e quem nós podemos supor ter sido devotado, como Sócrates, ao estudo de assuntos humanos por causa de sua atitude negativa para com a especulação ontológica corrente. A instrução, porém, que realmente foi concedida por Protágoras, Pródico, Híppias e outros sofistas, não parece ter se baseado em algum sistema filosófico; de fato, tinha qualidade muito popular para ser de importância estritamente filosófica. Parece que essa instrução combinava de maneira um tanto vaga a arte de progredir no mundo com a arte de administrar negócios públicos e ter reunido exposições encomiásticas de diferentes virtudes com justificações prudenciais de virtude, como um meio de obter prazer e de evitar a dor; destes últimos o melhor exemplo que chegou até nós é a fábula da Escolha de Hércules, atribuída a Pródico. Não obstante, por mais trivial que o ensino dos "sofistas" possa ter sido, o fato geral do aparecimento dessa nova profissão para satisfazer uma nova

---

[7] οἱ φάσκοντες παιδεύειν ἀνθρώπους εἰς ἀρετήν (Platão, *Górg.*, p. 519) cf. Xenofonte, *Memorabilia*, I c. ii. ἀρετὴν ἐπαγγελλόμενος. Não se pode supor que esta profissão fosse praticada por todos os palestrantes populares que recebiam o nome de "Sofista", mas foi evidentemente praticada, de uma maneira marcante e impressionante, por um grupo importante entre eles. Como mais adiante explicarei, a palavra ἀρετή tem um significado mais amplo do que apenas "virtude"; por isso eu acrescentei "excelência humana" como uma tradução alternativa: contudo, o termo quando aplicado aos seres humanos deve sugerir proeminentemente as excelências morais que chamamos "virtudes".

necessidade social é bastante notável. Para compreender a originalidade deste trabalho e a impressão social causada por ele, nós temos que conceber uma sociedade ávida por atividade intelectual e com sensibilidade estética estimulada e cultivada por obras de arte contemporâneas que eram a maravilha do mundo, mas inteiramente sem qualquer ensino de moralidade estabelecido ou oficial: uma sociedade na qual Homero, pode-se dizer, ocupava (em relação ao nosso mundo) o lugar da Bíblia. No entanto, Homero não proporciona nada semelhante aos dez mandamentos; ele fornece apenas noções mais ou menos impressionantes das excelências e defeitos humanos de vários tipos – qualidades de conduta e caráter que fizeram com que fossem emitidas fortes expressões de simpatia e aversão daqueles que as transcreveram. E na vida social vigorosa e concentrada desenvolvida desde o tempo de Homero nas cidades-estado da Grécia – e especialmente intensa na Atenas do quinto século – o louvor e a censura vinculados a tais qualidades aumentaria naturalmente em plenitude de expressão e delicadeza de discriminação. No âmbito da excelência humana, Virtudes ou excelências morais constituiriam o grupo mais proeminente, ainda que não claramente distintas das habilidades e dons intelectuais e graças do comportamento social. E nenhum grego culto – nenhum que merecesse o nome de "justo e bom" (καλοκἀγαθός) – duvidaria que as diferentes espécies de excelência moral fossem qualidades a serem desejadas, como objetos que um homem almejaria possuir. Na verdade, ele poderia não ter nenhuma noção muito definida do grau ou lugar na classe de bens ou coisas desejáveis, ele poderia ficar mais ou menos confuso pela aparente incompatibilidade ocasionalmente percebida entre o exercício de virtude e a obtenção de prazer, riqueza ou poder; ele poderia até mesmo duvidar de quanta virtude, ainda que admitidamente boa e desejável, sempre valeria o sacrifício de outros bens. Não obstante, estas dúvidas aconteceriam apenas transitória e ocasionalmente para alguns; na visão de espectadores imparciais a beleza da virtude só se tornaria manifesta após seu triunfo sobre os desejos sedutores direcionados a outros objetos; assim um ateniense culto estaria muito confiante de que era tão bom para um homem ser virtuoso – e quanto mais virtuoso melhor – como era bom para ele ser sábio, saudável, belo e rico.

Quando, no entanto, Protágoras ou qualquer outro sofista avançasse no ensino da Virtude ou excelência da conduta, ele não acharia em sua audiência qualquer reconhecimento geral de uma possível divergência entre Virtude e Egoísmo concebidos corretamente. Eles deveriam compreender que ao professar mostrar-lhes "como viver bem e administrar bem os próprios negócios", ele estava reivindicando guiá-los ao melhor modo de viver, de uma só vez, dos pontos de vista tanto da Virtude quanto do Egoísmo.

Pode se perguntar, porém, como a necessidade e vantagem de tal orientação chegaram a ser desse modo e em geral reconhecidas, como mostra ter sido o êxito dos sofistas. Como se deu que após tantos séculos, nos quais os gregos devem ter aplicado as noções morais distribuindo louvor e censura, com firme confiança – talvez atribuindo a alguma causa e não a um conhecimento imperfeito o extenso fracasso dos homens em compreender a virtude –, eles de repente fossem persuadidos de que a boa conduta era algo que poderia ser aprendida por meio de discursos? A resposta para esta pergunta será, em parte, encontrada naquela mesma fusão entre visão moral da vida e visão prudencial, que eu há pouco descrevi, em consequência da qual as virtudes que os sofistas professavam conceder pelo ensino não estavam nitidamente distinguidas por eles de outras aquisições que sustentam e enriquecem a vida.

Nessa época, como em tempos mais modernos, a maioria dos homens teria suposto que eles tinham conhecimento suficiente de justiça e temperança, mas eles não estariam igualmente confiantes de que possuíssem a arte de fazer o melhor da vida em geral. Além disso, nós temos que nos lembrar da importância do lado cívico ou público da vida, para um grego nascido livre nas pequenas comunidades dessa época. A arte da conduta da maneira como lhe era professada e ensinada significaria em grande parte a arte da vida pública. Na verdade, o *Protágoras* de Platão define sua função como sendo o ensino da "excelência cívica", a arte da administração pública não menos que os assuntos privados. É mais natural que um homem comum deva pensar na instrução científica necessária para lidar com os assuntos do estado do que na ordenação de seus interesses próprios e particulares.

No entanto, este aparecimento de uma arte da vida com mestres profissionais não pode ser entendido completamente, a menos que seja visto como resultado do coroamento de uma tendência geral nesta fase da civilização grega para substituir a habilidade técnica pelo procedimento tradicional e faculdade empiricamente desenvolvida. Na época dos sofistas nós encontramos, para onde quer que olhemos, a mesma busca ansiosa pelo conhecimento e o mesmo esforço ansioso para aplicá-lo diretamente à prática. O método de medição da terra rapidamente se tornou uma ciência; a astronomia de Meton introduziu precisão ao cômputo do tempo. Hipódamo revolucionou a arquitetura através da construção de cidades com ruas largas e retas e os soldados antiquados estavam exultantes com a nova formalidade das "táticas" e "hoplíticas". Além disso, a arte da música havia há pouco recebido um enorme desenvolvimento técnico e uma mudança ainda maior tinha sido efetuada no condicionamento do corpo que, junto com a música, constituía a educação grega ordinária. Se o vigor corporal não devia mais ser deixado à natureza e ao exercício espontâneo, mas ser atingido pela observância sistemática de regras impostas por instrutores profissionais, era natural pensar que o mesmo poderia ocorrer com as excelências da alma. A arte da retórica, que, também, foi desenvolvida na Sicília na segunda metade do quinto século, é um exemplo especialmente notável da tendência geral que nós estamos considerando aqui; e é importante observar que a profissão de retórico estava em geral misturada com a do sofista. Na verdade, ao longo da época de Sócrates os sofistas e os filósofos foram, em geral, considerados, por aqueles que se recusavam reconhecer suas mais altas reivindicações, como mestres da "arte das palavras". É fácil ver como isto ocorreu; quando a demanda por uma arte da conduta se tornou maior, foi natural que os retóricos, hábeis como eles eram em controlar as noções aceitas e os princípios da prática, se adiantassem para fornecer o que faltava. Não há qualquer razão em considerá-los como charlatães conscientes por tal prática, assim como o jornalista profissional de nossos dias, cuja posição como instrutor político da humanidade geralmente é obtida mais por uma destreza de escrita rápida do que por alguma profundidade especial de sabedoria política. Como o *Protágoras* de Platão diz, os sofistas professando ensinar a virtude apenas reivindicavam fazer um pouco melhor que outros o que todos os homens fazem continuamente, e semelhantemente nós podemos dizer que, quando provados pela pedra de toque de Sócrates, eles só exibiram um pouco mais abertamente do que os outros as deficiências que o grande inquiridor via em todos os lugares.

§ 3. Sócrates (nasc. c. de 470 a.C.- falec. 399 a.C.)

Podemos vislumbrar a acusação que Sócrates fez aos sofistas e seus partidários em geral sob dois aspectos. Por um lado, parece bastante ingênua e simples, por outro, vê-se anunciar uma revolução no método científico e por conter o germe de um sistema metafísico. Simplesmente declarada, a acusação era que eles falavam sobre justiça, temperança, lei etc. e, no entanto, não podiam dizer o que eram estas coisas; as respostas que eles deram quando pressionados, quando Sócrates os forçava a admitir, era incompatível com seus próprios julgamentos sobre exemplos particulares de justiça, legalidade etc. Esta "ignorância" quanto ao significado real de seus termos não foi, na verdade, a única falta de conhecimento que Sócrates descobriu em seus contemporâneos, mas era a mais espantosa; e sua exposição foi uma realização filosófica de profunda importância. Porque a famosa "dialética", pela qual ele deixou clara esta ignorância aos seus interlocutores, imediatamente manifestou a necessidade científica das definições exatas das noções gerais, e sugeriu que estas definições precisariam ser atingidas por uma comparação cuidadosa dos particulares. Assim, nós podemos entender como, na visão de Aristóteles, o principal serviço de Sócrates para a filosofia consistiu em introduzir a indução e as definições. Essa descrição, porém, é muito técnica para o caráter ingênuo da dialética socrática e não representa seus efeitos destrutivos de maneira adequada. Para que os resultados destes argumentos irresistíveis sejam principalmente negativos será preciso percebê-los a partir daqueles (primeiros) diálogos platônicos nos quais a impressão do Sócrates real deve ser encontrada com o mínimo possível de modificações. A "sabedoria" preeminente que o oráculo de Delfos lhe atribuiu foi considerada por ele mesmo como consistindo em uma consciência única da ignorância. E é igualmente claro, mesmo através de Platão, que havia um elemento positivo mais importante no ensino de Sócrates. Tivesse sido este ensino de outro modo, a tentativa de Xenofonte de representar os seus discursos como diretamente edificantes e a reverência sentida por ele pela mais dogmática dentre as escolas de filosofia subsequentes seria completamente inexplicável.

A união destes dois elementos no trabalho de Sócrates deixou os historiadores um tanto perplexos e certamente nós não podemos abrigar totalmente a consistência do filósofo, a menos que nós consideremos algumas das doutrinas atribuídas a ele por Xenofonte como meramente experimentais e provisórias. No entanto, os pronunciamentos positivos de Sócrates que são mais importantes na história do pensamento ético não são somente fáceis de harmonizar com seu reconhecimento de ignorância, mas tornam até mesmo mais fácil entender o seu incansável questionamento quanto à opinião comum. Porque eles estão completamente envolvidos ou são derivados de sua estima exaltada pela eficácia desse conhecimento que era tão difícil de achar e sua profunda convicção de que a ignorância dos homens quanto a seu verdadeiro bem era a fonte de todas as suas ações equivocadas. Se suas indagações habituais fossem conhecidas pela resposta, "nós sabemos o que são justiça e santidade, entretanto não podemos dizer", ele logo diria "de onde vêm, então, estas disputas perpétuas sobre o que é justo e sagrado?" O verdadeiro conhecimento, frisou ele, resolveria essas disputas e produziria uniformidade nos julgamentos morais e conduta dos homens. Para nós, sem dúvida, parece um paradoxo extravagante tratar a ignorância dos homens quanto à justiça como a causa exclusiva de atos injustos; para a mente grega a visão também era paradoxal, mas se nós pudéssemos entender a posição, não somente de Sócrates, mas da antiga filosofia ética em geral, nós teríamos que tentar perceber que este paradoxo também era uma dedução quase incontestável de alguns truísmos aparentes. Este "todo o mundo deseja o seu próprio bem e o faria se pudesse", um argumentador dificilmente se aventuraria a questionar e ele igualmente não negaria que justiça e virtude geralmente são bens, e de todos os bens os melhores. Desse modo, tornou-se difícil para ele recusar admitir que "a um tempo belas e boas são todas as ações justas e virtuosas e os que as conhecem não podem preferir nada mais, enquanto os que não as conhecem não somente não podem como se o tentam, só cometem erros"[8]; recairia imediatamente na conclusão de Sócrates de que justiça e todas as outras virtudes se resumiriam na sabedoria ou no conhecimento do bem.

Esta visão de virtude, para a maioria das mentes modernas, pareceria incompatível com a liberdade moral, mas a Sócrates pareceu, pelo contrário,

---

[8] Cf. Xenofonte, *Memorabilia*, III, ix, 5, onde Xenofonte confirma plenamente o que os diálogos de Platão ilustram com grande riqueza.

que só o conhecimento realmente poderia tornar os homens livres. Somente a boa conduta, sustentou, é verdadeiramente voluntária; um homem mau é constrangido pela ignorância a fazer o que é contrário ao seu desejo real, que sempre é para seu próprio bem maior: somente o conhecimento pode deixá-lo livre para realizar seu desejo.

Assim, nós podemos dizer, apesar do conflito entre Sócrates e os sofistas, que nós o encontramos no acordo essencial com a suposição fundamental na qual suas reivindicações modernas estavam baseadas. Suposição de que a maneira correta da vida para os seres humanos era um resultado atingível por meio do conhecimento e capaz de ser dado por instrução adequada a intelectos corretamente qualificados. E esta suposição fundamental é mantida ao longo de todo o desenvolvimento e variações das escolas pós-socráticas. A filosofia grega, depois de Sócrates, sempre faz uma reivindicação proeminente para conceder a verdadeira arte da vida; por mais diversos que seu alcance e método possam ser definidos por escolas diferentes, sempre é concebido como o conhecimento pelo qual a melhor vida será vivida.[9] Pode-se acrescentar que Sócrates, como Platão depois dele, afirmou a supremacia do conhecimento de uma maneira não menos inflexível na esfera da política. "O verdadeiro general", ele diz, "é aquele que conhece a arte da estratégia, seja ele eleito ou não. Os votos de toda a humanidade não podem tornar um homem ignorante em um general merecedor do nome". Não foi nenhum voo estranho da imaginação idealizadora de Platão que o fez colocar o controle absoluto de seu estado ideal nas mãos de filósofos; foi uma aplicação imediata da principal doutrina de seu mestre de que ninguém pode ser capaz de governar os homens se não conhecer o verdadeiro fim ou bem destes.

Note-se que o "conhecimento do bem" ao qual Sócrates aponta é mal entendido se nós pensarmos nisso como conhecimento da Virtude enquanto distinto do Interesse. A força de seu argumento depende de uma união inseparável das concepções de Virtude e Interesse pela noção única de Bem. Naturalmente, Sócrates não inventa esta noção – ele a encontrou, como

---

[9] Deve-se notar que esta declaração tem de ser entendida em um sentido peculiar quando aplicada a Aristóteles: visto que Aristóteles, separa a filosofia, concebida como a contemplação da verdade eterna, do estudo do bem e do mal na vida humana, que ele admite como um exercício inferior do intelecto. Na visão de Aristóteles, a filosofia não nos mostra o caminho para o melhor modo de vida, mas ela própria é este melhor modo.

fizeram os sofistas, no pensamento comum de sua época –; mas foi a função moral primária de sua dialética tomá-la e dirigi-la para suas consequências práticas. O núcleo do ensino moral positivo que Xenofonte atribui a ele é sua profunda convicção da realidade e harmonia essencial dos diversos componentes do bem humano, como em geral é reconhecido, especialmente sua séria crença no valor eminente para o indivíduo daqueles "bens da alma", que – então como agora – foram mais elogiados do que buscados por homens práticos em geral. Desta convicção, mantida junto com um ideal não realizado do conhecimento que resolveria todos os problemas práticos. Fontes de combinação singular de qualidades exibidas tanto pelo ensino quanto pela personalidade deste homem sem igual, como elas nos são apresentadas com incomparável comoção em muitos diálogos de Platão. Nós parecemos ver a abnegação com vestes de autorrespeito; uma espiritualidade elevada misturada com um bom senso simples; um entusiasmo apaixonado pela excelência de caráter e uma devoção franca à tarefa de produzi-lo em si mesmo e nos outros, meio oculto por uma ironia zombeteira e fria; um ceticismo sutil e intenso, que representa uma aceitação simples e resoluta dos deveres habituais, como uma chama de luz fraca que de alguma maneira perdeu suas qualidades corrosivas.

Nós nos preocupamos aqui com a doutrina, não com o homem; mas é impossível separá-los. Porque é importante, até mesmo para a história da doutrina ética, notar que se a necessidade por firmeza de propósito,[10] como também plenitude de compreensão, não foi adequadamente reconhecida na doutrina de Sócrates, a qualidade anterior foi ainda mais distintamente manifestada em sua vida. Na verdade, era a própria perfeição na qual ele possuía esta virtude que o conduziu ao paradoxo de ignorá-la. A respeito dele

---

[10] É preciso notar que Xenofonte descreve Sócrates proclamando o "autocontrole" (ἐγκράτεια); contudo, não vejo dificuldade em interpretar isso de maneira consistente com o restante de sua doutrina, ao falar deste "autocontrole" como consistindo em – ou que resulta inevitavelmente de – conhecimento do escasso valor das indulgências sensíveis em comparação com o dano que elas acarretam: de maneira que a necessidade de autocontrole no sentido comum, considerada como uma qualidade diferente de conhecimento e exigida para suplementá-lo, não seria ainda reconhecida por ele. E esta era certamente a visão tomada de seu ensino pelo autor aristotélico do que agora é o Livro VII da *Ética Nicomaqueia*, que diz (c. ii) que Sócrates "afirmava sobre a teoria de que a falta de autocontrole (ἀκρασία) não existia."

ao menos isso era verdade, que tudo que ele acreditou ser "justo e bom" ele necessariamente tinha que fazer. Quando outro agia aparentemente contra o conhecimento, a explicação mais fácil lhe pareceu ser que o verdadeiro conhecimento realmente não estava lá. Ele não poderia dar nenhum relato que o satisfizesse quanto ao bem de maneira teórica, mas quando pressionado por alguém ele escapava dos inquiridores dizendo que "ele não conhecia nenhum bem que não fosse bom para algo em particular", mas ele sempre estava pronto para provar com casos concretos que o bem é consistente consigo mesmo, que o belo também é proveitoso e o virtuoso também é agradável. Este "fazer o bem" significava não só ação virtuosa, mas também vida próspera. Não era para ele – como mais tarde para Platão e Aristóteles – uma mera ambiguidade verbal, mas a expressão de uma verdade fundamental.[11] Se ele avaliasse a sabedoria que é virtude, o "bem da alma", acima de todos os outros bens – se em sua absorção na perseguição e propagação ele suportasse a mais dura penúria – ele prontamente afirmaria que uma vida assim era mais rica em prazer que uma vida de luxo. Se ele enfrentasse a morte em lugar de violar as leis de seu país, ele estaria preparado com uma prova completa de que provavelmente era seu interesse morrer.

Essa diversidade de facetas em sua visão é notavelmente ilustrada pela curiosa mistura de sentimento elevado e simples que suas expressões sobre a amizade demonstram. Se a bondade da alma é o "melhor dos bens", um bom amigo deve ser a mais valiosa das posses externas; nenhum esforço é muito grande para manter ou obter tal coisa. Ao mesmo tempo, o bem da amizade deve ser mostrado em sua utilidade; um amigo que não é útil é sem valor, e esta "utilidade" Sócrates, na ocasião, interpretou-a no sentido mais comum. Não obstante, sustentou, a mais elevada das utilidades que o amigo pode oferecer a outro amigo é o aperfeiçoamento moral.

Eu tenho em mente, também, que enquanto a comunidade ateniense não estava completamente errada na famosa condenação de Sócrates, como um "sofista que tinha corrompido a moralidade da juventude", os discípulos de Sócrates estavam totalmente certos em seu repúdio e indignação quanto à acusação, até onde isso afetava a moralidade pessoal do mestre ou seus

---

[11] Veja Xenofonte, *Memorabilia*, III, c, ix, 14, 15.

propósitos e convicções filosóficos mais profundos. Por um lado, quando nós comparamos Xenofonte e Platão, nós não percebemos que o efeito negativo do raciocínio socrático deve ter sido argumentativamente mais forte que o positivo, de maneira que em mentes intelectualmente ativas e penetrantes, mas sem seriedade moral, o primeiro pode facilmente ter sido o único efeito; – mas, uniformemente, por seus preceitos práticos e semelhante exemplo, ele encorajou a obediência às "leis escritas e não escritas", um aluno crítico seria capaz de pensar que suas razões para esta obediência carecessem da força de convicção dos seus argumentos destrutivos. Por outro lado, é realmente essencial ao método socrático que o ceticismo particular perpétuo que desenvolve deveria ser combinado com uma fé geral permanente no bom senso do gênero humano. Por enquanto ele sempre está atacando a opinião comum e mostrando-a, por suas inconsistências, não ser nenhum conhecimento, ainda que as premissas dos seus argumentos sejam sempre tomadas do pensamento comum que ele compartilha com os seus interlocutores e é assumido implicitamente que o conhecimento que ele busca é algo que harmonizará e não esmagará estas crenças comuns. Isto se manifesta no lugar essencial que o diálogo tem em sua busca pela verdade: é somente pelo discurso que ele espera chegar ao conhecimento.

Até aqui nós falamos do conhecimento buscado por Sócrates como conhecimento do bem último do homem, e este foi na realidade o objeto primário de sua pesquisa dialética. Contudo, nós não devemos supor que ele considerava este como o único conhecimento necessário para a sábia ordenação da vida humana.[12] Ele é visto como um contínuo indagador por definições, não só quanto ao "Bem", "Virtude" e "Prazer", mas de todas as noções que entram em nossos raciocínios práticos, quer eles se relacionem com os assuntos públicos ou privados; e a atenção concedida por ele até mesmo às artes mais humildes que auxiliam as necessidades humanas é uma de suas características mais notáveis. Eu já disse que ele considerava todas as investigações meramente especulativas na natureza do universo físico como supérfluas e fúteis, no entanto, reconhecia que a adaptação das coisas externas para os usos do homem sempre devem absorver uma grande parte da atividade humana,

---

[12] Esta é a interpretação equivocada do ensino socrático no qual os "socráticos unilaterais" – especialmente os Cínicos – parecem ter mais ou menos caído. Cf. *veja* pp. 52-54.

e que um conhecimento destas coisas e suas qualidades, até onde é útil, era então necessário para a conduta completamente racional; era na verdade, em certo sentido, "conhecimento do bem" – isto é, do que é relativamente bom como meio para a verdadeira finalidade da vida. Consequentemente, qualquer ação humana racional e útil tinha, a seus olhos, um interesse e valor que contrastam notavelmente com o desprezo, em geral, sentido por gregos cultos pelo trabalho mecânico básico. Xenofonte registrou detalhadamente um diálogo com um fabricante de corselete, no qual Sócrates tira pouco a pouco sua *razão,* e nós achamos que sua conversa foi ridicularizada por seu uso ininterrupto de analogias extraídas do comércio vulgar – por sua insistência perpétua sobre sapateiros, carpinteiros, braseiros e pastores. A verdade era que – como Platão o faz dizer em sua defesa diante dos juízes – os artesãos comuns se diferenciavam de professores e políticos no conhecimento de seus ofícios: na grande tarefa de transformar a vida humana em uma adaptação completamente debatida dos meios para os fins definitivamente conhecidos, as artes vulgares davam o ritmo e estavam longe de avançar, elas tinham aprendido uma grande parte de sua lição, enquanto a "arte real" da vida e governo ainda estavam se esforçando nos rudimentos.

Estas, então, parecem ser as características historicamente importantes do grande fundador da filosofia moral, se nós tomarmos (como devemos) juntos o seu ensino e caráter: – (1) uma busca ardente pelo conhecimento não encontrado em nenhuma parte, mas que, se encontrado, aperfeiçoaria a conduta humana – conhecimento, principalmente, do bem último e essencial, mas também secundariamente de todas as coisas relativamente boas, todos os meios pelos quais este fim último deveria ser percebido pelo homem; (2) uma adesão provisória à visão de bem e mal em geral recebida, em toda sua complexidade incoerente, e uma prontidão perpétua para manter a harmonia de seus elementos diferentes e demonstrar a superioridade da virtude sobre o vício por um apelo ao padrão do egoísmo; (3) firmeza pessoal, tão aparentemente fácil quanto na verdade invencível, levando a cabo de maneira consistente estas convicções práticas quando ele tivesse atingido. Só quando nós mantivermos todos estes pontos em vista é que nós poderemos entender quanto da fonte de conversação socrática fluíram as correntes divergentes do pensamento ético grego.

§ 4. As Escolas Socráticas

Quatro escolas filosóficas distintas traçam sua origem imediata ao círculo que se criou em torno de Sócrates – a Megárica, a Platônica, a Cínica e a Cirenaica. A impressão do mestre se manifesta em todas, apesar das amplas diferenças que as dividem, todas elas concordam e sustentam que a posse mais importante do homem é a sabedoria ou o conhecimento e que o conhecimento mais importante é o conhecimento do Bem. Aqui, porém, termina o acordo. A parte mais filosófica do círculo, que formando um grupo no qual Euclides de Mégara parece ter tomado a dianteira no princípio, considerou este Bem como o objeto de uma indagação ainda não cumprida; e partindo mais uma vez à procura dele, com um senso profundo de seu mistério, foi levado a identificá-lo com o segredo oculto do universo e assim passar da ética para a metafísica. Outros também, cuja exigência por conhecimento era mais facilmente satisfeita e que ficaram mais impressionados com o lado positivo e prático do ensino do mestre, tornaram a busca por uma tarefa muito mais simples: na realidade, eles tomaram o Bem como já conhecido e afirmaram que a filosofia consistia na pronta aplicação deste conhecimento para a conduta. Entre estes estavam Antístenes, o Cínico e Aristipo de Cirene. É por seu reconhecimento franco do dever de viver pela teoria consistente do mero impulso ou costume, que seu senso do novo valor dado à vida por meio da racionalização e o seu esforço para manter a firmeza calma, tranquila e não oscilante do temperamento socrático, que nós reconhecemos tanto Antístenes quanto Aristipo como "homens socráticos", apesar da perfeição com que eles dividiram a doutrina positiva de seu mestre em sistemas diametralmente opostos. De seus princípios contrastados nós talvez possamos dizer que, enquanto Aristipo deu o passo lógico mais óbvio ao reduzir o ensino de Sócrates a uma unidade dogmática clara, Antístenes certamente tirou a conclusão mais natural da vida socrática.

Aristipo e os Cirenaicos

Aristipo afirmou que, se tudo que é belo ou admirável na conduta tem a qualidade de ser útil – isto é, produz algum outro bem, se a ação virtuosa é essencialmente ação feita com perspicácia, ou apreensão racional do ato como meio para este bem – então seguramente este bem pode ser apenas prazer, o qual todas as coisas vivas buscam com impulsos não perversos, enquanto evitam o seu oposto, a dor. Além disso, ele encontrou uma base metafísica para esta conclusão na doutrina para a qual o relativismo de Protágoras o conduziu, de que nós não podemos conhecer nada das coisas sem excluir suas impressões em nós mesmos. Uma conclusão imediata disto foi que o "movimento suave" dos sentidos que nós chamamos prazer, venha da fonte que vier, é o único bem que podemos conhecer. Nenhum tipo de prazer é em si mesmo melhor que qualquer outro, embora alguns tipos devam ser rejeitados por suas consequências dolorosas. Aristipo afirma que os prazeres corporais e as dores são os mais intensos, ainda que ele não pareça ter mantido isto em qualquer teoria materialista, como ele admitiu a existência de prazeres puramente mentais, como alegria na prosperidade da terra nativa de alguém. Ele reconheceu plenamente que o seu bem era passageiro e só capaz de ser percebido em partes sucessivas, dando ainda ênfase exagerada à regra de buscar o prazer do momento e não se aborrecendo por causa de um futuro duvidoso. Foi na escolha hábil, calma e resoluta, de tais prazeres como circunstâncias proporcionadas de momento a momento, não perturbadas por paixão, preconceitos ou superstição, que ele concebeu a qualidade de sabedoria a ser revelada e a tradição o apresenta como elevando este ideal a um grau impressionante. Entre os preconceitos dos quais o homem sábio era livre, ele concedeu toda consideração à moralidade habitual além do que eram devidas as penalidades atuais relacionadas à sua violação, embora ele afirmasse, com Sócrates, que estas penalidades realmente se tornassem conformidade razoável.

Antístenes e os Cínicos

O espírito socrático foi entendido de maneira bem diferente por Antístenes e pelos Cínicos. Eles afirmavam igualmente que nenhuma investigação especulativa era necessária para a descoberta e definição do Bem e da Virtude; contudo, eles sustentaram que a sabedoria socrática, no exercício da qual dependia o bem-estar do homem, era revelada, não na busca hábil, mas na negligência racional do prazer, de uma apreensão clara da inutilidade intrínseca dos objetos dos desejos e objetivos comuns dos homens. Na verdade, Antístenes declarou, claramente, que o prazer era um mal; afirma-se que ele tenha exclamado: "a loucura é melhor do que uma rendição ao prazer" e a pobreza, o trabalho doloroso e a infâmia ele considerava positivamente úteis como meios de progresso da liberdade espiritual e da virtude. Realmente ele não negligenciou a necessidade de suplementar a perspicácia meramente intelectual pela "força socrática da alma", mas lhe pareceu que, pelo critério e pelo autodomínio invencível combinados, uma independência espiritual absoluta poderia ser atingida e não faltaria nada ao bem-estar perfeito. As excentricidades[13] com que seu discípulo Diógenes ostentou sua independência de necessidades imaginárias e convencionais fizeram dele uma das figuras mais conhecidas da história social antiga, e alguém que em sua própria extravagância fornece uma vívida impressão daquele elemento do padrão socrático que involuntariamente ridiculariza.[14] A convicção Cínica de que nada senão a sabedoria e a virtude poderiam ter algum valor para o sábio tinha, em sua manifestação prática, dois aspectos principais: (1) resistência aos próprios apetites e desejos supérfluos, como tendendo a causar fadiga e ansiedade pelo que eram inúteis quando obtidos e (2) indiferença aos preconceitos irracionais e convenções de outros homens. É neste último aspecto que a originalidade do ensino Cínico e sua divergência de Sócrates são mais marcantes. O sábio cínico não poderia se submeter regular sua vida por leis e costumes estabelecidos, simplesmente porque eles foram estabelecidos: as únicas leis que ele poderia reconhecer sobre si eram as leis ditadas pela sabedoria e assim sobre todos os homens como seres racionais. Consequentemente, se todos fossem sábios, as divisões de estados e divergências de sistemas jurídicos tenderiam a desaparecer: haveria apenas um estado governado por meio de uma lei e a mesma para todos, para homem

---

[13] Sabemos que ele dormia em um barril ou tenda, se vestia apenas com um manto, que ele dobrava em dias mais frios, comia carne crua para economizar combustível etc.

[14] É ao desprezo das noções habituais de propriedade mostrado por esta escola que se deve o significado moderno do termo "cínico". Na verdade, os gregos perceberam que o nome da escola – derivado originalmente do ginásio Cinosarges onde Antístenes ensinava – convenientemente sugeria sua afinidade com o termo cão (κύων), um tipo proverbial de cinismo.

e mulher, para mestre e escravo – ou melhor, não poderia haver escravidão, porque ninguém neste estado ideal *necessitaria* das ordens de outros para fazer o que fosse racional, ou poderia *obedecer* a ordens para fazer o que fosse irracional. Desse modo, é à escola Cínica que nós devemos a concepção de ser "cosmopolita", tão profundamente importante no posterior e mais influente sistema Estóico. No entanto, é em vão que nós procuramos uma significação positiva e definida para a noção Cínica de sabedoria ou critério moral, além da mera emancipação dos desejos e preconceitos irracionais. Ao enfatizar esta emancipação eles parecem ter deixado a razão liberta e sem objetivo definido a não ser sua própria liberdade. É absurdo, como Platão frisou, dizer que o conhecimento é o bem, e em seguida, quando perguntado, dizer "conhecimento do quê?" não ter nada de positivo para responder senão "do bem"; contudo, os Cínicos não parecem ter feito qualquer esforço sério para escapar desse absurdo.

§ 5. Platão (427-347 a.C.)

O último resultado destes dois socratismos unilaterais nós notaremos em breve quando chegarmos às escolas pós-aristotélicas. Por ora temos que continuar a tarefa mais complicada, a de traçar o desenvolvimento mais pleno do germe socrático à sua flor platônica e ao seu fruto aristotélico. Nós podemos perceber que a influência de mais de uma das primeiras escolas metafísicas combinadas com a de Sócrates produziram o famoso idealismo, que as gerações subsequentes aprenderam a partir dos diálogos de Platão, mas a extensão precisa e a maneira pela qual cada elemento cooperou é muito difícil de conjeturar.[15] Mas, aqui nós podemos considerar a visão de Platão somente em sua relação com o ensino de Sócrates, visto que a este último é certamente devido ao aspecto ético do idealismo com o qual nós estamos preocupados no momento.

---

[15] A dificuldade surge deste modo: (1) Aristóteles retrata o Platonismo como tendo surgido do ensino socrático combinado com a doutrina de Heráclito do fluxo sensível das coisas e a teoria pitagórica de que os números eram a realidade última, mas (2) na doutrina megárica o elemento não socrático é claramente o ser único e imutável de Parmênides, (3) a conexão original de Platão e Euclides é igualmente evidente.

A ética de Platão não pode ser tratada adequadamente como um resultado final, mas antes como um movimento ininterrupto da posição de Sócrates em direção ao sistema mais completo e articulado de Aristóteles, a não ser que haja sugestões ascéticas e místicas em algumas partes do ensino de Platão que não encontram contraparte em Aristóteles e que, na realidade, desaparece da filosofia grega logo após a morte de Platão até que sejam reavivadas e fantasticamente desenvolvidas no Neopitagorismo e Neoplatonismo. A primeira fase na qual nós podemos distinguir a visão ética de Platão da de Sócrates é apresentada no *Protágoras,* onde ele faz, embora claramente seja uma tentativa, um sério esforço para definir o objeto daquele conhecimento que ele considera, com seu mestre, como a essência de toda virtude. Tal conhecimento, ele afirma aqui, é realmente a mensuração dos prazeres e dores, pela qual o homem sábio evita o equívoco de subestimar o valor dos sentimentos futuros comparados com os atuais que os homens, em geral, não evitam quando lhes é dito que "se entreguem ao temor ou ao desejo". Este hedonismo desconcertou os leitores de Platão, e provavelmente nunca foi concebido por ele mesmo como sendo mais que uma expressão parcial da verdade. Não obstante (como foi dito ao se falar da visão semelhante dos Cirenaicos), quando um discípulo buscava tornar clara e definida a doutrina essencialmente socrática de que as diferentes noções atuais de bem – o belo, o agradável e o útil – eram para ser, de alguma maneira, identificadas e interpretadas umas pelas outras, o hedonismo apresentou-se como a conclusão mais óbvia. Por Platão, porém, esta conclusão só poderia ter sido afirmada antes que ele tivesse realizado o movimento de pensamento pelo qual ele levou o método socrático para além do alcance da conduta humana e a desenvolveu em um sistema metafísico todo abrangente.

Esse movimento pode ser expresso brevemente da seguinte maneira: "Se nós sabemos", disse Sócrates, "o que é justiça, nós podemos dar dela um relato geral ou definição", o verdadeiro conhecimento de justiça deve, então, ser conhecimento desses fatos gerais ou relações que são comuns a todos os casos individuais aos quais nós aplicamos nossa noção geral de justiça. Mas, além disso, isso não deve ser verdadeiro a respeito de outros objetos do pensamento e discurso além dos objetos do conhecimento ético, visto que a mesma relação de noções gerais para exemplos particulares se estende por todo o universo físico, e nós só podemos pensar e falar disso por meio dessas noções. O conhecimento verdadeiro ou científico, então, de tudo que pode ser conhecido, deve ser conhecimento geral, relativo principalmente não a indivíduos, mas aos fatos gerais ou qualidades que os indivíduos exemplificam. Na realidade, nossa noção de um indivíduo, quando examinado, é vista como sendo um agregado destas características gerais. Mas, além disso, o objeto do verdadeiro conhecimento deve ser o que realmente existe; consequentemente, a realidade do universo tem que se firmar sobre fatos ou relações em geral e não nos indivíduos que os exemplificam.

Até aqui os passos são bastante claros, mas nós ainda não vemos como este Realismo lógico (como foi posteriormente chamado) chega a ter o caráter essencialmente ético que de maneira especial nos interessa no Platonismo. Porque embora a filosofia de Platão esteja preocupada com o universo inteiro do ser, o objeto último de sua contemplação filosófica ainda é "o bem", concebido como base última de todo ser e conhecimento. Quer dizer, a essência do universo é identificada com seu fim – a causa "formal" com a causa "final" das coisas, para usar a fraseologia aristotélica posterior. Como isso ocorre?

Talvez possamos explicar melhor isso recorrendo à aplicação original do método socrático a assuntos humanos. Visto que toda atividade racional se dirige para alguma finalidade, as artes diferentes ou funções nas quais a indústria humana está dividida são naturalmente definidas por uma declaração dos seus fins ou usos, e semelhantemente, ao dar conta dos diferentes artistas e funcionários, nós declaramos necessariamente o seu fim, "para aquilo que eles são bons". É somente até onde eles realizam este fim que eles são o que nós os denominamos. Um pintor que não pode pintar é, como dizemos, "não pintor", ou, para fazer uso da ilustração socrática preferida, um governante é essencialmente alguém que realiza o bem-estar do governado; se ele deixa de fazer isso, ele não é, propriamente falando, um governante. E em uma sociedade bem regulada sobre os princípios socráticos, todo ser humano seria deslocado para alguma tarefa, a essência de sua vida consistiria em fazer o que é bom para si. Mas, além disso, é fácil estender este ponto de vista para todas as áreas da vida organizada, um olho que não atinge sua finalidade de ver não tem a essência de um olho. Em resumo, nós podemos dizer a respeito de todos os órgãos e instrumentos que eles são o que nós os pensamos ser em relação a quanto eles cumprem sua função e atingem o seu fim. Se, então, nós concebermos todo o universo organicamente, como uma adaptação complexa de meios para fins, nós entenderemos como Platão poderia afirmar que todas as coisas realmente *eram*, ou (como dizemos) "realizavam sua ideia", na proporção em que elas realizam o fim especial ou o bem para o qual foram adaptadas. Mas este fim especial, também, só pode ser realmente bom até onde está relacionado com o fim último ou bem do todo, como um dos meios ou particulares por ou no qual isso é parcialmente realizado. Consequentemente, se a essência ou realidade de cada parte do mundo organizado for achada em seu fim ou bem particular, o fundamentado último de toda a realidade deve ser achado no fim ou bem último do universo. E se este é o fundamento de toda a realidade, o seu conhecimento também deve ser a fonte de toda orientação para a vida humana; para o homem, como parte e miniatura do Cosmo, não pode haver nenhum bem, como ele pode não haver nenhum ser, que não seja derivado do bem e ser do universo. Assim, Platão, sem abandonar definitivamente a limitação socrática da filosofia ao estudo do bem humano, aprofundou a concepção de bem humano até que a busca disso leve na primeira investigação à natureza essencial do mundo externo, do qual Sócrates se desviou. Até mesmo Sócrates, apesar de sua aversão à física, foi levado pela reflexão piedosa a expor uma visão teleológica do universo físico, como ordenado em todas as suas partes pela Divina Sabedoria para a execução de algum fim divino; o que Platão fez foi identificar este Fim Divino – concebido como o próprio Ser Divino – com o Bem que Sócrates buscava, do qual o conhecimento resolveria todos os problemas da vida humana. Nesta fusão da ética socrática com a teologia socrática, ele foi provavelmente antecipado por Euclides de Mégara que afirmou que o único ser real é "aquilo que nós chamamos por muitos nomes, Bem, Sabedoria, Razão, ou Deus", ao qual Platão, levando a uma importância mais alta a identificação socrática do belo com o útil, acrescentou o nome Beleza Absoluta, ao explicar como o amor do homem ao belo elevou-se gradualmente da carne ao espírito, do particular ao geral. No final das contas isso se revela como o anseio da alma pelo fim e essência de toda a vida e ser.

Imaginemos, então, que Platão tenha dado este largo passo de pensamento e identificado as noções últimas da ética e da ontologia. Nós temos que ver, portanto, que atitude isto o levará a adotar para com as investigações práticas das quais ele partiu. Qual será agora sua visão de sabedoria, virtude, prazer e a relação destes com o bem-estar humano?

A resposta para esta pergunta é inevitavelmente um pouco complicada. Em primeiro lugar, nós temos que observar que a filosofia passou agora da praça do mercado para a sala de estudo ou de conferência. A busca de Sócrates era pela verdadeira arte da conduta para um membro comum da sociedade humana, um homem que vive uma vida prática entre seus semelhantes. Mas, se os objetos do pensamento abstrato constituem o mundo real, do qual este mundo de coisas individuais é apenas uma sombra, está claro que a vida mais elevada e mais real tem que estar na primeira região e não na segunda. É contemplando a realidade abstrata que as coisas concretas obscuramente surgem, o tipo ou ideal que elas de modo imperfeito imitam, no que deve consistir a verdadeira vida da Mente no homem e, como o homem é mais verdadeiramente homem em proporção a quanto ele é mente, esse desejo do próprio bem, que Platão, seguindo Sócrates, afirmou ser permanente e essencial em cada coisa viva, se torna em sua forma mais elevada o anseio filosófico por conhecimento. Este anseio, afirmou ele, nasce – como os impulsos mais sensuais – de um senso de desejo de algo outrora possuído, do qual resta uma memória oculta na alma, forte em proporção a sua capacidade filosófica; consequentemente acontece que ao aprender alguma verdade abstrata pela demonstração científica nós simplesmente tornamos explícito o que nós já sabemos implicitamente: nós tornamos claro para a consciência recordações ocultas de um estado no qual a alma via a Realidade e o Bem frente a frente, antes do lapso que a aprisionou em um corpo estranho e misturou sua verdadeira natureza com sentimentos e impulsos carnais. Dessa maneira, nós alcançamos o paradoxo que Platão impôs em mais de um dos seus diálogos mais impressionantes, de que a verdadeira arte de viver na verdade é uma "arte de morrer" até onde for possível ao mero senso, para mais completamente existir em íntima união com a bondade e beleza absolutas. Por outro lado, na medida em que esta abstração filosófica de interesses humanos ordinários nunca pode ser completada – visto que o filósofo ainda tem que viver e tem que agir no mundo sensível e concreto – a identificação socrática de sabedoria e virtude é plenamente afirmada por Platão. Somente aquele que apreende o bem em sua realidade abstrata pode imitá-lo neste bem transitório e imperfeito da maneira como é percebido na vida humana, e é impossível, tendo este conhecimento, que ele não agiria nele, quer em assuntos particulares ou públicos; o verdadeiro conhecimento do Bem necessariamente leva consigo uma preferência pelo Melhor, sempre que são apresentadas alternativas para a escolha racional. Assim, no verdadeiro filósofo, nós encontraremos necessariamente o homem bom na prática, aquele que sendo "dos homens o mais semelhante aos deuses é o mais amado por eles" e também o estadista perfeito, bastando para isso que as condições de sua sociedade lhe ofereça uma esfera para exercer sua ciência de governar.

§ 6. *Teoria da Virtude de Platão*

As características gerais dessa bondade prática, na filosofia madura de Platão, são determinadas pelas concepções fundamentais de sua visão do universo. A alma do homem, em sua condição boa ou normal, deve ser ordenada e harmonizada sob o governo da Razão. Surge então a questão, "Em que precisamente consiste esta ordem ou harmonia?" Ao explicar como Platão foi levado a responder a esta pergunta, será bom notar que, ao manter fielmente a doutrina socrática de que a virtude suprema era inseparável do conhecimento do bem, ele chegou, com sua concepção deste conhecimento aprofundado e expandido, a reconhecer um tipo inferior de virtude, possuído por homens que não eram filósofos. Está claro que se o bem que deve ser conhecido for o fundamento último do todo das coisas, de forma que o seu conhecimento inclua todo outro conhecimento, ele só será alcançado por poucos seletos e cuidadosamente iniciados, e nós não podemos restringir toda virtude somente a estes. Então, o que importa deve ser fornecido pela bravura "cívica" comum, temperança e justiça? Parecia claro que os homens que cumpriam o seu dever, resistindo às seduções do temor e do desejo, deviam ter opiniões corretas, se não conhecimento, quanto ao bem e o mal na vida humana; mas de onde vem esta "opinião correta?" Em parte, disse Platão, vem por natureza e "partilha divina"; mas para seu desenvolvimento adequado são requeridos "costume e prática". Consequentemente, surge a importância suprema da educação e da disciplina, nas quais o treinamento físico e estético precisam cooperar para a virtude cívica do melhor tipo.[16] Mas esta cultura moral não é só exigida das mentes que não podem ir além desse padrão popular de virtude: é igualmente ou ainda mais indispensável para aqueles que devem, no final das contas, atingir a filosofia – na verdade, Platão diz extensivamente que "todas as virtudes que excluem a sabedoria são geradas na alma por hábito e exercício". Isso não lhe parece incompatível com a doutrina socrática, que ele ainda assevera, de que o conhecimento do bem tem que trazer consigo todas as virtudes. A questão é que este conhecimento não pode ser implantado em uma alma que não tenha passado por um curso de preparação que inclua muito mais que a instrução meramente intelectual.

Então como funciona exatamente essa preparação? Um passo distinto na análise psicológica, além de Sócrates, foi dado quando Platão reconheceu que seu efeito era produzir a "harmonia" supracitada entre as diferentes partes da alma, subordinando à razão aqueles impulsos não racionais que em almas mal reguladas continuamente se tornam predominantes, e "compelem" à ação contrária ao julgamento racional. Para chegar a estes impulsos não racionais ele recorreu a dois elementos distintos da alma – os quais nós podemos chamar respectivamente "apetitivo" e "intelectivo"[17] – a separabilidade prática da qual, um do outro e da razão, ele afirmou ser estabelecida por nossa experiência interna de impulsos contraditórios; ao primeiro desses ele faz referência a todos aqueles desejos obviamente devidos a causas

---

[16] Platão parece ter distinguido tipos diferentes de virtude não filosóficas, tendo valores morais muito diferentes, embora ele em nenhuma parte dê uma visão sistemática de suas diferenças; o mais baixo é o da prudência vulgar que abstém do vício sensual, não da aversão moral, mas de um cálculo de que a abstinência trará um equilíbrio de prazer: o mais alto é o apresentado por uma mente não filosófica cujo "elemento espiritualizado" foi devidamente adestrado sob a orientação da Filosofia. Uma discussão interessante destas diferenças serão encontradas na edição de Archer-Hind do *Phaedo*, Appendix I.

[17] (I) τὸ ἐπιθυμητικόν, e (2) τὸ θυμοειδές, ou θυμός. Posso observar que embora a palavra grega ἐπιθυμία seja mais usada nesse sentido especial do apetite corporal, também é usada em um sentido mais amplo por Platão e outros escritores, assim como a palavra portuguesa "apetite". "Intelectivo" me parece a menos sujeita a objeções das diversas traduções de θυμοειδές que foram sugeridas.

corporais que nós chamamos em um sentido especial "apetites", o segundo ele concebe como a fonte comum de um grupo de emoções que a psicologia moderna não conecta ou une de maneira especial, mas que todos têm a mesma característica de incitar à ação enérgica e combativa – fúria, coragem ou espírito, o amor à honra, culpa e aversão à desgraça. O grau moral desses dois elementos é muito diferente, o elemento intelectivo é o aliado natural da razão nos conflitos da alma e sob a devida instrução é capaz de manifestar uma excelência especial própria. O elemento apetitivo naturalmente é mais básico e incapaz de qualquer virtude salvo a submissão à razão.

Nesta tripla divisão da alma Platão funda uma visão sistemática dos quatro tipos de excelência reconhecidos principalmente pela consciência moral da Grécia, e em tempos posteriores conhecidos como as virtudes principais,[18] (1) φρόνησις, ou σοφία,[19] (2) ἀνδρεία (3) σωφροσύνη, (4) δικαιοσύνη; noções que nós podemos representar aproximadamente pelos termos, (1) Sabedoria, (2) Coragem ou Fortaleza, (3) Temperança ou Regularidade, (4) Justiça ou Retidão. Os dois mais importantes desses (como já foi indicado) são a Sabedoria – que em sua forma mais elevada e ideal sugere a plena posse do conhecimento que o filósofo busca – e aquela atividade harmoniosa e regulada de todos os elementos da alma, que Platão considera a raiz essencial da Retidão nas relações sociais e que adequadamente ele chama de δικαιοσύνη. Essa estranha interpretação de um termo que em seu uso ordinário corresponde amplamente a nossa "Justiça", e certamente denota uma qualidade manifestada na conduta social, talvez em parte se deva à analogia que sua análise da alma o levou a delinear entre um homem individual e uma sociedade política. Porque em um estado justamente ordenado, como ele o concebeu, haveria uma classe governante, a incorporação da Sabedoria, e uma classe combativa, especialmente caracterizada pela Coragem, que seriam ambas mantidas separadas do rebanho comum de artesãos, que – como apetites no indivíduo – teriam simplesmente que prover

---

[18] O termo "*cardinalis*" é cristão e é encontrado pela primeira vez em Ambrósio (*In Luc.* § 62).

[19] Aristóteles distinguiu estes termos aplicando-os à sabedoria prática e especulativa respectivamente, mas na visão da filosofia de Platão a sabedoria especulativa e prática estão inseparavelmente combinadas e – na *República* de qualquer maneira – ele parece usar os dois termos como permutáveis.

as necessidades materiais e cuja relação com o Estado seria simplesmente a da obediência ordenada. Nessa política social e individual o bem-estar igualmente dependeria daquela ação harmoniosa de diversos elementos, cada um executando sua própria função, que em sua aplicação social é mais naturalmente chamada de δικαιοσύνη. Além disso, nós vemos como na perspectiva de Platão as duas virtudes fundamentais, Sabedoria e Justiça, que em suas formas mais elevadas estão mutuamente envolvidas. Uma alma sábia será necessariamente aquela em que todos os elementos operam em atividade harmoniosa, e esta atividade não pode ser perfeita a menos que o elemento racional e governante seja verdadeiramente sábio. As duas virtudes restantes, também, são apenas elementos ou aspectos diferentes desta ação sabiamente regulada da alma complexa: Coragem ou Fortaleza sendo a excelência especial do elemento intelectivo ou combativo, quando dócil à razão e treinadas para temer somente o que é verdadeiramente terrível, enquanto a Temperança ou Regularidade (σωφροσύνη) está relacionada à Retidão como a estrutura de um organismo está para sua vida – a primeira expressa a devida submissão dos elementos não racionais à razão, ao passo que a segunda denota o funcionamento harmonioso dos elementos devidamente relacionados.

Em um diálogo posterior (*Político*), Platão trata a Coragem e a Regularidade de maneira um pouco diferente, considerando-as enquanto contrastadas com os temperamentos originais, que, se deixados sem regras, se tornam propícios a serem mostrados de uma forma extrema pelas classes contrastantes de cidadãos, mas que um estadista sábio judiciosamente misturará e associará. Além disso, em seu último tratado ético (as *Leis*) o lugar da Coragem – pelo menos do tipo cívico ou popular – parece definitivamente inferior quando comparada com a Temperança, e a análise da alma em elementos passa para o segundo plano e é ligeiramente modificada, a distinção agora será tomada dentre os impulsos não racionais que ficam entre os impulsos causados pela dor – como a ira e o medo – e os impulsos devidos ao prazer. Não obstante, em geral, a quádrupla divisão das Virtudes – todas as quatro em sua forma mais elevada sendo ainda concebidas como mutuamente implicadas e inseparáveis – é mantida por Platão sem mudanças fundamentais.

Além disso, nós temos que observar que a Virtude não é mais simplesmente identificada com a Sabedoria, obviamente deve haver outra fonte de má conduta além da ignorância, a saber, a desordem interna e o conflito da alma nos quais os impulsos não racionais prevalecem sobre a Razão e isto é explicitamente reconhecido nas posteriores discussões de Platão sobre ética.

Se nós perguntarmos pelos particulares da conduta externa na qual estas virtudes seriam expressas, a resposta nos conduziria à região do pensamento que nós agora – diferentemente de Platão – separamos da Ética, sob o nome de Política. Porque na visão de Platão todos os ramos do dever cívico devem ser regulamentados minuciosamente por um governo sábio, que almeja a promoção da excelência moral de seus súditos como o elemento principal do bem-estar destes. No estado ideal de sua *República*, em especial, onde a divisão de sentimento e vida causada pelo *meum* e *tuum* seria excluída e as relações entre os sexos ordenadas sob um único olhar para a perfeição da raça e distribuição de funções de acordo com a aptidão, a obediência às regras, impostas pelo governo, constituiria toda a esfera da virtude comum. Apenas os filósofos teriam, além das funções de governo e educação, a esfera ainda mais alta da contemplação abstrata. Até mesmo nas *Leis* – nas quais a comunidade de mulheres e propriedade é posta de lado como um ideal muito elevado para a prática política – educação, matrimônio e toda a vida diária dos cidadãos da infância à velhice, como também todo culto, são concebidos como objetos próprios da mais minuciosa regulamentação para prover aos cidadãos, em geral, uma orientação moral suficientemente inclusiva e detalhada. Na verdade, Platão é cuidadoso ao salientar que essa regulamentação pode não ser totalmente assegurada pela coação legal, para cumprir certa parte dela o legislador deverá usar o preceito e a persuasão assim como a punição judicial – seu estado ideal, em resumo, possui não só as funções de uma igreja moderna como também as de um estado moderno. Não obstante, a quantidade de controle estritamente legal da vida do indivíduo que ele propõe introduzir é assustadora para um leitor moderno. Seus cidadãos seriam proibidos por lei de serem artesãos ou comerciantes, ou de praticarem o direito, como advogados, para seu sustento. Eles seriam compelidos a aprender música durante três anos e nada mais, se privariam completamente de vinho até os dezoito e do excesso reconfortante de banquetes até os quarenta; só depois dessa idade teriam a permissão de viajar e seriam penalizados com o celibato depois dos trinta e cinco. Seria ilegal negar a existência dos deuses, ou afirmar que os deuses podem ser propiciados por sacrifícios e dádivas. A poesia e a canção estariam sujeitas a uma severa censura e os banquetes a rígidas leis suntuárias. E tanto as leis como os preceitos suplementares semelhantemente seriam aceitos inquestionavelmente pela massa de cidadãos na autoridade dos legisladores e guardiães das leis: a *razão* da legislação só seria conhecida por algumas mentes filosóficas.

§ 7. A Concepção de Prazer de Platão e sua relação com o Bem Humano

Suponhamos agora que a natureza não só da filosofia como também da virtude cívica tenha sido adequadamente exposta, permanece a questão de até onde tal exposição dá plena conta do bem último do homem. Primeiramente devemos observar aqui – para evitar uma profusão de erro e confusão – que nem Sócrates nem Platão jamais afirmam que o bem último para qualquer homem individual é seu próprio "bem-estar" ou "felicidade" (εὐδαιμονία):[20] na verdade, ambos frequentemente assumem isso em seus argumentos. Na visão de ambos a questão importante na prática, na qual a dúvida e a controvérsia existiam, não era se o bem último de um homem é seu próprio bem-estar, mas até onde os objetos particulares reconhecidos como bons ou desejáveis – Sabedoria, Prazer, Riqueza, Reputação etc. – constituem ou conduzem ao seu bem-estar; e tanto Sócrates quanto Platão afirmam que para responder corretamente a esta pergunta – como outras perguntas relacionadas aos "bens" – nós precisamos saber a importância real da noção geral de "bem", a natureza real do bem em si mesmo. Mas quando o idealismo de Platão havia

---

[20] Não há fundamento para a crença, à qual até mesmo escritores de renome em tempos modernos têm dado apoio, de que a noção de εὐδαιμονία ("bem-estar") como fim da ação humana foi introduzida por Aristóteles em oposição a Platão. O erro envolvido nesta crença, no entanto, seria menos importante se εὐδαιμονία não fosse traduzido por "felicidade", e em consequência mais ou menos concebido de maneira definida como o todo do qual os elementos são sentimentos agradáveis: ao passo que tanto Platão quanto Aristóteles – não menos do que Sócrates – concebem "bem fazer" como o componente primário de "bem-estar". Veja p. 71, nota 2.

definitivamente se formado em sua mente e ele havia chegado a entender por "bem em si" o fim e a essência de todo o mundo organizado, a investigação do bem último para um homem individual inevitavelmente começou a se separar da pesquisa metafísica profunda pela qual ele buscou penetrar o segredo do universo. Imagine que este bem em si mesmo, ou bem absoluto, seja o fundamento último das coisas; não obstante "o bem" sobre o qual os Cínicos e os Cirenaicos discutiam – e que Platão, no *Filebo*, está pronto para discutir com eles – seja admitidamente algo mais concreto, alguma coisa que pertença à esfera da existência sensível dentro da qual a vida real do homem está envolvida. É uma definição suficiente deste bem humano concreto dizer que ela consiste no exercício da Sabedoria ou da Virtude? ou o Prazer é um elemento dela? e se este o for, qual é sua importância?

Nesses pontos a visão de Platão parece ter passado por várias oscilações. Depois de aparentemente sustentar (*Protágoras*) que o prazer é *o* bem, ele passa ao extremo oposto, e nega que isso (*Fedo*, *Górgias*) seja um bem. Isto não é somente, enquanto concreto e passageiro, um mero "processo" (γένεσις), obviamente não o bem essencial e real que o filósofo busca; descobriu-se também que os sentimentos mais proeminentemente reconhecidos como prazeres estão relacionados com a dor, enquanto o bem nunca pode estar com o mal, visto que eles são a mera satisfação de desejos dolorosos e cessam com a remoção desses; dessa maneira, então, como o bom senso justamente reconhece alguns prazeres como bons, só pode ser de sua tendência produzir algum outro bem. Esta visão, porém, era uma divergência muito violenta do Socratismo para que Platão permanecesse nela. Este prazer não é o bem absoluto e essencial, não havia nenhuma base para não incluí-lo no bem da vida humana concreta e, afinal de contas, era só o prazer grosseiro e vulgar que estava indissoluvelmente unido às dores do desejo. Consequentemente, na *República* ele não faz nenhuma objeção de provar a questão da superioridade intrínseca da vida filosófica ou virtuosa[21] pelo padrão do prazer, argumentando que o homem (ou bem) filosófico

---

[21] É altamente característico do Platonismo que a questão nesse diálogo, como originalmente declarada, está entre a virtude e o vício, ao passo que, sem qualquer mudança declarada, a questão discutida no final das contas é entre a vida filosófica e a vida de ambição vulgar ou prazer sensual.

só desfruta o prazer real, enquanto o sensualista desperdiça sua vida oscilando entre desejo doloroso e o estado meramente neutro de ausência de dor, que ele equivocadamente toma por prazer positivo. De maneira ainda mais enfática declara-se nas *Leis* que – quando nós estamos "discursando a homens não a deuses" – nós temos que mostrar que a vida que nós louvamos como a melhor e a mais nobre também é aquela na qual há a maior sobreposição de prazer sobre a dor. Mas embora Platão sustente essa conexão inseparável de "melhor" e "mais prazeroso" como verdadeiro e importante, é somente por causa do vulgo que ele põe essa tensão no Prazer. Porque na comparação mais filosófica no *Filebo* entre as reivindicações do Prazer e da Sabedoria, o primeiro é completamente vencido, e embora se permita um lugar, em uma declaração completa dos elementos de bem humano concreto, para os puros prazeres de cor, forma e som, e do exercício intelectual, e até mesmo para as satisfações "necessárias" do apetite, é apenas um lugar subordinado. Ao mesmo tempo, em visão posterior, Platão evita o exagero de negar toda qualidade positiva de prazer até mesmo às satisfações sensuais mais grosseiras, esses são indubitavelmente casos daquele "reabastecimento" ou "restauração" a seu "estado natural" de um órgão corporal, no qual ele define que o prazer consiste:[22] ele apenas sustenta que a estimativa comum deles é em grande medida ilusória, como uma falsa aparência de prazer é produzida pelo contraste com o antecedente ou condição dolorosa concomitante do órgão. Não é surpreendente que esta visão um pouco complicada e delicadamente equilibrada das relações de "Bem" e "Prazer" não tenha sido mantida por muito tempo dentro da escola Platônica e que com Espeusipo, sucessor de Platão, o corpo principal dos Platonistas tenha tomado uma posição simplesmente anti-hedonista, como nós aprendemos por meio da polêmica de Aristóteles.

---

[22] A forma última e mais desenvolvida da teoria física de Platão do prazer e da dor encontra-se no *Timeu*. A sensação deve ser explicada como o resultado do movimento molecular em partes do corpo cujas partículas diminutas estão em uma condição móvel. Se o movimento é um transtorno violento e repentino da parte afetada fora de seu estado natural, o resultado é a dor: enquanto a restauração do órgão ao seu estado natural produz prazer. Mas o transtorno ou a restauração podem ser graduais e imperceptíveis, de maneira que é possível haver dor sem prazer consequente e prazer sem dor antecedente.

§ 8. Platão e Aristóteles

Quando um estudante passa de Platão para Aristóteles, ele fica tão violentamente impressionado pelo contraste imediato entre os hábitos da mente e os modos literários dos dois filósofos, que é fácil entender como os seus sistemas chegam a ser popularmente concebidos como diametralmente opostos um ao outro; e a polêmica intransigente que Aristóteles, tanto em sua ética quanto em seus tratados metafísicos, dirige contra Platão e os Platonistas, tendeu firmemente a confirmar este ponto de vista.

Aristóteles (384-322 a.C.)

Ainda quando, mais de dois séculos depois da morte de Platão, Antíoco de Ascalão – como o presidente da escola em geral conhecida como a "Academia",[23] que via em Platão seu fundador – repudiou o cepticismo que, durante a maior parte do período interveniente, tinha sido aceito como a doutrina Platônica tradicional, ele confiantemente reivindicou Platão e Aristóteles como autoridades aprovadas para a posição ética que ele tomou; e uma inspeção mais de perto mostra que havia bases significativas para sua reivindicação. Porque, embora a divergência de Aristóteles de Platão seja bastante manifesta quando nós consideramos sua concepção geral da relação da ética com outros estudos, ou os detalhes de seu sistema de virtudes, não obstante, seu acordo com o mestre é quase completo quando admite as linhas principais de sua teoria do bem humano; a diferença entre os dois praticamente desaparece quando nós os vemos em relação com a controvérsia posterior entre Estoicos e Epicuristas. Mesmo no ponto principal sobre o qual Aristóteles entrou em divergência direta com Platão, a discordância definitiva entre os dois é menor do que parece no princípio; as objeções dos discípulos atingem principalmente esta parte do sistema do mestre que foi imaginada do que pensada; o resultado positivo e principal da especulação Platônica só obtém distinção pela da aplicação da análise Aristotélica.

---

[23] O nome foi derivado do colégio chamado ἀκαδήμεια, próximo ao qual estava o jardim em que Platão ensinava e que parece ter sido conferido por ele a seus discípulos e passado de presidente a presidente da escola.

Platão, como vimos, sustentava que havia uma ciência suprema ou sabedoria, da qual o objeto último é o bem absoluto; no conhecimento disso, o conhecimento de todos os bens particulares – quer dizer, de tudo aquilo que nós desejamos racionalmente conhecer – está implicitamente contido e também toda virtude prática, pois ninguém que verdadeiramente conhece o que é bom pode deixar de fazê-lo. Mas, apesar da intensa convicção com que ele assim identificou a especulação metafísica e a sabedoria prática, nós não encontramos em seus escritos nenhuma tentativa séria de deduzir os particulares do bem-estar humano de seu conhecimento de bem absoluto, muito menos para revelar a partir disso as cognições particulares das artes e ciências especiais. Consequentemente, quando Aristóteles frisa que a ciência ou arte da vida humana – que ele concebe como arte de governar, visto que o bem-estar humano têm que depender principalmente das instituições políticas – deve definir seu próprio fim, e que um conhecimento do bem absoluto não será de nenhum proveito para isso mais do que é para as artes e ofícios mais especiais, nós não encontramos nenhum argumento Platônico definitivo que tente provar o que ele nega. Na verdade – como já salientei – a distinção que Aristóteles explicitamente faz entre ciência especulativa ou sabedoria, que está preocupada com as verdades eternas e imutáveis do ser, e a sabedoria prática ou arte de governar, que tem por objeto o bem "humano" ou "praticável", é na verdade indicada no tratamento posterior que Platão faz dos assuntos, embora o reconhecimento expresso disso seja contrário aos seus princípios. A discussão a respeito do bem – por exemplo, no *Filebo*, diz inteiramente respeito ao bem humano, e as respectivas reivindicações de Pensamento e Prazer para constituir isso. Ele só se refere de passagem ao Pensamento Divino que é o bem do mundo ordenado, como algo claramente além dos limites da discussão presente. Além disso, em seu último grande tratado ético-político (as *Leis*) quase não há vestígio de sua metafísica peculiar. Por outro lado, a relação entre o Bem Humano e Divino, como apresentada por Aristóteles, é tão precisa que nós quase não podemos conceber Platão como tendo definitivamente pensado nisso melhor que Aristóteles. O Bem essencial do universo, segundo Aristóteles, é a pura atividade do pensamento abstrato universal, ao mesmo tempo sujeito e objeto que, em si imutável e eterno, é a causa final e fonte primeira de todo o processo de mudança no mundo concreto. E tanto ele quanto Platão afirmam que uma atividade semelhante do puro intelecto especulativo é o modo mais elevado e melhor da existência humana e que nele o filósofo buscará existir até onde for possível, embora ele deva, enquanto homem, interessar-se pelos afazeres da vida humana ordinária e nesta área seu mais alto bem seja atingido pela realização da excelência moral perfeita. Sem dúvida, a demonstração de Aristóteles da impropriedade de atribuir excelência moral à Deidade parece contradizer a doutrina de Platão de que o homem justo como tal é "mais semelhante aos deuses", mas aqui novamente a discrepância é reduzida quando nós lembramos que a essência da "Justiça" de Platão (δικαισύνη) é a atividade harmoniosa. Sem dúvida, também, a atribuição de Aristóteles de prazer à Existência Divina demonstra uma profunda divergência metafísica de Platão, mas é uma divergência que não tem nenhuma importância prática, e que só torna a analogia entre o bem Divino e Humano definitivamente inteligível. Além disso, nem é a dissensão de Aristóteles do princípio socrático de que toda "virtude é conhecimento" substancialmente maior do que a de Platão, embora seja expressa mais claramente. Ambos sustentam que cada um em ação deliberada almeja ao que lhe parece bom, e que a virtude perfeita necessariamente provém da perfeita sabedoria prática ou compreensão moral se real e operativa. Ambos admitem, porém, que esta realidade da compreensão moral não é uma função apenas do intelecto, mas depende do estabelecimento de uma relação correta entre o intelecto e os elementos da alma não racionais ou semirracionais e que, consequentemente, para a educação em virtude a mera instrução verbal é menos importante do que disciplina cuidadosa aplicada às mentes de boas índoles naturais – embora esta doutrina sem dúvida tenha um lugar mais definido e proeminente no sistema de Aristóteles. O discípulo certamente dá um passo adiante declarando definitivamente, como uma característica essencial de ação virtuosa, que é escolhido por sua própria causa, pela beleza da virtude somente, mas nisso ele simplesmente formula a convicção de que seu mestre inspira mais persuasivamente. Por fim, Aristóteles não dá conta da relação de prazer com o bem-estar humano que difere muito materialmente do resultado do pensamento de Platão neste ponto, como os últimos diálogos apresentam-no a nós, embora ele tenha que combater o extremo anti-hedonismo ao qual tinha sido conduzida a escola Platônica com Espeusipo. Prazer, na visão de Aristóteles, não é o componente primordial do bem-estar, mas antes um acidente inseparável dele, o bem-estar humano é essencialmente bem fazer, atividade excelente de algum tipo, quer seu alvo e fim seja a verdade abstrata ou a nobre conduta, e conhecimento e virtude são objetos de escolha racional independentemente do prazer que os assiste, ainda que todas as atividades sejam assistidas e de uma maneira aperfeiçoada pelo prazer, que é melhor e mais desejável proporcionalmente à excelência da atividade. Ele sem dúvida critica o valor da natureza do prazer de Platão, argumentando que nós não podemos conceber o prazer corretamente como um "processo" ou como "reabastecimento" – o último termo, ele verdadeiramente diz, denota um material e não um fato psíquico. Mas isso não interfere no acordo ético geral entre os dois pensadores, e a doutrina de que prazeres viciosos não são prazeres verdadeiros ou reais é tão caracteristicamente platônica que nós somos quase pegos de surpresa ao encontrá-la em Aristóteles.

§ 9. O ponto de vista de Aristóteles do Bem-estar Humano

Na medida em que há uma diferença importante entre os pontos de vista Platônico e Aristotélico a respeito do bem humano, eu imagino que este último tenha substancialmente uma correspondência mais íntima com o elemento positivo do ensino ético de Sócrates, embora seja apresentado em uma forma mais técnica e escolástica e envolva uma rejeição mais distinta do paradoxo socrático fundamental. O mesmo resultado aparece quando nós comparamos os métodos dos três filósofos. Embora a indução socrática forme uma característica notável dos diálogos de Platão, seu método ideal de ética é puramente dedutivo; ele só admite o senso comum enquanto proporciona passos provisórios e pontos de partida dos quais a mente deve ascender ao conhecimento do bem absoluto, pelo qual o conhecimento por si mesmo, como ele concebe, as noções mais baixas de bens particulares devem ser verdadeiramente concebidos. Aristóteles, descartando na Ética o transcendentalismo de Platão, reteve do ensino deste o método socrático original de indução[24] e verificação pela opinião comum. Na verdade, as voltas e sinuosidades de sua exposição são mais bem compreendidas se nós considerarmos a sua maneira literária como um tipo de diálogo socrático formalizado e reduzido a um monólogo – transferido, nós podemos dizer, da praça do mercado para o auditório. Assim, é por uma indução genuinamente socrática que ele nos conduz, no início de seu tratado sobre Ética, à noção fundamental do fim ou bem último para o homem. Todos os homens, ao agirem, almejam a algum resultado, ou por sua própria causa ou como um meio para alguma outra finalidade, mas obviamente nem tudo pode ser buscado como um meio; deve haver, portanto, algum fim último (ou fins), e a ciência ou estudo que o investiga devem ser "arquitetônicos" em relação a todas as artes que almejam a algum fim ou utilidade especial. Na realidade, nós descobrimos que em geral os homens reconhecem tal fim e concordam em chamá-lo de bem-estar[25] (εὐδαιμονία), mas eles tomam pontos de vista muito diferentes de sua natureza. Como, então, nós descobriremos a verdadeira visão? Nós observamos que os homens são classificados e nomeados de acordo com suas funções: todos os tipos de homem e, na verdade, todos os órgãos do homem possuem suas funções especiais e são julgados como funcionários por mais que eles estejam em boa ou má condição conforme executem bem ou mal suas funções. Nós não podemos inferir que o homem, enquanto homem, tenha sua própria função e que o bem-estar ou bem fazer que todos buscam, na verdade está em cumprir bem a própria função de homem – isto é, em viver bem, pelo termo normal da existência do homem, esta vida da alma racional que nós reconhecemos como o atributo distintivo do homem?

Além disso, essa deferência socrática à opinião comum não é somente mostrada do modo pelo qual Aristóteles alcança sua concepção fundamental, ela

---

[24] Digo indução em um sentido amplo para denotar qualquer processo que parta dos juízos particulares para chegar às conclusões mais gerais.

[25] Este termo essencial é em geral traduzido por "felicidade"; deve-se admitir que esse é o termo mais natural para o que nós concordamos chamar "o fim e objetivo de nosso ser". Mas a palavra "felicidade" definitivamente significa um estado de sentimento que não admitirá a interpretação que Aristóteles (como Platão e os Estoicos) expressamente concede à εὐδαιμονία por isso, para evitar séria confusão, acho necessário traduzir εὐδαιμονία pelo termo menos familiar "bem-estar". Ver p. 64, *nota*.

aparece igualmente em seu tratamento da própria concepção. Em primeiro lugar, embora na visão de Aristóteles o bem-estar mais perfeito consiste no exercício da "parte mais divina" do homem, a pura razão especulativa, ele se afasta do paradoxo de propor isso e nada mais como bem humano; até aqui, na verdade, a maior parte de seu tratado se ocupa com uma exposição do bem inferior que é executado na vida prática quando o elemento apetitivo ou impulsivo (semirracional) da alma opera sob o devido regulamento da razão. Mesmo quando a noção de "bom desempenho da função" foi assim ampliada e quando tinha levado mais adiante no prazer que é inseparavelmente conectado com esse funcionamento, ainda não correspondia ao todo do que um grego em geral considerava como indispensável ao "bem-estar humano". Na verdade, nós podemos admitir que uma provisão moderada de riqueza material está indiretamente incluída, como um pré-requisito indispensável de um desempenho devido da função do homem como Aristóteles o concebe – seu sistema não admite nenhuma beatitude para o pobre –; não obstante, ali permanecem outros bens, como beleza, bom nascimento, bem-estar de progênie etc., a presença ou ausência dos quais influenciou a visão comum do bem-estar de um homem, embora eles quase não pudessem ser mostrados como sendo mesmo indiretamente importante para seu "bem-agir". Aristóteles nem tenta excluir estes da concepção filosófica de bem-estar nem incluir em sua definição. O relaxamento deliberado que desse modo é concedido a sua doutrina fundamental caracteriza mais ou menos toda sua discussão sobre ética. Ele diz claramente que o assunto não admite tratamento científico completo; seu objetivo é não dar uma teoria perfeitamente definida do bem humano, mas um relato praticamente adequado de seus componentes mais importantes.

Aristóteles assegura que o elemento mais importante, portanto, do bem-estar ou boa vida para homens comuns consiste em fazer o bem, como determinado pelas noções das diferentes excelências morais. Ao expô-las ele oferece do começo ao fim o puro resultado da observação analítica da consciência moral comum de sua época. A verdade ética, em sua perspectiva, deverá ser obtida por uma comparação cuidadosa de opiniões morais particulares, assim como a verdade física deverá ser obtida pela indução de observações físicas particulares. Devido à diversidade e conflito dos julgamentos dos homens quanto ao bem e ao mal, nós não podemos esperar obter clareza e certeza perfeitas em todas as questões éticas; não obstante, a reflexão nos levará a descartar algumas das visões contraditórias e encontrar uma reconciliação para outras, e ela fornecerá, em geral, um resíduo na prática suficiente da verdade moral. Essa adesão ao senso comum, embora envolva algum sacrifício tanto de profundidade quanto de perfeição no relato de Aristóteles das virtudes lhe concede ao mesmo tempo um interesse histórico que o faz merecer atenção especial, como uma análise do ideal grego corrente da vida "justa e boa".[26]

§ 10. Aristóteles, teoria da Virtude

Comecemos com a definição genérica de Excelência Moral ou Virtude no sentido mais estrito. O termo não pode denotar um mero sentimento natural ou suscetibilidade ao sentimento, como a raiva, o medo, a piedade – como estes, considerados meramente como tais, não são objetos de louvor ou culpa: denota um hábito determinado, formado por um curso de ações sob a regra e a disciplina na qual foram evitados o excesso e defeito viciosos, de experimentar as emoções naturais mencionadas de uma maneira propriamente limitada e regulada, de forma que o homem virtuoso, sem conflito interno, deseja ações que encontrem o meio feliz em seus efeitos. Até onde a Virtude é como a habilidade técnica a qual também é o resultado da prática e se manifesta na evitação bem sucedida dos erros contrastados de "muito" e "muito pouco", mas a Virtude difere-se da habilidade envolvendo uma escolha deliberada de atos virtuosos por causa de sua beleza moral intrínseca, e não por qualquer fim externo ao ato. O "meio feliz", ou grau devido no sentindo e ato externo no qual a virtude é percebida, não é um mero meio

---

[26] καλοκἀγαθία. É possível notar que Aristóteles segue Platão e Sócrates ao definir as noções de καλός ("justo", "belo") e ἀγαθός ("bom") em sua aplicação à conduta. Podemos observar, no entanto, que enquanto o último termo é usado para denotar o homem virtuoso, e (no neutro) equivalente a Fim em geral, o primeiro é antes escolhido para expressar a qualidade dos atos virtuosos que em algum caso particular é o fim do agente virtuoso. Aristóteles sem dúvida retrata fielmente o senso comum da Grécia ao considerar que, na medida em que a virtude é em si mesma boa para o agente virtuoso, ela pertence àquela espécie de bem que nós distinguimos como belo. Na filosofia grega tardia o termo καλόν parece ter se tornado mais técnico significando "boa moralidade".

aritmético entre os possíveis extremos alternativos: ele é determinado em cada caso com relação ao agente e às circunstâncias da ação; na verdade, é frequente e notadamente mais próximo a um dos dois extremos viciosos – a coragem, por exemplo, está muito mais próxima da temeridade que da covardia. A determinação, porém, exata do meio correto deve ser dada pelo raciocínio e julgamento de homens de sabedoria prática.

Basta para a concepção geral, na qual Aristóteles formula principalmente os resultados aos que o desenvolvimento e correção de Platão da noção socrática de Virtude tinham gradualmente conduzido. Sua lista de virtudes particulares também é moldada em parte com base na de Platão, a lista de Platão é aumentada por várias noções introduzidas do discurso comum e definida com aquela adesão próxima do senso comum da qual eu falei anteriormente. Mas os dois pensadores se diferem notavelmente no tratamento das virtudes principais, porque Platão, impressionado pela unidade essencial da virtude e pela implicação mútua das virtudes, em geral, reconhecidas, tende em seu relato de cada virtude particular a aumentar a noção até que ela possa representar razoavelmente a Virtude em geral, ao passo que o intelecto analítico de Aristóteles e o método indutivo o leva antes a definir muito estritamente os termos que ele toma do discurso comum. Reservando para o tratamento separado as concepções de Sabedoria e Justiça ou Retidão (δικαιοσύνη), ele começa com a Coragem e a Temperança, considerando-as, depois de Platão, como excelências do "elemento irracional" da alma. Ele analisa a Coragem com cuidado e sutileza especiais, correspondendo à importância relacionada a ela na distribuição corrente do louvor e da culpa. No uso estrito e próprio da palavra sua esfera quase se restringe à guerra. É manifestado no enfrentamento destemido das ocasiões que trazem a morte, no qual a morte é nobre, e tais ocasiões são encontradas principalmente na guerra – por exemplo, em uma tempestade no mar o homem corajoso será na verdade destemido, mas ele não pode exibir coragem,[27] propriamente falando, visto que não há nada nobre na morte que se aproxima. Além

---

[27] Não considerei bom mudar no texto a tradução de ἀνδρεία. Mas é possível perceber que "valor" e não "coragem" parece o equivalente mais apropriado do termo como definido por Aristóteles, visto que nós encontramos em seu uso corrente apenas este grau de restrição ao conflito que Aristóteles descobre no uso corrente de ἀνδρεία.

disso, a Coragem própria – no sentido em que é uma virtude e envolve uma escolha do ato corajoso para sua bondade ou nobreza intrínseca – deve ser distinguida da "coragem cívica" da qual o motivo é o medo da desgraça ou da dor, da confiança devida à experiência, ou a uma disposição sanguínea, ou à ignorância, e da mera coragem física ou espírito elevado. Este último, porém, é, por assim dizer, uma matéria-prima, que pode ser desenvolvida em Virtude ao se implantar o motivo mais sublime.

Como a Coragem está restringida à guerra, a Temperança está semelhantemente, conforme o uso, interessada tão somente nos prazeres relacionados à comida, à bebida e ao sexo. O homem moderado detesta a indulgência viciosa desses apetites e não tem prazer excessivo nem sequer em uma legítima satisfação deles, nem deseja indevidamente a tais prazeres ou sente dor em sua ausência. É notável que o erro do lado da deficiência, no caso dessa virtude – insensibilidade imprópria aos prazeres do apetite – quase não é, de acordo com Aristóteles, encontrado nos seres humanos. Será observado, mais adiante, que a distinção importante entre Virtude no sentido estrito, que implica o desempenho de ações corretas sem o conflito interno, e "Autodomínio" (ἐγκράτεια), que envolve uma luta contra os impulsos mal orientados, é tratada por Aristóteles[28] como pertencendo especialmente à esfera da Temperança – principalmente, pareceria, porque no uso grego comum os termos que denotam o Autodomínio e o seu oposto (ἀκρασία) só eram exatamente aplicáveis ao caso dos apetites corporais, sua aplicação à ira ou a outros impulsos não racionais era considerada secundária e metafórica.

Depois da Coragem e da Temperança, que estão preocupadas com a ordem das aversões primitivas ou animais e dos apetites, Aristóteles apresenta dois pares de virtudes que estão respectivamente ocupados com os dois objetos principais do desejo e da busca mais refinados e civilizados do homem – Riqueza e Honra, distinguindo em cada caso o tipo de excelência que só é possível a poucos escolhidos daquilo que é mais amplamente atingível.

---

[28] Eu não considero o Livro VII da *Ética Nicomaqueia*, no qual este tópico é discutido, ou os Livros V e VI, como sendo obra de Aristóteles no mesmo sentido que o restante do tratado. Mas imagino que o discípulo que os compôs pretendia transmitir a pura doutrina aristotélica; e que, portanto, eles justificam suficientemente a breve e geral afirmação do ponto de vista de Aristóteles dado no parágrafo ao qual esta nota é anexada, e também o que é dito depois sobre Justiça, Excelências Intelectuais e Raciocínio Prático.

Assim, no caso da riqueza, as pessoas de meios moderados podem exercitar a Liberalidade – uma virtude mostrada principalmente ao se dar ou gastar de bom grado, mas sem prodigalidade em objetos próprios, embora isso também envolva a abstinência de todas as fontes infames de ganho; mas a qualidade mais brilhante, a da Magnificência, só é atingível por pessoas de grandes propriedades e posição social elevada, a quem ela leva a fazer grandes ofertas aos deuses, ou dar banquetes esplêndidos, ou equipar coros ou navios de guerra com estilo imponente. O desempenho dessas funções caras era um tipo de tributação extra imposta a cidadãos ricos, pela lei ou pelo costume, em Atenas e em outras partes, mas é claro que eles eram muitas vezes avidamente apanhados em ocasiões de exibição e o excesso que se exigia que o homem magnífico evitasse a extravagância vulgar de "entreter o próprio círculo de pessoas com um banquete de casamento e vestir o coro cômico com púrpura", era um tipo eminente da vida real.

Semelhantemente a busca devida pela Honra ou Reputação, por homens em geral, é considerada por Aristóteles como a província de uma virtude especial, para a qual, porém, ele não encontra nenhum nome no vocabulário moral corrente – tanto o "Ambicioso" quanto o seu oposto o "Não ambicioso" às vezes é usado para censurar outras para elogiar. Mas ele está especialmente interessado em delinear a atitude da mente em relação a este "maior dos bens externos", mostrado pelo "Homem generoso", que, possuindo um raro grau de mérito, valoriza a si mesmo como merece. Tal "Generosidade" é um tipo de coroa de virtude realizada, porque ela imediatamente pressupõe outras virtudes – porque qualquer vício marcado seria incompatível com o raro grau meritório que ela sugere – e as intensifica. Tendo essa perfeição de virtude o homem generoso só será moderadamente agradado, até mesmo pela grande honra de homens de renome, porque isso não é nada mais que seu dever; enquanto ele menospreza corretamente o rebanho comum ele será completamente indiferente à honra que eles lhe prestam. Os traços pelos quais Aristóteles caracteriza em detalhes essa flor de vida nobre são todos ainda mais interessantes por sua discrepância com o ideal cristão. É provável que o homem generoso seja rico e bem nascido, ele adora conferir favores, mas se envergonha de recebê-los e não gosta de ser lembrado de alguma coisa que possa ter recebido, ele evita todas as posições subordinadas e é inerte e demorado exceto quando houver algo grandioso a fazer; ele está aberto a suas inimizades e amizades – porque ele não teme ninguém – e geralmente é sincero, a não ser quando demonstra ironia para com o rebanho comum; ele é isento de malícia, não incita nenhuma maledicência, não descuida das pequenas necessidades e preocupações da vida, não é dado à admiração ou louvor, seu andar é suave, sua pronúncia é sóbria e sua fala ponderada.

Por trás das virtudes que dizem respeito à Honra vem a Bondade, a excelência moral manifestada no ressentimento devidamente limitado, e a lista é concluída pelas excelências da comunicação social, Cordialidade (como um meio entre a subserviência e o enfado), Veracidade e Inteligência Decorosa.

Há bastante observação analítica adequada contida nesse famoso relato de virtudes e vícios que lhe dão um interesse permanente além do seu valor histórico, mas não parece estar baseada em qualquer tentativa séria de considerar a conduta humana de maneira completa e exibir os padrões de bondade apropriados para as diferentes partes, funções e relações da vida; a restrição à esfera da coragem aos perigos na guerra e a da temperança para certos prazeres corporais, como também o desejo de distinção entre despesa egoísta e benevolente ao descrever a liberalidade, ilustram a fragmentariedade e superficialidade de tratamento ao qual a mera análise da prática geral dos termos éticos sempre é suscetível de levar. A fórmula geral de Aristóteles não é para a virtude – este é um estado intermediário ou mediano, que sempre deve ser encontrado em algum lugar entre os vícios que estão para ele na relação de excesso e falta – de muito proveito ao tornar seu tratamento realmente sistemático. Sem dúvida, era importante expressar a necessidade de limitação e regulação, de observar a devida medida e proporção para atingir bons resultados na vida humana não menos que em produtos artísticos;[29] mas a declaração quantitativa de Aristóteles da relação da virtude com o vício é equivocada, mesmo onde não é obviamente imprópria, e às vezes o conduz a tais excentricidades como a de tornar a simples veracidade um meio entre a ostentação e falsa modéstia.

---

[29] Podemos observar que o ensino de Platão já foi claramente compreendido neste ponto.

§ 11. O Parecer de Aristóteles sobre Justiça, Amizade e Sabedoria Prática

A principal virtude da Justiça ou Retidão (δικαιοσύνη), omitida da lista apresentada acima, foi reservada por Aristóteles para um tratamento diferenciado, em parte porque ele considera que o termo, como geralmente usado, tem dois significados distintos, que foram misturados na concepção de virtude de Platão: no sentido mais amplo – que eu tentei sugerir por "Retidão" – é oposto a toda infração da lei (ἀδικία ou ἀνομία), e assim pode ser levado a representar o todo da virtude, considerada em seu aspecto social; no sentido mais estrito, mais aproximadamente representado por nosso termo "justiça", é oposto de maneira especial ao tratamento iníquo ou injusto. Por Justiça nesse sentido mais estrito ele distingue principalmente duas espécies: (1) Justiça Distributiva, exposta na distribuição proporcional ao Mérito[30] de qualquer fundo de dívida pública ou ação de riqueza, honras, ou tudo que possa ter que ser dividido entre os membros de uma comunidade, e (2) Justiça Reparadora, considerada na exação de um malfeitor, para o benefício da pessoa prejudicada, de danos só equivalentes à perda sofrida por esta última. Além disso, ele explica que nas trocas de artigos que ligam a sociedade a Justiça é atingida quando a quantidade de quaisquer mercadorias trocadas estiver em "proporção recíproca" aos seus respectivos valores – a superioridade em qualidade de um lado é equilibrada pela superioridade em quantidade do outro. As distinções são instrutivas: embora elas não nos levem a determinar o que são partes justas, danos justos, ganhos justos, em casos particulares. Além disso, tomando a questão – muito discutida no início da reflexão moral na Grécia – se a Justiça é "natural" ou "convencional", Aristóteles decide que há uma mistura de ambos os elementos na "justiça cívica", como percebida na manutenção dos direitos legalmente distribuídos aos cidadãos de um estado constitucional; visto que para a definição completa de tais direitos, muitos detalhes têm de ser resolvidos

---

[30] "Mérito" não deve ser entendido como "valor moral"; de fato, irá variar de acordo com as circunstâncias; assim quando o dinheiro público precisa ser distribuído, o Mérito de cada cidadão dependerá da quantidade de sua contribuição ao tesouro público.

os quais a justiça natural deixa indeterminados. Mas claramente ele não tenta separar os dois elementos ou estabelecer os princípios precisos da Justiça Natural dos quais os direitos naturais dos membros de um estado justamente ordenado podem ser deduzidos. Ele nota, no entanto, a necessidade de "equidade" como um tipo de justiça superior àquele que é considerado por adesão rígida à letra da lei, e predominando justamente sobre ela, na qual a aplicação literal das prescrições da lei para casos não previstos deixaria de executar sua intenção.

Uma falha no relato de Aristóteles sobre a Virtude que impressiona um leitor moderno é que a Benevolência não é reconhecida, salvo de maneira obscura na forma imperfeita de Liberalidade. Esta deficiência, porém, é até certo ponto suprida por uma discussão separada nas relações de afeto que unem os homens. Essa bondade mútua, se não é estritamente uma virtude, é, no entanto, um elemento indispensável do bem-estar humano: como um laço de união entre os membros de um estado, é até mesmo "mais preocupante ao legislador do que a justiça": na forma mais estrita e mais intensa que nós chamamos de maneira especial a Amizade, ela é necessária para completar até mesmo a felicidade do filósofo. A própria base da Amizade é o reconhecimento mútuo da bondade: há, na verdade, relações conhecidas por este nome que estão baseadas somente na "utilidade" ou "prazer", mas esses carecem da característica, essencial à verdadeira amizade, de "desejar o bem a outro por causa dele mesmo". Por essa razão, a verdadeira amizade só pode existir entre o bem, cuja felicidade ele completa aumentando pela simpatia essa consciência de vida que é em si um bem: ela lhe oferece especialmente, em medida mais plena do que sua própria virtude, o deleite de contemplar realizações excelentes como algo pertencente a eles. Aristóteles, porém, completa esse tratamento ideal da base da amizade por uma discussão mais empírica das condições naturais da afeição humana: reconhecendo, por exemplo, que na relação parental é produzida por um senso de unidade semifísica: o amor dos pais pela criança é um tipo de amor próprio estendido.

Das excelências morais Aristóteles passa a analisar as intelectuais. Aqui seu ponto mais importante é a determinação não da relação entre os dois tipos de sabedoria que Platão misturou em uma só concepção – a Sabedoria

Especulativa (σοφία) e a Sabedoria Prática (φρόνησις). Como vimos, ele afirma que a sabedoria especulativa não nos leva a determinar questões morais: não obstante, é em um sentido prático, na medida em que seus exercícios são as formas mais elevadas da atividade humana: ela não define o bem humano, mas proeminentemente o constitui. A Sabedoria Prática, por outro lado, está realmente envolvida na excelência moral como já definida, se nós supomos isso perfeito; para se determinar em algum caso particular essa devida limitação de sentimento e ação na qual consiste a virtude perfeita e não pode ser concebida como existindo independentemente da excelência moral – nós não consideramos um homem sábio na prática pela mera inteligência intelectual como a que um homem vicioso pode apresentar. O homem que nós consideramos como sábio não deve ser meramente hábil na seleção de meios para quaisquer fins: seus fins também devem ser escolhidos corretamente. Por isso, é difícil formar uma ideia geral distinta do silogismo prático pelo qual Aristóteles concebia a ação correta como sendo ordinariamente determinada. E, na verdade, não teria sido fácil para ele tornar esse ponto claro, sem ressaltar uma profunda discrepância entre seu próprio ponto de vista da ação racional e a opinião comum e a prática da humanidade. O tipo de raciocínio que sua visão da conduta virtuosa exige é aquele no qual a premissa maior declara uma característica de certa virtude e uma ou mais das premissas menores mostram que essa característica pertence a certo modo de conduta sob determinadas circunstâncias, visto que ele sustenta isso como essencial para a boa conduta que deveria conter seu fim em si mesmo e ser escolhida por sua própria causa. Mas ele não deixou de observar que raciocínios práticos geralmente não são desse tipo, mas antes estão preocupados com as ações como meios para fins ulteriores: na verdade, ele ressalta isso como uma característica da vida prática ou "política", quando ele quer provar sua inferioridade à vida da pura especulação. Embora o senso comum venha a admitir que as virtudes são o melhor dos bens, ele concebe ainda de maneira indubitável a sabedoria prática como exercida principalmente para prover aqueles bens inferiores que Aristóteles, depois de reconhecer a necessidade ou uso deles para a realização do bem-estar humano, mudou seu modo de ver; e o resultado é que, ao tentar tornar clara sua concepção de sabedoria prática, nós nos achamos flutuando continuamente entre a noção comum, que ele não rejeita distintamente, e a noção exigida como a pedra angular do seu sistema ético.

§ 12. *Platão e Aristóteles sobre o Voluntário*

Há outro aspecto no qual a visão de Aristóteles da relação do intelecto para com a ação moral é suscetível de ser vista como confusa pelo leitor moderno: em seu pilar, isto é, sobre a questão do Livre-arbítrio. Sobre este assunto pode se dizer tanto de Platão quanto de Aristóteles que sua psicologia os compele a ensinar por implicação a doutrina oposta à qual eles expressamente mantêm e desejam forçar. Eles têm todo o desejo de resistir e explodir o Determinismo que se apresenta a eles como provendo uma desculpa perigosa para o vício, mas o sistema psicológico de ambos não tem lugar para essa escolha deliberada do mal reconhecido como tal, que, para a consciência moral cristã, é o tipo primário e proeminente da volição maliciosa; e consequentemente eles inevitavelmente fracassam em suas tentativas de fixar sobre o malfeitor a responsabilidade total e final pelos seus atos. Os estados da mente que eles reconhecem como antecedentes imediatos de atos ruins são (1) a predominância do impulso irracional que sobrepuja o julgamento racional ou incita-o à ação sem deliberação e (2) a escolha errada do mal sob a aparência de bem. Em ambos os casos a ação pareceria, de acordo com o relato dado pelos dois pensadores quanto a isso, ser "necessária" – como Platão expressamente diz – por causas antecedentes no tempo para a má volição. É verdade que Platão sofre muito para eliminar essa necessidade da causa última do vício, em expressões semifantásticas ou semipopulares de sua visão – como na fábula ao fim da *República* e nas *Leis* – ele afirma enfaticamente que cada alma individual tem plena responsabilidade por sua conduta viciosa, mas em sua análise mais científica da ação humana ela sempre é apresentada ou como devida à Razão, determinada pelo prospecto do bem, ou à Paixão ou Apetite em oposição cega ou desordenada à Razão; o controle inadequado da razão no último caso é completamente explicado pela composição original da alma desordenada e das influências externas que moldaram seu desenvolvimento.[31] Similarmente a "voluntariedade" que Aristóteles atribui aos atos de um homem vicioso não excluem a determinação completa deles, de momento a momento, pelo caráter formado e influências externas presentes, e daí não equivale na verdade à "livre atuação" no sentido filosófico moderno. Em qualquer momento determinado o homem vicioso de Aristóteles, até onde ele age com propósito deliberado, tem que almejar ao que então lhe parece bom, e por mais enganadora que essa aparência possa ser, ele não tem nenhum controle disso. Nós podemos admitir, como Aristóteles frisa, que é sua má conduta anterior que levou o mau a lhe parecer bom: mas este argumento só parece forte até nós fixarmos nossa atenção naquela má conduta anterior e investigarmos sua causa. Porque essa conduta, na visão de Aristóteles, deve (se se pretendeu) ter sido igualmente direcionada para um fim aparentemente, embora não na verdade, bom, e esse aparecimento deve ser atribuído novamente à primeira má ação: de forma que a liberdade da vontade retrocede como uma miragem enquanto nós seguimos a cadeia de ações pretendidas até seus começos e isso não pode ser feito para parar em qualquer lugar. Se for dito, como Aristóteles provavelmente diria, que em seu começo o vício é meramente impulsivo e que só gradualmente se torna deliberado enquanto os maus hábitos são formados, é ainda mais fácil de mostrar que a psicologia de Aristóteles não proporciona nenhuma justificativa filosófica para fixar finalmente no agente a responsabilidade por maus atos impulsivos, porque quando ele chega a analisar o estado da mente em que tais atos são praticados, apesar do conhecimento de que eles são maus, sua explicação é que o conhecimento em tais momentos na verdade não é atualizado na mente, está reduzido pelo apetite ou paixão a uma condição de latência.

---

[31] Deve-se acrescentar que a inconsistência que encontro na doutrina de Platão quanto à origem da volição maliciosa pertence somente ao aspecto ético da doutrina e não a seu lado teológico. Não há dificuldade semelhante ao aceitar a visão de que o puro ser do Pensamento universal eterno, que Platão identifica – e Aristóteles depois dele – com o Ser Divino, pode não conter o mal nem causá-lo e que, portanto, o mal se origina completamente nas inevitáveis condições da existência sensível concreta. O que eu contesto é meramente que Platão não pode de maneira consistente admitir o mal como se originando em qualquer alma individual.

§ 13. Transição ao Estoicismo

Em geral, provavelmente não há nenhum tratado tão magistral como a *Ética* de Aristóteles e que contenha tanto pensamento acabado e válido, que ainda cause na mente do leitor tão forte impressão de obra dispersiva e incompleta. Eu noto isso para que nós possamos entender melhor a pequena quantia de influência que seu sistema exerceu durante os cinco séculos subsequentes a sua morte, nos quais as escolas que surgiram a partir de Sócrates eram ainda predominantes na cultura greco-romana, quando comparada com o efeito que teve, direta ou indiretamente, na formação do pensamento da Europa moderna. Em parte, sem dúvida, a influência limitada dos "Peripatéticos"[32] (como os discípulos de Aristóteles eram chamados) deve ser atribuída à exaltação da vida puramente especulativa que distinguia as éticas Aristotélicas de outros sistemas posteriores, visto que esta estava muito distante da consciência moral comum para encontrar muita aceitação em uma época em que os objetivos éticos da filosofia tinham novamente se tornado supremos. Em parte, também, a distinção analítica da maneira de Aristóteles ressalta de maneira especial as dificuldades que assistem ao esforço socrático de reconciliar as aspirações morais dos homens e os princípios nos quais eles concordam em distribuir mútuo louvor e culpa, com os princípios nos quais seus raciocínios práticos são geralmente administrados. O conflito entre esses dois elementos do Senso Comum também foi muito profundo para se chegar a um acordo, e a consciência moral da humanidade exigia um partidarismo mais vigoroso do que o de Aristóteles. Suas exigências foram conhecidas por uma escola que separou a moral da visão mundana de vida, com um poder absoluto e determinação que captou a imaginação, que considerou a bondade prática como o resultado mais alto e a manifestação de seu ideal de sabedoria e que limitou as noções comuns de dever em um sistema aparentemente completo e coerente, por uma fórmula que compreendeu a vida humana como um todo e apresentou sua relação com o

---

[32] O termo deriva-se de περιπατεῖν, "caminhar" e foi aplicado aos discípulos de Aristóteles por causa do costume de seu mestre de instruir enquanto andava para lá e para cá nas ruas sombreadas do ginásio onde palestrava.

processo ordenado do universo. Essa escola foi sempre conhecida como "Estoica", proveniente de pórtico (στοά) no qual seu fundador[33] original Zenão costumava ensinar.

Zenão (prov. 342-270 a.C.)

O descendente intelectual de suas doutrinas éticas deverá se remontar principalmente a Sócrates por meio dos Cínicos, embora um elemento importante neles deva ser referido à influência da escola Acadêmica. Tanto o Estoico quanto o Cínico mantiveram, em sua forma mais aguda, a doutrina fundamental de que o conhecimento prático que eles identificam com a virtude é ou envolve[34] uma condição da alma que sozinha é suficiente para o bem-estar humano completo. É verdade que os Cínicos estavam mais interessados em enfatizar o lado negativo do bem-estar do sábio, sua independência da saúde e força corporais, beleza, prazer, riqueza, berço e boa fama, enquanto os Estoicos salientaram seu lado positivo, a confiança magnânima, a tranquilidade imperturbada pela aflição, a alegria e bom estado de espírito, que inseparavelmente assistiam à posse de sabedoria. No entanto, essa diferença não chegou ao desacordo. Na realidade, os Estoicos geralmente parecem ter considerado a prática Cínica de reduzir rigidamente a provisão para as necessidades físicas a um mínimo, sem levar em conta as normas convencionais, como uma maneira enfática de expressar a antítese essencial entre objetivos filosóficos e desejos vulgares, uma maneira que, embora não necessária ou até mesmo normal, ainda poderia ser adotada vantajosamente pelo sábio sob certas circunstâncias.[35]

---

[33] Utilizo o termo "fundador original" porque a parte tomada por Crisipo (cerca de 280-206 a.C.) no desenvolvimento do sistema estoico foi tão importante que alguns o consideram como não menos essencial do que o de Zenão. "Não tivesse sido Crisipo, não haveria nenhum Pórtico", diz o poeta citado por Diógenes Laércio, vii 183.

[34] Veja p. 93.

[35] Foi sugestivamente dito que o Cinismo estava para o Estoicismo o que o monasticismo era para o Cristianismo primitivo. A analogia, no entanto, não precisa ser forçada, visto que os Estoicos ortodoxos parecem nem mesmo ter considerado o Cinismo como o caminho mais perfeito. Eles afirmavam, no entanto, que era um "atalho para a virtude", e que um Cínico que se tornasse um sábio continuaria em seu cinismo, e nós descobrimos que Epicteto dá o nome de Cínico a Sócrates e outros heróis morais.

§ 14. Estoicismo

Em que consiste, então, esse conhecimento ou sabedoria que torna livre e perfeito? Tanto os Cínicos quanto os Estoicos concordam que sua função mais importante, aquela que constitui a distinção fundamental entre o douto e o indouto, consiste em reconhecer que o bem exclusivo do homem repousa nesse conhecimento ou sabedoria. Deve-se entender que eles não concebem, não mais que Sócrates, que o verdadeiro conhecimento do bem será possível independentemente de sua realização em uma boa vida – embora eles afirmem que a duração de tal vida era uma questão de indiferença e que a perfeição do bem-estar humano seria atingida por qualquer indivíduo em quem a sabedoria perfeita foi realizada mesmo que por um momento. Esse retorno dos Estoicos à posição socrática, depois da divergência com ela, a qual nós vimos gradualmente tomando lugar no pensamento platônico-aristotélico, é bastante notável, isso deve ser atribuído à tensão que a psicologia deles pôs na unidade essencial do eu racional que é a fonte da ação humana consciente, que os preveniu de aceitar a análise de Platão das fontes de tal ação em um elemento regulador e nos elementos que precisam de ordem. Eles asseguraram que o que nós chamamos paixão é uma condição mórbida e desordenada da alma racional, que envolve julgamento errôneo sobre o que será buscado ou evitado. Desses erros apaixonados o homem verdadeiramente sábio, claro, será livre. Ele, na verdade, será consciente das solicitudes do apetite físico, mas ele não será levado a supor que seu objeto é realmente um bem, ele não pode, portanto, falando estritamente, esperar pela obtenção desse objeto ou temor de perdê-lo, enquanto essas emoções envolvem a concepção disso como um bem. Semelhantemente, embora ele esteja sujeito como outros homens à dor corporal, isso não lhe causará aflição ou inquietação mental, como suas piores agonias não perturbarão sua clara convicção de que é na verdade indiferente ao seu verdadeiro eu racional. E assim de todos os outros objetos que geralmente excitam a esperança dos homens, o medo, a alegria ou a aflição, eles não podem produzir esse estado no sábio, porque ele não os pode julgar ser na verdade bom ou ruim. Nós, no entanto, não devemos considerar o sábio como um ser completamente insensível. Há um entusiasmo razoável sobre a obtenção do que é verdadeiramente bom, movimentos de inclinação ou aversão ao que a razão julga preferível[36] ou o contrário, que o homem mais sábio pode experimentar, mas as paixões que influenciam as mentes humanas comuns não podem afetá-lo. Os Estoicos posteriores estavam completamente cônscios de que esse sábio passivo era um ser que não seria encontrado pelo menos entre homens vivos. Eles sugeriram fracamente que um ou dois heróis morais de tempos antigos poderiam ter realizado esse ideal, mas eles admitiram que, fora esses, mesmo todos os outros filósofos estavam meramente em um estado de progresso nessa direção. Essa admissão, porém, não diminuiu o rigor de sua exigência pela lealdade absoluta às reivindicações exclusivas da sabedoria. A garantia de seu próprio e único valor que tal sabedoria envolvia eles asseguraram ser uma posse permanente para aqueles que a tivessem alcançado,[37] e sem essa garantia nenhum ato poderia ser verdadeiramente sábio ou virtuoso. Tudo que não era do conhecimento era ato imoral e a distinção entre certo e errado é absoluta e não admite gradação, todos os atos imorais eram igualmente pecaminosos, quem quer que infrinja o menor dos mandamentos é culpado por toda a lei. Semelhantemente, toda sabedoria estava de alguma maneira envolvida em algumas das manifestações de sabedoria, geralmente distinguidas como virtudes particulares – ao classificar o que os Estoicos parecem em geral ter adotado, isso é, a quádrupla divisão de Platão, como pelo menos a base de seu próprio esquema,[38] ainda que essas virtudes fossem especificamente distintas, ou só o mesmo conhecimento em relações diferentes, era uma questão sutil na qual eles não parecem ter entrado em acordo.

---

[36] Para a distinção entre o "Preferido" ou "Preferível" e o "Bom", veja pp. 90, 91.

[37] Os Estoicos não estavam completamente de acordo quanto à imutabilidade da virtude, quando uma vez possuída, mas eles concordavam que só seria perdida pela perda da própria razão.

[38] As definições Estoicas das quatro virtudes parecem ter variado muito. Zenão, segundo Plutarco, definiu Justiça, Temperança e Fortaleza, como Sabedoria em "coisas a serem distribuídas", "coisas a serem escolhidas" e "coisas a serem suportadas" e essa declaração pode ser tomada como expressando brevemente a visão geral da escola.

Liberdade e Determinismo Estoicos

Era, então, esse conhecimento raro e inestimável alguma coisa que fosse possível ao homem atingir, ou eram deficiências humanas realmente involuntárias? Há um perigo óbvio para a responsabilidade moral envolvida na doutrina de que o vício é involuntário, o que parece, contudo, uma conclusão natural da identificação socrática do conhecimento com virtude. Consequentemente, como vimos, Aristóteles já tinha sido levado a tentar uma refutação dessa doutrina, mas sua tentativa só tinha mostrado a dificuldade profunda de atacar o paradoxo, enquanto se admitia que ninguém poderia de propósito deliberado agir contrário ao que lhe parecia melhor. Sendo assim, a divergência de Aristóteles de Sócrates não o conduziu ao ponto de negar isso, enquanto para os Estoicos que tinham retrocedido à posição socrática original, a dificuldade era ainda mais patente. Na realidade, um filósofo que mantém que essa virtude é essencialmente conhecimento tem que escolher entre paradoxos alternativos ou ele tem que consentir que o vício é involuntário, ou afirmar que a ignorância deve ser voluntária. Esse último dilema é de qualquer modo o menos perigoso para a moralidade e como tal os Estoicos o escolheram. Mas eles não estavam, contudo, no fim de suas perplexidades; por um tempo eles foram levados de uma linha de pensamento a um ponto extremo da gama da volição humana, sua visão do universo físico envolvia um determinismo igualmente radical. Como o homem vicioso poderia ser responsável se seu vício fosse estritamente predeterminado? Os Estoicos responderam que o erro que era a essência do vício era por enquanto voluntário e que poderia ser evitado se os homens escolhessem exercer sua razão, sem dúvida isso dependia da força e firmeza[39] inatas da alma de um homem se sua razão fosse assim efetivamente exercida, mas a responsabilidade moral foi pensada com sendo livre se o ato vicioso procedesse do próprio homem e não de qualquer causa externa.

---

[39] Consequentemente alguns membros da escola, sem rejeitar a definição de virtude=conhecimento, também a definiram como "força". Essa força os Estoicos concebiam materialisticamente, como uma tensão de um éter sutil ou espírito que, à vista deles, era a substância da alma. Veja nota 1, p. 89.

§ 15. Sabedoria e Natureza Estoica

Com tudo isso nós progredimos muito pouco em averiguar o conteúdo prático positivo da sabedoria Estoica. Como nós devemos emergir do círculo estéril de afirmar (I) que a sabedoria é o único bem e a incompreensão o único mal e (2) que a sabedoria é o conhecimento do bem e do mal? Como nós devemos encontrar um método para determinar os particulares da boa conduta? Tanto o Cinismo quanto o Estoicismo se ressentiram de tal método para completar sua doutrina; visto que a escola não estava preparada para afirmar aquilo que o sábio determina fazer. Os Cínicos, no entanto, parecem não ter feito nenhuma provisão filosófica para essa necessidade; eles estavam contentes em significar por virtude o que qualquer homem esclarecido significava por isso, exceto na medida em que seu senso de independência os levou a rejeitar certos preceitos e preconceitos adotados. Por outro lado, os Estoicos não só elaboraram um sistema detalhado de deveres – ou, como eles os denominaram, "coisas satisfatórias e adequadas" (καθήκοντα)[40] – para todas as ocasiões da vida; eles também estavam especialmente interessados em compreendê-las sob uma fórmula geral. Eles descobriram isso extraindo a significação positiva da noção de Natureza, que os Cínicos tinha usado principalmente de um modo negativo, como uma antítese para as "convenções" (νόμος) das quais seu conhecimento o tinha feito livre. Mesmo nesse uso negativo da noção, se deduziu que quaisquer que sejam as tendências ativas no homem elas se acham como "naturais" – que é independente e não corrompida por costumes sociais e convenções – terão efeito corretamente em atos externos, mas a adoção da "conformidade com a natureza", como uma regra positiva geral para conduta externa, parece ter sido devida à influência em Zenão do ensino Acadêmico. Mas, por qual motivo essa autoridade pode pertencer ao Natural, exceto a Natureza, a criação ordenada da qual o homem é uma parte, seja em si de alguma maneira razoável, uma expressão ou encarnação da lei e sabedoria divina? A concepção do

---

[40] A palavra "dever" no sentido moderno talvez seja equivocada como uma tradução de καθῆκον; porque um ato assim denominado não é um "ato correto" (κατόρθωμα), a menos que executado por um motivo correto, isto é, em um estado de espírito puramente razoável ou sábio; de outra maneira ele tem apenas uma aptidão ou adequação.

mundo, como organizado e provido por meio do pensamento divino, era comum, de alguma forma, a todas as filosofias que olharam de volta para Sócrates como seu fundador e uma seção importante dessas filosofias tinha sido conduzida à visão de que esse pensamento divino era o único Ser real do universo. Essa doutrina panteísta se harmonizava inteiramente com a visão Estoica de bem humano, mas não podendo conceber a substância de maneira idealista, eles (com ajuda considerável do antigo sistema de Heráclito) proporcionaram um lado materialista ao seu panteísmo, – concebendo o pensamento divino como uma função da substância material primária e mais pura, um éter ígneo sutil. Eles afirmavam que o mundo físico deve ter sido desenvolvido a partir de Zeus, assim concebido para ser, de fato, uma modificação de sua substância eterna na qual seria, no final das contas, purificado e reabsorvido;[41] enquanto isso ele foi inteiramente permeado pela força formadora de seu espírito divino e perfeitamente ordenado por sua lei presciente. O mundo, sendo assim essencialmente divino, sustentava ser perfeito, considerado como um todo; quaisquer defeitos que pudessem aparecer em suas partes deviam ser concebidos como evanescentes à vista daquela Razão Suprema que "sabe fazer até mesmo o estranho e ordenar o desordenado e a quem o desagradável é querido".[42] Essa visão teológica do universo físico teve um efeito dobrado sobre a ética do Estoico. Em primeiro lugar, deu a sua convicção principal da plena suficiência da sabedoria para o bem-estar humano uma raiz de fato cósmica e uma atmosfera de emoção religiosa e social. O exercício da sabedoria era agora visto como a pura vida daquela partícula da substância divina que era na própria verdade o "deus

---

[41] Essa substância primária – em seu aspecto material – foi concebida originalmente como um corpo altamente elástico, que foi imaginado sofrer sucessivas condensações para se tornar diferenciado em porções de densidade e tensão desiguais – os quatro elementos. Outras diferenças nas qualidades da matéria, como as conhecemos empiricamente, foram explicadas como devidas à presença na terra e água de correntes de éter que variam em tensão (ou, em alguns casos de fogo e ar, os dois elementos mais rarefeitos e elásticos). E, pelo que nos parece uma confusão bizarra de ideias, estas correntes de éteres foram concebidas como forças que mantinham juntos – ou, adotando a linguagem aristotélica, as próprias "formas" que constituíam – os diferentes tipos de matéria, *quâ* diferente.

[42] A citação é parte do hino atribuído a Cleantes, que presidiu a escola Estoica entre Zenão e Crisipo.

dentro dele", a razão cuja supremacia que ele afirmava ser a razão de Zeus e de todos os deuses e homens racionais, não menos do que sua própria razão; sua realização em qualquer indivíduo era assim o bem comum de todos os seres racionais, o "sábio não poderia estender um dedo corretamente sem por isso beneficiar todos os outros sábios" – na verdade, poder-se-ia dizer até mesmo que ele era "tão útil para Zeus como Zeus para ele". Considero que é devido a essa união na razão de seres racionais que são permitidos aos amigos serem "bens externos" ao sábio e que a posse de bons filhos também é contada como um bem. Mas, além disso, a mesma concepção serviu para harmonizar os elementos mais elevados e os mais baixos da vida humana. Porque mesmo no homem físico ou não racional, como originalmente constituído, nós podemos ver claras indicações do desígnio divino que pertence a sua vontade racional de levar a cabo a execução consciente. Na verdade, no primeiro estágio da vida humana, antes de a razão ser completamente desenvolvida, o impulso natural incorrupto efetua o que é posteriormente o trabalho da razão. Assim a fórmula de "viver de acordo com natureza", em sua aplicação ao homem como o "animal racional", pode ser entendida tanto como dirigindo essa razão que é governar, como indicando de que maneira esse governo deve ser exercido na prática. No homem, como em cada outro animal, desde o momento do nascimento o impulso natural incita à auto-preservação e à manutenção do seu quadro físico em sua integridade original; então, quando a razão foi desenvolvida e se reconheceu como seu próprio e único bem, esses "fins primários da natureza" e tudo o que os promova ainda constituem os objetos externos aos quais a razão deve almejar. Há um certo valor (ἀξία) neles, em proporção ao que eles são preferidos (προηγμένα) e seus opostos "rejeitados" (ἀποπροηγμένα); na verdade, é só no exercício devido e consistente de tal preferência e rejeição que sabedoria pode encontrar sua manifestação prática. Desse modo, todas ou a maioria das coisas em geral julgadas como "bens" – saúde, força, riqueza, fama[43] etc. – são produzidas dentro da esfera da escolha do sábio, embora

---

[43] Os Estoicos parecem ter variado em sua visão de "boa reputação", εὐδοχία; no início, quando a escola estava mais sob a influência do Cinismo, eles professavam tanto uma indiferença interior quanto exterior a ela; por fim eles concederam o lugar ao senso comum e incluíram-na entre as coisas "preferidas".

seu bem real ainda esteja somente na sabedoria da escolha e não na coisa escolhida; da mesma maneira que um arqueiro mira no olho do touro, seu fim não é marcar a si mesmo, mas a manifestação de sua habilidade derrubando o animal.[44]

Nós podemos ilustrar a distinção explicada há pouco, recorrendo a um ponto no ensino prático dos Estoicos em relação ao que os leitores modernos às vezes ficam perplexos – seu encorajamento ao suicídio. Isso nos parece à primeira vista incompatível com a fortaleza virtuosa que eles recomendam e com sua crença na ordenação providencial do mundo. Em geral, os homens são levados ao suicídio pelas misérias da vida; mas como, nós perguntamos, pode o sábio, a quem a dor não é um mal, ser movido de maneira a deixar o posto que a razão divina lhe conferiu? A resposta é que se a dor não for um mal, ainda é uma alternativa a ser rejeitada, se a ausência de dor é propriamente alcançável e, por outro lado, a vida não é um bem na visão da sabedoria, e embora sua preservação deva em geral ser preferida, podem surgir casos nos quais o sábio recebe indicações naturais inconfundíveis de que a morte é preferível à vida. Tais indicações, os Estoicos asseguravam, eram determinadas por mutilações, doenças incuráveis e outros desastres – até mesmo pela dor extrema e quando elas eram claramente dadas, a sabedoria e a força eram tanto manifestadas seguindo-se essas indicações da natureza ou Providência quanto manifestadas em outras vezes ao se resistir às seduções do prazer e da dor.

Até agora nós temos considerado a "natureza" do homem individual a parte de suas relações sociais; mas é óbvio que a esfera da virtude, como em geral concebida, repousa principalmente em tais relações. E isso foi plenamente reconhecido no relato Estoico dos deveres (καθήκοντα). Na verdade, a exposição deles da base "natural" da justiça, as evidências na constituição mental e física do homem de que ele não nasceu para si mesmo, mas para a humanidade, é a parte mais importante do trabalho deles na área da moralidade prática. Aqui, no entanto, nós notamos especialmente a dupla significação "natural", como aplicada ao (1) que

---

[44] Essa comparação parece ter sido aplicada de muitas maneiras por diferentes Estoicos, mas me parece bem adequada para exemplificar a doutrina importante com a qual eu a relacionei. É possível inferir de Cícero (*De Finibus*, Livro III) que foi muito utilizada pelo menos por alguns membros da escola.

de fato existe em todos os lugares ou na maior parte, (2) ao que existiria se o plano original da vida do homem fosse completamente realizado, e nós descobrimos que os Estoicos não harmonizaram de modo claro os dois elementos da noção. Aquele homem era "naturalmente" um animal político como Aristóteles já havia ensinado: na visão ideal de natureza que os Estoicos moldaram, ele era, podemos dizer, *cosmopolítico*, porque isso era uma conclusão imediata da concepção do universo como um todo de que todos os seres racionais, na unidade da razão que é comum a todos, formam naturalmente uma comunidade com uma lei comum. Que os membros dessa "cidade de Zeus" observassem seus contratos, se abstessem do dano mútuo, tratassem de proteger um ao outro da injúria, eram pontos óbvios da lei natural; além disso, era claramente necessário à preservação da sociedade humana que seus membros se unissem sexualmente, procriassem e cuidassem da educação e instrução de sua prole. Mas, além disso, a natureza não parecia determinar as relações entre os sexos; consequentemente, nós achamos que a comunidade de esposas era uma característica da comunidade ideal de Zenão, da mesma maneira como era na de Platão, e outros Estoicos são retratados como afirmando e ilustrando, com paradoxos bastante ofensivos, o convencionalismo e a relatividade do código de moralidade sexual aceito. Além disso, a rígida teoria da escola não reconhecia nenhum governo ou leis como verdadeiros ou obrigatórios exceto os do sábio. Somente ele é o verdadeiro regente, o verdadeiro rei. Até agora, a "natureza" Estoica parece um perigo por ser tão revolucionária quanto a de Rousseau. Na prática, no entanto, esse aspecto revolucionário da noção foi mantido em sua maior parte em segundo plano; a lei racional de uma comunidade ideal permaneceu pacificamente indistinta das ordenações positivas e costumes da sociedade real; e os laços "naturais" que realmente unem cada homem à família, parentes, pátria e à humanidade inculta em geral proporcionaram o esboço no qual a manifestação externa de justiça foi delineado.[45] Assim,

---

[45] Parece ter sido uma máxima em geral aceita de que o sábio Estoico deveria fazer parte da vida pública, exceto por algum obstáculo especial que o impedisse. Os críticos da escola, no entanto, observaram que na prática esses obstáculos foram em geral encontrados pelos filósofos Estoicos.

de novo, do ponto de vista tomado pelos Estoicos quanto aos deveres do decoro social e em sua atitude para com a religião popular, achamos um compromisso flutuante entre a tendência de repudiar o que é artificial e convencional e a tendência de receber o que é real e estabelecido, cada tendência expressa a seu próprio modo uma adesão ao princípio de se "conformar à natureza".

§ 16. Estoicos e Hedonistas

Entre os principais fins da natureza, na qual a sabedoria reconhecia certa prioridade, os Estoicos incluíram a liberdade da dor corporal, mas eles se recusaram, mesmo nesse foro externo da sabedoria, a encontrar um lugar para o prazer. Eles asseguraram que esse último não era um objeto do impulso natural incorrupto, mas um "renovo" (ἐπιγέννημα), uma mera consequência dos impulsos naturais que atingem seus fins. Desse modo, eles se empenharam em resistir ao epicurismo mesmo no campo em que esse parece *prima facie* o mais forte – em seu apelo, a saber, à busca do prazer natural de todas as coisas vivas. Eles não queriam dizer meramente prazer (ἡδονή), a satisfação do apetite corporal; por exemplo, nós vemos Crisipo ressaltando, com um argumento decisivo contra Aristóteles, que a pura especulação era "um tipo de diversão, isto é, prazer". Até mesmo a "alegria e o contentamento" (χαρά, εὐφροσύνη) que acompanham o exercício da virtude parecem ter sido considerados por eles como apenas um acidente inseparável, não o componente essencial do bem-estar. Assim é somente por uma modificação posterior do Estoicismo[46] que a alegria ou paz de espírito é tomada como o fim último e real, ao qual o exercício da virtude é apenas um meio; no sistema de Zenão é a boa volição e não o sentimento que a assiste, o que constitui a essência da boa vida. Ao mesmo tempo, visto que o sentimento agradável de algum tipo sempre deve ter sido um elemento proeminente na concepção popular de "bem-estar" ou "felicidade" (εὐδαιμονία), é provável que as alegrias serenas da virtude e a ausência de aflição, que se concebia o sábio manter em meio às piores torturas, eram o encanto principal

---

[46] Essa modificação – até onde sei – definitivamente só se encontra em Cícero. Cf. *veja* p. 103, nota 2.

do Estoicismo para a maioria das mentes. Nesse sentido, então, é possível dizer razoavelmente que os Estoicos e os Epicuristas produziram dois tipos rivais e diferentes de felicidade para a humanidade; as peculiaridades filosóficas de cada sistema podem ser igualmente descritas como o desejo de manter aquela independência das mudanças e oportunidades da vida que parecem essenciais a uma serenidade resolvida da alma. As reivindicações Estoicas sobre esse assunto eram as mais elevadas, como o bem-estar de seu sábio modelo era independente, não só das coisas externas e das condições corporais, mas do próprio tempo; era completamente realizado em um único exercício de sabedoria e não podia ser aumentado pela duração. Esse paradoxo é violento, mas está totalmente em harmonia com o espírito do Estoicismo, e nós ficamos mais impressionados em descobrir que o sábio Epicurista, não menos que o Estoico, deve ser feliz mesmo na tortura, que sua felicidade, também, depende quase que inteiramente de perspicácia e do cálculo corretos, que a sorte tem muito pouco a ver com isso, que fica incólume se restringido na duração, quando sua mente apreende os limites naturais da vida, que, em resumo, Epicuro não faz esforços menos estrênuos do que Zenão para eliminar a imperfeição das condições da existência humana. Essa característica é a chave para as principais diferenças entre Epicurismo e o hedonismo mais ingênuo de Aristipo. Esse segundo sistema deu a resposta mais simples e mais óbvia à investigação pelo bem último para o homem; mas além de ser propenso, quando desenvolvido, consistente e francamente, a ofender a consciência moral comum, ele admitidamente deixa de proporcionar a "perfeição" e "segurança" que, como diz Aristóteles, "pressente-se pertencer ao verdadeiro Bem do homem".[47] A filosofia, na visão grega, deveria ser a arte como também a ciência da boa vida, e a filosofia hedonística parecia ser uma arte malfeita e incerta de prazer, como, em geral, é concebido. Na verdade, descobrir-se-ia até mesmo que o hábito da reflexão filosófica operou muitas vezes de maneira contrária à obtenção deste fim, desenvolvendo a autoconsciência do pensador, para perturbar aquela relação normal com objetos externos dos quais depende a vivacidade

---

[47] Foi admitido pelos Cirenaicos que até mesmo o sábio não poderia contar com uma vida de prazer ininterrupto, e Teodoro, da escola mais sincera, expressamente ensinava que o sábio deveria, sob certas circunstâncias cometer o roubo, o adultério e o sacrilégio.

do prazer comum. Consequentemente nós descobrimos que pensadores posteriores da escola Cirenaica se sentiram compelidos a mudar sua noção fundamental; assim Teodoro definiu o bem como "alegria" ($\chi\alpha\rho\alpha$) como dependente da sabedoria, como distinta do mero prazer, enquanto Hegesias proclamou que a felicidade era inacessível e que a função principal da sabedoria era tornar a vida indolor produzindo indiferença para com todas as coisas que dão prazer. Mas por tais mudanças o sistema perdeu o apoio que tinha tido nas tendências da busca do prazer dos homens comuns; na verdade, com Hegesias a busca pelo prazer se transformou em seu oposto, e não é surpresa aprender que esses discursos hedonistas foram proibidos por estimular o suicídio. Estava claro que se o hedonismo filosófico precisava ser estabelecido em uma base ampla e firme, devia de alguma maneira combinar em sua noção de bem o que o homem sincero buscava naturalmente com o que a filosofia podia oferecer de maneira plausível. Tal combinação foi efetuada, com um pouco de violência, por Epicuro, cujo sistema, com todos os seus defeitos, mostrou um notável poder de resistir à prova do tempo, atraindo a adesão irrestrita de geração após geração de discípulos durante um período de quase seis séculos.

§ 17. *Epicuro (341-270 a.C.)*

Epicuro afirma, por um lado, tão enfaticamente quanto Aristipo, que o prazer é o bem único e último e a dor o único mal, que nenhum prazer precisa ser rejeitado com exceção de suas consequências dolorosas, e nenhuma dor deve ser escolhida a menos como um meio para um prazer maior, que a severidade de todas as leis e costumes depende somente das penalidades relacionadas a sua violação e que, em resumo, toda conduta virtuosa e toda atividade especulativa são vazias e inúteis, exceto quando contribuem para o deleite da vida do agente. E ele nos assegura que quer dizer por prazer aquilo que os homens sinceros querem dizer por isso e que, se as satisfações do apetite e dos sentidos forem descartadas, a noção é esvaziada de sua significação. Até agora o sistema pareceria se ajustar às inclinações do mais completo voluptuoso. Mas seu aspecto muda quando nós aprendemos que o ponto mais alto do prazer, se no corpo ou na mente, deverá ser atingido pela mera remoção da dor ou perturbação, segundo o que o prazer só admite variação e não aumento, que, portanto, a satisfação extrema da qual o corpo é capaz pode ser provida pelos meios mais simples, e que a "riqueza natural" não é mais do que qualquer homem pode merecer. Essa doutrina tem uma afinidade curiosa com a visão depreciativa de prazer sensual exposta na *República* de Platão, mas deve ser cuidadosamente distinguida daquela. O ponto principal de Platão é que a mera remoção da dor do desejo é tomada de maneira errada pelo sensualista por um prazer, o da ilusão produzida por contraste; o que Epicuro sustenta é que a satisfação do desejo restabelece o sentimento agradável e tranquilo que acompanha o mero sentido da vida normal, não incomodada pela dor ou ansiedade, e que esse "prazer de condição estável" (καταστηματικηΥ ἡδονή) tem no mais alto grau a qualidade de prazer positivo. Uma segunda e não menos decidida divergência do sensualismo vulgar e do sistema Cirenaico encontra-se na doutrina epicurista de que, embora o corpo seja a fonte original e raiz de todo o prazer, não obstante, os prazeres e dores da mente são na verdade mais importantes que os do corpo, devido ao acúmulo de sentimentos causados pela memória e pela antecipação. Se essas duas posições forem aceitas, Epicuro confia em prover para seu sábio essa continuidade segura da felicidade que obviamente não pode ser realizada pela busca do prazer como normalmente é entendido. Ele não poderia prometer a seus discípulos que a dor corporal nunca predominaria sobre o prazer corporal, embora ele se empenhasse em confortá-los pela consideração de que todas as dores orgânicas *ou* são curtas em duração *ou* leves em intensidade; mas, ainda que por um período passageiro a carne possa se render a um excesso de dor, mesmo ao sábio, sempre será possível para ele restaurar o equilíbrio por meio dos prazeres mentais e tirar um bom resultado do bem presente, se sua mente for mantida devidamente livre da perturbação de temores inúteis quanto ao futuro.

Proporcionar essa imperturbabilidade, por conseguinte, é a função importante e indispensável da filosofia porque a maioria dos sérios temores dos homens quanto ao futuro surgem de seu medo da morte e do seu temor quanto ao desgosto dos deuses por eles, e essas fontes de medo e temor só podem ser removidas por uma verdadeira teoria do universo físico e da posição do homem nele; a libertação que a Ética mostra ser necessária deve ser buscada na Física. Epicuro descobriu essa libertação no atomismo de Demócrito,[48] que explicou toda a constituição do universo físico de uma maneira puramente mecânica, sem a intervenção de uma inteligência ordenadora. Os deuses, nessa teoria, se tornam supérfluos a partir de um ponto de vista cosmológico; mas Epicuro não é ateu, ele aceita como bem fundamentada a crença comum de que esses seres sagrados e imortais existam e até mesmo sustenta que os fantasmas deles de vez em quando se manifestam aos homens em sonhos e despertam visões; mas não há, assegura, nenhuma razão para se temer sua ira e vingança. "O sagrado e incorruptível não tem nenhuma dificuldade própria e não causa nenhuma para os outros, não está sujeito à ira ou favor."

O medo de algo depois da morte é assim afastado, restando somente o medo da própria morte. Mas isso, afirma Epicuro, se deve a uma mera ilusão do pensamento; a morte nos parece formidável porque nós concebemos confusamente que a encontraremos, mas na realidade tal encontro não pode acontecer, porque "quando nós somos, a morte está ausente de nós; quando ela vem, nós não somos mais". Assim, a morte na verdade não tem nenhum sentido para nós, o sábio rejeitará pensar nisso, e viverá no gozo dos "deuses imortais" – as delícias de uma existência serena e imperturbável, cujas limitações *não podem ser sentidas* tão somente porque elas são completamente *conhecidas*.

A Temperança e a Fortaleza de certo tipo pertencerão manifestamente a uma vida filosófica moldada de maneira consistente na base dessa sabedoria, mas não está tão claro se o sábio Epicurista sempre será justo. Naturalmente, ele não considerará a Justiça tão boa em si mesmo: a "justiça natural", diz Epicuro, "é meramente uma conveniência para evitar o dano

---

[48] A única modificação importante introduzida por Epicuro nos princípios fundamentais dos físicos democriteanos foi atribuir aos átomos que caem – que ele, como Demócrito, tomou como os elementos originais das coisas – uma tendência espontânea de se afastar infinitesimalmente do perpendicular. Essa hipótese pareceu necessária para explicar as colisões dos átomos que resultaram na formação dos mundos; também foi usada como uma base física para a doutrina do Livre-arbítrio no homem, que Epicuro considerava eticamente importante sustentar – em contraste com a submissão Estoica aos graus do destino. Já mencionei que a posição ética de Epicuro foi também em parte antecipada por Demócrito; seu sistema pode ser considerado como gerado por uma combinação de elementos democriteanos e cirenaicos.

mútuo"; não obstante, o sábio indubitavelmente convirá com essa convenção para escapar do dano dos membros de sua raça; mas porque ele deveria observá-la se ele considera que existe uma injustiça secreta possível e conveniente? Epicuro admite francamente que seu único motivo será evitar as ansiedades dolorosas que o temor perpétuo da descoberta acarretaria, mas ele sustenta que esse motivo é adequado e que a Justiça é inseparável de uma vida de verdadeiro prazer. Um esforço sincero semelhante, mas não muito bem sucedido, de livrar seu hedonismo egoísta das inferências antissociais pode ser encontrado em sua exuberante exaltação do valor da amizade; ela está baseada, acredita ele, somente na utilidade mútua contudo; ele nos diz que o sábio morrerá por um amigo se surgir a oportunidade, e sua única objeção à completa "comunidade de bens entre amigos" é que a sugestão implica uma ausência da perfeita confiança mútua que pertence à amizade. Tais expressões são ainda mais notáveis porque em outros aspectos o sábio modelo de Epicuro apresenta uma separação friamente prudente dos laços humanos: ele não se apaixonará, nem se tornará pai de família, nem – a menos que sob circunstâncias excepcionais – entrará na vida política. E, de fato, nós descobrimos que esse paradoxo da amizade dedicada, baseada no egoísmo puro, foi um dos poucos pontos no ensino do mestre que causou perplexidade e divisão de opinião entre os Epicuristas, que parecem, porém, ter aceitado a doutrina sem nenhuma reserva, embora oferecessem explicações diferentes para ela. Podemos acreditar que sobre esse ponto o exemplo de Epicuro, que era um homem de temperamento impulsivo e afetado e de comiseração peculiarmente notória,[49] proveu o que estava faltando na força argumentativa de seu ensino. O companheirismo cordial da comunidade filosófica que ele reuniu em seu jardim permaneceu como uma característica notável nas tradições de sua escola e certamente o ideal que os Estoicos e Epicuristas igualmente apreciaram, de uma fraternidade de sábios unida em existência de fluência suave e harmoniosa, foi mais facilmente realizada no plano epicurista de se afastar do conflito político e dialético para o viver simples e o ócio sereno – imitando o ócio eterno dos deuses, longe da afluência fortuita dos átomos que nós chamamos de mundo.

---

[49] Acerca dele notou-se que não desdenhava da cooperação quer de mulheres ou de escravos em seus trabalhos filosóficos.

§ 18. Filosofia Grega Tardia

Os dois sistemas há pouco descritos foram os que mais proeminentemente chamaram a atenção do mundo antigo, até onde este procurava a ética, da origem quase simultânea deles ao fim do segundo século d.C., quando o Estoicismo quase desaparece de nossa visão. Mas lado a lado com eles as escolas de Platão e Aristóteles ainda mantiveram uma continuidade de tradição e uma vida mais ou menos vigorosa, e a filosofia, como um elemento reconhecido da cultura greco-romana, foi entendida como dividida entre esses quatro ramos. A história interna das quatro escolas, no entanto, era muito diferente. Nós não vemos nenhum desenvolvimento digno de nota na ética Aristotélica – a energia filosófica dos discípulos de Aristóteles parece ter sido um pouco curvada sob o peso da herança da vasta obra do mestre, e distraída pelo exemplo de sua atividade versátil. Os Epicuristas, também, a partir da aceitação inquestionável dos "dogmas"[50] de seu fundador, quase merecem ser chamados de seita em vez de escola. Por outro lado, a coerência externa da tradição da escola de Platão foi prejudicada pelas mudanças de grande magnitude, de forma que os historiadores da filosofia consideram não somente uma, mas várias "Academias". Nós já tivemos oportunidade de notar as duas características mais importantes da doutrina ética da "Velha Academia" que sucedeu imediatamente o mestre – a saber, que pelo menos seu corpo principal,[51] com Espeusipo, negou que o prazer fosse um componente do bem-estar humano, e que adotou a "conformidade com a natureza" como prática fundamental máxima. Esses dois pontos parecem levar os acadêmicos mais antigos a uma íntima afinidade com o Estoicismo: na verdade, a diferença mais marcante entre as duas doutrinas era que o que os Estoicos só permitiram ser "preferido" os Acadêmicos admitiam como "bom". Assim esses últimos atingiam a antiga tripla divisão do bem em (1) bem da alma,

---

[50] Sabe-se que a última ordem de Epicuro a seus discípulos foi, Τῶν δογμάτων μεμνῆσθαι.

[51] Nós aprendemos, no entanto, de Aristóteles que Eudoxo, que parece ter sido de qualquer maneira por algum tempo um membro da escola, adotou, em oposição ao corpo principal, uma interpretação puramente hedonista do Bem Último, e o extremo anti-hedonismo de Espeusipo parece ter sido transitório na escola, colocando-o depois da saúde e antes da riqueza.

isto é, a virtude, (2) bem do corpo, isto é, a saúde e elevada aptidão dos órgãos para suas respectivas funções, e (3) bens externos, como a riqueza, o poder e a reputação; e, consequentemente eles consideraram a virtude como o principal mas não o único componente do bem-estar.[52] Um ponto de vista não muito diferente desse, mas que permite mais importância às circunstâncias externas, era sustentado pelos Peripatéticos, sobre os quais, quando as energias da escola de Platão foram absorvidas pelo Ceticismo (c. 275-100 a.C.), recaiu a responsabilidade principalmente de manter o que pode ser chamado de visão ortodoxa moderada[53] da relação de moralidade com o bem-estar – em oposição aos paradoxos Estoicos que insistiam em atribuir à condição de seu sábio todas as qualidades desejáveis sem reserva ou limitação.

Ceticismo Acadêmico e Ecletismo

Foi sob a liderança de Arcesilau (315-240 a.C.) que aconteceu a notável conversão da escola de Platão em direção ao ceticismo filosófico. Os Acadêmicos não eram, deve-se observar, os primeiros céticos da era pós-aristotélica, antes deles Pirro de Elis – contemporâneo de Zenão e Epicuro – tinha ensinado que uma abstinência decidida de afirmação dogmática era o melhor modo de atingir aquela tranquilidade desapaixonada da alma que os Estoicos e Epicuristas concordavam em exaltar. É difícil determinar de maneira exata o grau de afinidade entre Pirro e Arcesilau, visto que, independentemente de qualquer influência do pirronismo, nós podemos entender facilmente como, quando a tradição do ensino pessoal de Platão diminuiu, o aspecto negativo do método socrático, tão poderosamente apresentado em muitos dos diálogos Platônicos, deveria dar àqueles que aprenderam a doutrina do

---

[52] Deveria ser notado que a escola Acadêmica parece logo ter substancialmente admitido a separação da Ética da Teologia que Aristóteles defendeu contra Platão, porque se, como sabemos (Clem. Alex. II v. 24), Xenócrates distinguia dois tipos de Sabedoria (φρόνησις), uma que é prática, enquanto a outra, também chamada σοφία, é especulativa e preocupada com "as causas primeiras e o ser inteligível", é meramente uma adesão verbal a Platão que evita sua afirmação de ser totalmente aristotélico.

[53] Houve diferentes graus dessa moderação, mas em nenhum caso foi muito moderado, se podemos julgar a partir do ponto ao qual o sucessor de Aristóteles, Teofrasto, foi atacado por sua fragilidade em conceder que houvesse um grau de tortura que evitaria um bom homem de ser feliz. – Cf. Cic. *Tusc.* V viii 24.

mestre pelos livros um impulso irresistível ao ceticismo. Mesmo em um diálogo tão construtivo como a *República,* Platão retrata o mundo sensível e concreto no qual o filósofo tem que agir, estritamente falando, não como um objeto de conhecimento, mas de opinião; consequentemente Arcesilau poderia se considerar seguindo Platão que negava a certeza dogmática que os Estoicos atribuíram às "impressões apreensivas" dos sentidos e ensinar que a "probabilidade" (τὸ εὐλογόν) deve ser o guia dos homens ao bem-estar.[54] Dos particulares do ensino ético de Arcesilau nós sabemos muito pouco ou nada, mas seu sucessor mais brilhante, Carnéades (213-128 a.C.), parece ter aplicado seu ceticismo de uma maneira moralmente perigosa: sabemos que, na ocasião de uma famosa embaixada de filósofos a Roma (155 a.C.) – quando ele produziu um furor real entre os jovens romanos –, depois de discutir sobre o lado da justiça, certa vez ele refutou triunfalmente seus próprios argumentos no dia seguinte. Talvez fosse em parte o desejo por uma maior certeza prática que o ceticismo poderia proporcionar que conduziu a Academia de volta de sua posição cética para um tipo de ecletismo, no qual algo como a doutrina Estoica com os elementos mais extravagantes eliminados foi ensinado como idêntico ao ensino moral de Platão e Aristóteles. A conclusão dessa mudança é representada por Antíoco de Ascalão,[55] cujos discursos, como Presidente da Academia, foram assistidos por Cícero em 91 a.C. Uma disposição semelhante para chegar a um acordo já tinha sido manifestada na escola Estoica, especialmente por Panécio, que presidiu a escola em Atenas durante algum tempo na última metade do segundo século a.C.;[56] ela também apareceu entre os peripatéticos. O amplo resulta-

---

[54] Eu sigo Zeller nesse ponto de vista do ensino moral de Arcesilau: ele está baseado em uma passagem de Sexto Empírico (*Math.* vii 158). Devo, no entanto, dizer que outras autoridades tratam o ceticismo de Arcesilau como quase indistinto do de Pirro.

[55] Se diz que Filo, o predecessor e mestre de Antíoco, ocupou uma posição intermediária entre Carnéades e aquele, consequentemente é admitido por alguns como o fundador da Quarta Academia, que Antíoco é classificado como o Quinto. Deve-se notar que Antíoco, ao rejeitar alguns dos paradoxos Estoicos – como o de que todo ato imoral era igualmente pecaminoso e que a virtude era suficiente para promover o bem-estar perfeito –, contudo, admitia outros que eram muito surpreendentes ao senso comum. Aprendemos de Cícero que ele afirmava com os Estoicos que o sábio sozinho pode ser verdadeiramente rico, belo, real e livre.

[56] Provavelmente por volta de 130-110 a.C.

do desses movimentos parece ter sido uma aceitação difundida, igualmente entre os Estoicos, os Acadêmicos e os Peripatéticos, de uma doutrina moral da qual o conteúdo principal na verdade era de origem Estoica; a controvérsia principal entre os Estoicos e as outras duas escolas converge não para a determinação dos particulares da Virtude e do Dever, mas para a questão do grau no qual a Virtude era suficiente para o Bem-estar.[57] Em ambos os casos essa tendência ao Ecletismo foi favorecida pela expansão da filosofia grega nos círculos cultos em Roma, uma vez que a mente romana prática não podia facilmente ser levada a uma aceitação genuína e séria quer do ceticismo ou das posições mais paradoxais dos Estoicos.

§ 19. Filosofia em Roma

Na história da civilização greco-romana a introdução da filosofia helênica em Roma – juntamente com outros elementos do helenismo – é uma mudança importantíssima, mas no desenvolvimento da teoria ética sua importância é de um tipo secundário, porque os romanos nunca se emanciparam do estado de discipulado aos mestres gregos – pelo menos quanto aos pontos fundamentais admitidos da doutrina filosófica. Na verdade, certa indisposição no intelecto romano para com a filosofia se manifesta nos esforços feitos no início para excluir o novo pensamento. Em 161 a.C. um decreto do Senado proibiu que "filósofos e retóricos" residissem em Roma; e Plutarco (*Cato Major*, c. xxii.) descreveu a aversão produzida na mente de Catão o Velho pela embaixada filosófica seis anos mais tarde – à qual nos referimos acima. Contudo, a invasão se mostrou irresistível; primeiramente o Epicurismo ganhou ouvintes e seguidores entre os romanos abertos a novas ideias; não muito tempo depois, o Estoicismo foi representado em Roma por Panécio, que permaneceu ali por muitos anos e chegou a ser íntimo de Cipião e Lélio; também ali e logo no primeiro século nós encontramos Filo, ensinando uma fase semicética da doutrina Acadêmica; não faltavam nem os peripatéticos. Uma das maiores obras da literatura romana – o poema de

---

[57] Os oponentes ortodoxos do Estoicismo – Acadêmicos ou Peripatéticos – parecem jamais ter discutido a preferibilidade absoluta da Virtude a todos os objetos que rivalizam com o desejo, nem mesmo sua suficiência em certo grau ao Bem-estar *perfeito*.

Lucrécio – dá evidência do entusiasmo genuíno e intenso com que o Epicurismo foi recebido por certa classe de intelectuais em Roma; no entanto, não parece ter sido o ponto de vista hedonista do bem último o que atraiu Lucrécio, mas antes a eficácia da explicação atomística do mundo físico para dar tranquilidade à alma ao banir os temores supersticiosos.

Cícero (106-43 a.C.)

A Academia, em sua fase cética ou eclética,[58] teve um defensor romano ainda mais famoso em Cícero, cuja obra, se nós estudássemos a história da *literatura* ética, reclamaria uma boa parcela de nosso interesse – visto que provavelmente não há nenhum tratado antigo que tenha feito mais que o seu *De officiis* de comunicar um conhecimento da moralidade antiga para a Europa medieval e moderna. Mas no desenvolvimento da *doutrina* ética a importância de Cícero é comparativamente pequena, uma vez que ele não apresenta qualquer independência real de pensamento filosófico; na verdade sua própria reivindicação – e ele não é normalmente muito modesto – é que ele apresentou a seus compatriotas a filosofia grega em trajes romanos. Ele se declara um discípulo da Academia cética, mas a principal importância dessa adesão – em Ética pelo menos – parece ter sido que ele se sentiu aliviado da necessidade de se decidir finalmente sobre a controvérsia entre a defesa limitada e ilimitada das reivindicações da Virtude de constituir ou conferir felicidade.[59] De qualquer modo, a parte principal do conteúdo do tratado supracitado sobre os deveres (externos) simplesmente é tomada do estoico Panécio, e pode ser considerada como um espécime do ensino prático do estoicismo em sua fase eclética. Nós podemos notar certas características principais dessa doutrina, a estrutura da qual é fornecida pelo velho esquema das quatro virtudes principais. (1) Ao definir

---

[58] Cícero declara que pertence à Academia considerada como Cética, mas sua adesão às posições céticas parece ter sido de um tipo amplo e não filosófico, e em ética, com o que nós estamos preocupados, ele certamente é mais eclético do que cético.

[59] Digo "constituir ou conferir felicidade", porque me parece claro que Cícero – diferentemente (pelo menos) dos primeiros Estoicos – compreende εὐδαιμονία ou *beata vita* como o resultado produzido pela ação virtuosa, não algo do qual a ação virtuosa é o elemento único ou principal. Veja *De Finibus*, V viii 23.

a esfera da Sabedoria algo é concedido à defesa Aristotélica da busca do conhecimento por sua própria causa, embora a especulação ainda seja subordinada à ação. (2) Junto com, mas distinta de, a Justiça estrita força os homens mutuamente a se absterem do dano espontâneo, a terem caráter e a cumprirem os contratos, está posta a Beneficência ou Liberalidade, manifestada para devolver a todos os homens esses serviços enquanto podem ser dados sem sacrifício, ajudando mais amplamente aqueles restritos a nós por laços mais íntimos como concidadãos, parentes em vários graus, amigos, benfeitores e especialmente para com a Pátria, que tem a reivindicação mais forte de todas. (3) Sob a liderança da Coragem ou Grandeza de Alma duas qualidades diferentes se distinguem como dignas de louvor – o desprezo do filósofo pelas coisas e eventos externos e o espírito que impele o homem de ação a empreendimentos difíceis e perigosos. Finalmente (4), a quarta virtude, a Temperança, é concebida como a realização em uma esfera especial de "decoro" ou "decência", que, em um sentido mais amplo, é um aspecto ou acompanhamento de toda virtude. É também notável que, em um tratamento popular da ética, o Estoicismo, como representado por Panécio, não se recuse a discutir a "conveniência" (*utile*) – em um sentido vulgar – da conduta, como distinta de sua bondade moral (*honestum*);[60] e especialmente a obrigar os deveres da bondade mútua por uma exposição das vantagens mundanas resultantes para aqueles que as cumprem. Parece ter sido permitido que houvesse casos de conflito aparente entre a conveniência e a virtude, que merecem cuidadosa consideração; afirmou-se, naturalmente, que a virtude sempre era verdadeiramente conveniente, mas era uma questão aberta o quanto a realização da virtude envolvia o sacrifício dos interesses mundanos do agente em relação ao dever social – por exemplo, discutia-se quanto um comerciante, ao pechinchar, estava limitado a descobrir circunstâncias que afetavam materialmente o valor de suas mercadorias.

É, no entanto, na jurisprudência e não na filosofia que a contribuição independente de Roma para o desenvolvimento do pensamento humano principalmente será achada; consequentemente, a manifestação mais

---
[60] Nessa tradução de καλόν o antigo significado genérico de "belo" é suprimido e a significação ética mais destacada "nobre" ou "honorável" se expressa por si.

interessante da influência Estoica sobre Cícero se dará quando ele vier a tratar da moralidade em seu aspecto jurídico. Nós já notamos, como uma característica proeminente do Estoicismo, que a concepção de lei liga-se a um homem enquanto ser racional e membro da grande comunidade cósmica de todos os seres racionais – uma lei divina e eterna, e muito superior em dignidade e validez às leis de sociedades políticas particulares. Ao se dar proeminência a essa concepção, o Estoicismo forneceu a transição da antiga visão grega da ética, na qual as noções de Bem e Virtude foram tomadas como fundamentais, para a visão moderna na qual a ética é concebida principalmente como um estudo do "código moral", e nessa transição a parte recebida por Cícero é de grande importância histórica. Porque esta ideia de uma lei imutável que emana de Deus, da Razão ou da Natureza foi apreendida por Cícero com assimilação mais real que a maioria das noções filosóficas que ele se empenhou em transferir do pensamento grego ao romano; as passagens eticamente mais impressionantes de seus escritos são aquelas nas quais ele fala desta lei – concebidas às vezes, objetivamente como um código, válido para todos em todas as ocasiões e lugares, superior em autoridade a qualquer legislação positiva que possa entrar em conflito com ela, às vezes subjetivamente como Razão Suprema, implantada na mente de cada homem no nascimento e, quando propriamente desenvolvida, ordenando-lhe inequivocamente o que ele deve fazer ou reprimir. Essa concepção de Lei Natural obteve aceitação entre os juristas romanos por Cícero, em especial, ajudada de maneira declarada por escritores mais reconhecidamente Estoicos e misturada com a noção já estabelecida de uma lei comum a todas as nações, que o gênio romano para a promulgação de leis gradualmente havia desenvolvido para satisfazer as necessidades realmente sentidas pelo relacionamento comercial com estrangeiros, se tornou a fonte reconhecida do que os juristas chamam de a "Equidade" de Roma. Então, muitos séculos depois, quando o estudo da jurisprudência romana tinha se reavivado no último período da Idade Média, essa concepção recebeu uma nova importância, e se tornou, como veremos, a principal concepção da especulação ética moderna em sua primeira fase.

§ 20. Estoicismo Romano

O Estoicismo, por conseguinte, dentre todos os produtos da especulação grega, foi aquele com o qual a consciência moral de Roma teve mais afinidade real; e consequentemente é nessa escola que nós parecemos traçar de maneira mais distinta uma reação da mente romana sobre a doutrina que ela recebeu da Grécia[61]; o efeito do que, no entanto, é difícil de distinguir de maneira precisa do desenvolvimento interno natural do sistema Estoico. Era natural que os primeiros Estoicos estivessem principalmente ocupados em delinear as características internas e externas da sabedoria e virtude ideais, e que a disparidade entre o sábio ideal e o filósofo real, embora jamais ignorada, ainda seria um pouco negligenciada. Mas quando a questão "O que é o bem do homem?" tinha sido respondida por uma exposição elaborada da sabedoria perfeita, a outra questão, "Como um homem pode emergir da miséria e loucura do mundo, e continuar na direção da sabedoria?", naturalmente chamaria a atenção, enquanto a preponderância da moral sobre o interesse científico, que era característico da mente romana, também tenderia a dar a essa questão a proeminência que ela tem nesses escritos do período Imperial que nos proporcionam os meios mais diretos de estudar a doutrina Estoica.

Sêneca (f. 65 d.C.)

Em Sêneca, por exemplo, esse aspecto do Estoicismo tardio é fortemente marcado, ele não reivindica ser um sábio, mas apenas em desenvolvimento à Sabedoria, e embora o caminho para a virtude seja fácil de achar, a vida de alguém que trilha por ele é uma luta ininterrupta contra os desejos e as faltas, uma campanha na qual não há repouso, na preparação para a qual

---

[61] Não devo aqui omitir a única escola independente do pensamento ético que se apresenta como nativa de Roma – a escola dos Sextii, da qual é fundador Quintus Sextus, nascido por volta de 70 a.C. No entanto, não parece ter tido independência filosófica suficiente ou importância para merecer mais do que mera consideração em uma fonte tão sumária como essa. Parece ter sido, em essência, uma variação do Estoicismo, com certa infusão de elementos pitagóricos, apesar de ter manifestado sua origem romana com um novo vigor e zelo moral e um desprezo pela distinção dialética.

um homem precisa dessa prática ascética que é oferecida nos dias de dieta escassa e trajes toscos deliberadamente escolhidos.

Epicteto

Semelhantemente Epicteto ressalta a impossibilidade de encontrar o sábio Estoico na experiência real: na verdade, raros são aqueles que estão como ele em um progresso realmente sério rumo à Sabedoria, que levam devidamente ao coração as palavras "Suportar" e "Abster-se". Assim, a filosofia, na visão de Sêneca e Epicteto, se apresenta como a cura pela qual os homens buscam quando se sentem fracos e doentes – cuja ocupação é "com o doente, não com o todo"; a sabedoria pela qual ela cura é de uma qualidade que não necessita mais de dissertações ou sutilezas dialéticas, mas sim de prática contínua, autodisciplina, autoavaliação. O mesmo senso de disparidade entre a teoria e o fato dá ao lado religioso do Estoicismo uma nova força e significado nessas últimas expressões da escola: a alma, consciente de sua fraqueza, apoia-se mais no pensamento de seu parentesco com Deus, de quem o Estoico se considera profeta e mensageiro; e em sua atitude ideal para com eventos externos a indiferença autoequilibrada é agora menos proeminente do que a resignação piedosa. A velha independência da razão, ao olhar para a vida natural do homem como um mero campo para seu exercício, parece ter encolhido e definhado, ao abrir espaço para uma aversão positiva à carne como um elemento estranho que aprisiona e impede o espírito; o corpo chega a ser um "cadáver que sustenta a alma",[62] e a vida uma "breve estadia em uma terra estranha"[63] ou uma viagem em um mar tempestuoso, onde o único porto é a morte.[64]

---

[62] Epicteto.
[63] Marco Aurélio.
[64] Sêneca.

Marco Aurélio (120-180 d.C.)

A religiosidade intensificada do Estoicismo tardio assume um estranho calor de emoção nas meditações do imperador Estoico, Marco Aurélio Antonino. "Tudo", ele exclama, em uma das expressões mais tocantes do sentimento característico de sua escola que chegou até nós – "Tudo que me é harmonioso também o é a ti, ó Universo, nada é muito cedo ou muito tarde para mim que é a seu devido tempo para ti. Tudo que tuas estações trazem é fruto para mim, ó Natureza: tuas são todas as coisas, em ti são todas as coisas, para ti todas as coisas retornam. 'Cidade amada de Cecrops', diz o poeta: não deveria eu dizer, 'ó Cidade amada por Deus'?" Lembrar-se do parentesco do homem com a deidade e apreciar o elo que une o "deus ou demônio" que ajusta corretamente cada seio humano com a alma universal da qual é uma porção, viver com os deuses, não fazer nada senão o que Deus venha a aprovar e tomar com alegria tudo que Ele pode dar, invocar os deuses em todas as ocasiões, passar de um ato social a outro que pensa em Deus – preceitos como esses são recorrentes em suas autoexortações. "Reverencie os deuses e ajude aos homens" é sua fórmula sumária para a boa vida; e suas duas partes são inseparáveis, porque a injustiça – a recusa da ajuda que a natureza nos forneceu dar a outros animais racionais – é em si mesma impiedade. E sua filantropia tem um tom de ternura e condolência para com a fraqueza que não pertence ao cosmopolitanismo um tanto severo e abstrato dos primeiros Estoicos, seu objetivo não é somente executar seu dever como membro do sistema cósmico de seres racionais e sociais, mas "amar os homens de coração", "amar mesmo aqueles que cometem erros", refletindo que eles são semelhantes e que erram por ignorância.

Ao mesmo tempo, outras passagens nessas expressões impassíveis e impressionantes trazem-nos, violentamente, a dificuldade de combinar (1) reverência filosófica para com o todo em geral, como o produto perfeito da razão suprema e para o homem como a coroa dessa criação divina, com (2) indiferença filosófica para com todos os objetos dos desejos mundanos, e o senso inevitável e consequente de alienação da maioria dos seres humanos reais com quem o filósofo entrou em contato. Por um lado, Marco Aurélio obriga-se a contemplar a sábia ordem na qual todas as coisas estão unidas por meio de laços sagrados, as coisas inferiores feitas por causa das superiores e as superiores adequadas para outras; mas igualmente ele se obriga a refletir quão desprezíveis e perecíveis são todas as coisas sensíveis, como todo o curso de eventos mundanos é um fluxo de mudança familiar, efêmero e inútil, "disputas e brincadeiras de crianças, trabalhos de formigas e corridas de marionetes" – ou uma torrente furiosa no meio da qual o homem sábio tem que se erguer como um "promontório contra o qual as ondas quebram continuamente" – ou, pior ainda, sórdido e asqueroso, "como banhar-se em óleo, suor, sujeira, água imunda, assim é toda parte da vida e tudo". Ele diz a si mesmo que a morte deve ser respeitada e preparada como uma operação da natureza, mas o que mais verdadeiramente o reconcilia com a morte é a consideração das coisas e da condição das quais a morte o removerá. Essa disparidade entre o real e o ideal não pode ser resolvida pelo pensamento de um mundo melhor e mais luminoso para o qual ele deverá ser removido. Porque, embora a escola Estoica tradicionalmente mantivesse o prolongamento da vida individual após a morte – até a grande conflagração que foi destinada para encerrar cada período mundano e transmudar todas as coisas novamente à substância ígnea e divina original da qual eles derivaram – eles não estavam acostumados a ressaltar essa crença em seu ensino ético, e, pelo menos nessa fase do Estoicismo, a crença parece ter sido sustentada de maneira muito duvidosa, ainda que ela não estivesse completamente abandonada.[65] Marco Aurélio normalmente parece deixar em aberto se a morte é mera mudança ou extinção, transição para outra vida ou para um estado de ausência de sensação; às vezes, porém, ele tende decididamente para uma visão negativa. "Em pouco tempo", ele diz a si mesmo "você não será ninguém e em nenhuma parte, como Adriano e Augusto". Ele até se admira, em uma passagem notável, "como pode ser que os deuses, tendo ordenado

---

[65] É uma proposta difícil traçar as variações e mudanças na doutrina Estoica sobre a questão da vida após a morte. Sabemos pelos mestres mais antigos que de acordo com Cleantes todas as almas sobrevivem corporalmente à morte – segundo Crisipo somente as almas dos sábios; e é observado como peculiaridade de Panécio que ele negou totalmente a sobrevivência. Epicteto claramente descartou a crença: por outro lado, Sêneca em algumas passagens discorre sobre a bem-aventurança da alma liberta de sua prisão corporal, de uma maneira quase platônica: em outras passagens, no entanto, ele parece equilibrar-se entre a extinção e a mudança como faz Aurélio.

todas as coisas justas e benevolentemente para o homem", ainda tenham permitido que os homens mais virtuosos, que comungaram na maior parte do tempo com a divindade, sejam extintos totalmente depois da morte; podem ficar certos de que se tivesse havido necessidade de diferente plano, isso assim teria sido organizado se isso estivesse de acordo com a Natureza, a Natureza tê-lo-ia realizado assim". Essa última frase apresenta a nota característica do Estoicismo: aceitar o mundo como ele é e resolutamente achá-lo perfeito agora, não postular um futuro melhor no qual serão removidas as imperfeições presentes. Na verdade, nós podemos dizer que a doutrina ética fundamental do Estoicismo repousa na inversão de um argumento essencial da teologia moral moderna. "Não é possível", diz Aurélio, "que a natureza do universo tenha cometido tão grande equívoco, seja pelo desejo de poder, seja pelo desejo de habilidade, que o bem e o mal aconteceriam indiscriminadamente ao bom e ao mau" – até aqui o Estoico e o filósofo Cristão estão de acordo, mas enquanto a conclusão Cristã é que uma vida futura deve ser presumida na qual o que é injusto na atual distribuição indiscriminada de bem e mal será reparada, a conclusão Estoica é que as coisas agora tão indiscriminadamente distribuídas – "morte e vida, honra e desonra, dor e prazer" – não são nem bem nem mal.

§ 21. Platonismo Tardio e Neoplatonismo

Houve, todavia, uma entre as quatro principais escolas pós-aristotélicas – a platônica – em cujo ensino do fundador a doutrina da imortalidade da alma individual tinha ocupado um lugar proeminente,[66] e era de se esperar que as tendências ascéticas que nós notamos no Estoicismo – a alienação do mundo real de mudanças corpóreas triviais e sórdidas – se manifestassem de maneira ainda mais impressionante na história posterior dessa escola onde, na verdade, elas aparecem como desenvolvimento natural de um elemento do ensino do mestre.

---

[66] Não estou preparado a afirmar que Platão realmente asseverava esta doutrina no estágio final de seu sistema, mas creio que leitores antigos de seu diálogo atribuíram-na a ele sem qualificação ou reserva – principalmente sobre o foco do argumento no Fédon, no qual certamente é afirmada.

Plutarco (c. 48-120 d.C.)

Assim não é surpreendente que quando chegamos a Plutarco nós descobrimos que a velha concepção Acadêmica de uma harmonia moral entre os elementos mais elevados e os mais baixos da vida humana não é mais a reconhecida doutrina platônica, o lado do ensino de Platão que trata das imperfeições inevitáveis do mundo da experiência concreta novamente se tornou proeminente. Por exemplo, nós encontramos Plutarco adotando e ampliando a sugestão nas *Leis* de Platão de que essa imperfeição se deve a uma alma-mundo ruim que se esforça contra o bem – uma sugestão que parece ter se encontrado desavisada durante a maior parte do período interveniente. Além disso, nós observamos o valor que Plutarco agrega, não somente à sustentação e consolação da religião racional, mas às comunicações sobrenaturais concedidas pela divindade para certos seres humanos em certos estados – como em sonhos, pelos oráculos, ou por meio de advertências especiais, como aquelas do *daimon* de Sócrates. Para esses lampejos de intuição, ele assegura, a alma deveria ser preparada pelo repouso tranquilo; e a subjugação da sensualidade pela abstinência. A mesma divergência entre mente e matéria, o mesmo esforço ascético para atingir pela indiferença do corpo uma pura receptividade para influências divinas ou semidivinas, é apresentada no pitagorismo reavivado do primeiro e segundo séculos d.C.; na verdade a visão de Plutarco e outros a quem ele representa deve-se a uma combinação dessas influências neopitagóricas com a doutrina platônica. Mas a tendência geral que nós notamos não encontrou sua plena expressão em um sistema filosófico debatido enquanto não chegamos ao último dos grandes pensadores da antiguidade – o egípcio Plotino.

Plotino (205-270 d.C.)

O sistema de Plotino é um desenvolvimento notável daquele elemento do platonismo que fascinou não só o período medieval como também a mente moderna, mas que quase desapareceu de vista durante as controvérsias das escolas pós-aristotélicas. Ao mesmo tempo as diferenças entre o platonismo original e esse neoplatonismo são ainda mais notáveis pela reverente adesão ao primeiro que o segundo sempre mantém. Platão, como vimos, identificou o bem com a essência real das coisas; e isso, novamente, com aquilo nelas que definitivamente é concebível e conhecível. Pertence a esse ponto de vista considerar a imperfeição ou maldade das coisas como algo de certa forma destituído de ser real, e desse modo incapaz de ser definitivamente pensado ou conhecido, consequentemente, nós descobrimos que Platão não tem termo técnico para isso no mundo sensível e concreto, o que o impede de expressar o mundo ideal abstrato perfeitamente, e que no sistema de Aristóteles é distinguido como matéria absolutamente informe (ὕλη). E assim, quando nós passamos da ontologia à ética do platonismo, nós vemos que, embora a vida mais elevada só possa ser realizada ao se converter das tarefas humanas concretas e do seu ambiente material, o mundo sensível não é, contudo, um objeto de aversão moral positiva, antes é algo em que o filósofo está seriamente interessado em tornar tão harmonioso, bom e belo quanto possível. Mas no neoplatonismo a inferioridade da condição na qual a alma humana encarnada se acha é mais intensa e dolorosamente sentida; consequentemente um reconhecimento expresso da matéria informe (ὕλη) como o "primeiro mal", do qual é derivado o "segundo mal", o corpo (σῶμα), a quem a influência se deve todo o mal na existência da alma. Portanto, nós podemos dizer que a ética de Plotino representa o idealismo moral dos Estoicos separado da natureza. O único bem do homem é a pura existência intelectual da alma, que em si mesmo, independentemente do contágio do corpo, seria perfeitamente livre de erro ou defeito; se só pode ser restabelecido à atividade livre de seu ser original, nada externo, nada corporal, pode positivamente diminuir seu bem-estar perfeito. É somente a forma mais inferior de virtude – a virtude "cívica" delineada na *República* de Platão – que é empregada para limitar e regular aqueles impulsos animais cuja presença na alma se deve a sua mistura com o corpo; a sabedoria mais elevada ou filosófica, a temperança, a coragem e a justiça são essencialmente purificações desse contágio; até que, finalmente, o modo mais elevado de bondade seja alcançado, na qual a alma não tem nenhuma comunidade com o corpo, e está completamente voltada para a razão e restaurada à semelhança de Deus. Dever-se-ia observar que o próprio Plotino ainda é muito platônico para sustentar que a mortificação absoluta dos apetites corporais naturais seja exigida para a purificação da alma; mas essa conclusão asceta foi levada a sua mais plena extensão por seu discípulo Porfírio.

Há, no entanto, um ponto ainda mais alto a ser alcançado na ascensão do neoplatônico a esse respeito; e aqui a divergência de Plotino do idealismo platônico não é menos notável, porque é um resultado *bona fide* de reflexão reverente sobre o ensino de Platão. A principal hipótese da metafísica de Platão é que o real é definitivamente imaginável e concebível em proporção a quanto é real, de forma que quanto mais a mente avança em abstração de particulares sensíveis e apreensão do ser real, mais definido e claro se torna seu pensamento. Plotino, porém, frisa que, como todo pensamento envolve diferença ou dualidade de algum tipo, não pode ser fato primário no universo, o que nós chamamos Deus. Ele deve ser uma unidade essencial anterior a essa dualidade, um Ser completamente sem diferença ou determinação e, consequentemente, o modo mais elevado de existência humana, na qual a alma apreende esse absoluto, deve ser um no qual todo pensamento definido é transcendido e toda consciência do eu se perde no êxtase absorvente. Porfírio nos diz que seu mestre Plotino atingiu esse estado mais elevado quatro vezes durante os seis anos em que os dois estiveram juntos.

O neoplatonismo é originalmente alexandrino e mais de um século de sua existência decorreu antes que nós o víssemos florescendo no velho solo ateniense. Consequentemente muitas vezes é visto como helenístico e não helênico, um produto do entrosamento grego com a civilização oriental. Mas, por mais oriental que possa ter sido o conjunto de pensadores que avidamente abraçaram os pontos de vista teosóficos e ascéticos que há pouco foram descritos, as formas de pensamento pelas quais esses pontos de vista foram alcançados filosoficamente são em essências gregas; e é por um processo completamente inteligível de desenvolvimento natural, no qual a intensificação da consciência moral representada pelo Estoicismo desempenha um papel importante, que a busca helênica por conhecimento culmina em uma preparação para o êxtase, e a idealização helênica da vida natural do homem termina em uma antipatia estabelecida para com o corpo e suas obras. Ao mesmo tempo nós não devemos negligenciar as afinidades entre a doutrina de Plotino e aquela combinação notável do pensamento grego e hebreu que Filo e Judeus expuseram dois séculos antes, nem o fato de que o neoplatonismo foi desenvolvido em antagonismo consciente à nova religião que se espalhou desde a Judeia, e que quando Plotino escreveu já estava ameaçando a conquista do mundo greco-romano; nem, finalmente, que forneceu o apoio teórico principal ao último esforço desesperado que se fez no governo de Juliano de reter o antigo culto politeísta. Para o novo mundo de pensamento, que depois do fracasso desse esforço definitivamente se estabeleceu sobre as ruínas do velho, nós nos voltamos agora.

CAPÍTULO III

CRISTIANISMO E ÉTICA MEDIEVAL

§ 1. As características da moralidade cristã que devem ser destacadas

No presente trabalho nós não nos preocupamos com a origem da religião cristã, nem com sua história externa, as causas de seu desenvolvimento irresistível durante os primeiros três séculos, seu triunfo final sobre o paganismo greco-romano, seu fracasso em perceber a decadência da civilização helenística que estava centralizada em Constantinopla ou de resistir no leste e no sul à força do novo movimento religioso que eclodiu na Arábia no sétimo século, seu êxito em dominar o caos social ao qual as invasões bárbaras reduziram o império Ocidental, a parte importante tomada em produzir a partir desse caos a nova ordem civilizada à qual nós pertencemos, as relações complexas e variadas nas quais ele tem resistido desde então às organizações políticas, à vida social, à ciência progressiva, à cultura literária e artística de nosso mundo moderno. Nem temos que considerar as doutrinas especiais que formaram o elo de união das comunidades cristãs além de seu aspecto ético, sua capacidade de sistematização das atividades e objetivos humanos. Esse aspecto, no entanto, deve necessariamente ser proeminente ao se discutir o cristianismo, o qual não pode ser tratado adequadamente se for considerado apenas como um sistema de crenças teológicas divinamente reveladas e observâncias especiais divinamente sancionadas; pois, em essência, ele alega reger o homem como um todo e não deixar nenhuma parte de sua vida fora do âmbito de suas influências reguladoras e transformadoras. Somente no quarto século d.C. foi feita a primeira tentativa de oferecer algo semelhante a uma exposição sistemática da moralidade cristã; e nove séculos mais se passariam antes que um intelecto genuinamente filosófico, instruído pelo estudo completo do maior pensador grego, empreendesse dar plena forma científica à doutrina ética da Igreja Católica. Antes, porém, de fazermos uma pesquisa breve do desenvolvimento do pensamento ético que culminou em Tomás de Aquino, será bom examinar as principais características da nova consciência moral que tinha se difundido pela civilização greco-romana e aguardava por uma síntese filosófica. Ao fazer esse exame será conveniente considerar primeiramente a nova *forma* ou características universais da moralidade cristã e depois notar os pontos principais da *matéria* ou pormenores do dever e virtude que receberam um desenvolvimento importante ou ênfase da nova religião.

§ 2. A "lei de Deus" Cristã e Judaica

O primeiro ponto a ser notado como novidade é a concepção de moralidade como lei positiva de uma comunidade teocrática, que possui um código escrito imposto por revelação divina e sancionado por promessas divinas expressas e ameaçadoras. É verdade que nós encontramos no pensamento antigo, de Sócrates em diante, a noção de uma lei de Deus, eterna e imutável, em parte expressa e em parte obscurecida pelos vários e inconstantes códigos e costumes das sociedades humanas vigentes. Mas as sanções dessa lei eram vagas e, na maior parte, mediocremente imaginadas; seus princípios eram em essência não escritos e não promulgados, e assim não se referiam à vontade externa de um Ser Todo-poderoso que reivindicava submissão inquestionável, mas antes à razão que deuses e homens compartilhavam, pelo exercício da qual só essa lei eterna poderia ser adequadamente conhecida e definida. Consequentemente, mesmo se a noção de lei tivesse sido mais proeminente do que era no antigo pensamento ético, jamais poderia ser levada a um tratamento jurídico, como distinto de um filosófico, da moralidade. No cristianismo, por outro lado, nós logo descobrimos que o método dos moralistas em determinar a conduta correta é em grande parte análogo ao dos juristas que interpretam um código. Presume-se que as ordens divinas tenham sido implicitamente determinadas para todas as ocasiões da vida, e que elas devem ser averiguadas em casos particulares pela aplicação das regras gerais obtidas dos textos das Escrituras, e por inferência analógica dos exemplos bíblicos. Esse método jurídico descendia naturalmente da teocracia judaica, que foi universalizada na cristandade. A compreensão moral, na visão dos judeus mais pensativos da época que precede imediatamente o cristianismo, foi concebida como conhecimento de um código divino, que emanava de uma autoridade externa para uma razão humana, que posteriormente só teve a função de interpretar suas regras e aplicá-las aos casos difíceis. Os motivos normais para obedecer a essa lei eram a confiança nas promessas e o temor aos julgamentos do Legislador Divino, que tinha feito um pacto especial para proteger o povo Judeu, contanto que eles Lhe rendessem a devida obediência; e as fontes das quais o conhecimento da lei era de fato obtido tinham frequentemente a complexidade apresentada pela jurisprudência de uma comunidade avançada. O núcleo original do código, acreditava-se, tinha sido escrito e promulgado por Moisés, outros preceitos tinham sido revelados nas fervorosas declarações de profetas posteriores, outros tinham sido transmitidos pela tradição oral de tempos imemoriais e o corpo de prescrições e proibições assim composto tinha, antes que o Judaísmo desse à luz o Cristianismo, recebido um extenso desenvolvimento pelos comentários e máximas adicionais de várias gerações de estudiosos. O cristianismo herdou a noção de um código divino escrito reconhecido como tal pelo "verdadeiro Israel" – agora potencialmente incluindo toda a humanidade, ou pelo menos os escolhidos de todas as nações – na aceitação sincera da qual dependia a parcela dos Cristãos nas promessas divinas feitas a Israel. E embora a parte cerimonial do antigo código hebreu fosse completamente rejeitada e com ela toda a jurisprudência suplementar que repousa na tradição e comentários de eruditos, ainda acreditava-se que a lei de Deus estava contida nos livros sagrados dos judeus, completada pelos relatos do ensinamento de Cristo e pelos escritos dos seus apóstolos. Pelo reconhecimento dessa lei, a Igreja foi constituída como uma comunidade ordenada, essencialmente distinta do Estado. A distinção entre os dois foi estimulada e fortalecida pela retirada dos primeiros cristãos da vida cívica, para se evitar a execução de cerimônias idólatras impostas como expressões oficiais de lealdade, e pelas perseguições que eles tiveram que suportar, quando a expansão de uma associação aparentemente tão hostil à estrutura da sociedade antiga tinha finalmente causado séria inquietação ao governo imperial. A distinção não foi obliterada pelo reconhecimento do Cristianismo como religião estatal com Constantino. A lei de Deus e seus intérpretes ainda permaneciam bem separados da lei secular e dos juristas do império romano; embora o primeiro estivesse ligado, naturalmente, a toda humanidade, a Igreja via a si mesma como uma comunidade de pessoas que se consideravam não só como reféns como também especialmente aptas a obedecê-lo – uma comunidade, também, em que não se poderia fazer parte, salvo por uma cerimônia solene que tipificava um novo nascimento espiritual.

Assim a diferença fundamental entre moralidade e legalidade (humana) só se tornou mais clara por causa da forma jurídica na qual a primeira foi concebida. As últimas sanções do código moral eram as recompensas infinitas e os castigos que aguardavam a alma imortal no além; mas as perseguições de Décio, enquanto manifestavam na constância invariável dos mártires e confessores a força da fé que se espalhava, também forçou violentamente a Igreja com o problema de lidar com membros apóstatas e se tornou necessário retirar os privilégios de membresia de tais pessoas, e só lhes foi permitido ter o privilégio recuperado por meio de um processo prolongado de oração, jejum e cerimônias expressivas de humilhação e arrependimento, no qual a sinceridade dos apóstatas arrependidos poderia ser provada e manifestada. Essa "penitência" formal e regulada foi estendida da apostasia para outros pecados sérios – ou, como eles chegaram a ser chamados subsequentemente, pecados "capitais" –, enquanto para ofensas mais leves os membros da Igreja, em geral, eram chamados para expressar arrependimento pela abstinência dos prazeres comumente permitidos, como também verbalmente em devoções públicas e privadas. Desse modo, a "excomunhão" e a "penitência" vieram a ser sanções eclesiásticas temporais da lei moral; como a gradação dessas sanções naturalmente se tornou mais cuidadosa e minuciosa, uma classificação correspondentemente detalhada de ofensas se fez necessária; os regulamentos para observar os jejuns e festivais ordinários da Igreja cresceram de maneira semelhante e elaborada, e assim um sistema de jurisprudência eclesiástica, proibitivo e cerimonial, foi produzido gradualmente, um tanto análogo ao do Judaísmo rejeitado. Ao mesmo tempo essa tendência para desenvolver e tornar proeminente um esquema de deveres externos sempre foi balanceado e neutralizado no cristianismo pela lembrança indelével da oposição do fundador ao legalismo judeu. Na verdade, a influência dessa oposição, como fantasticamente entendida e exagerada por algumas das seitas gnósticas do segundo e terceiro séculos d.C., levou a uma perigosa depreciação das regras do dever externo – às vezes até mesmo ao ponto de (se as acusações dos oponentes ortodoxos não forem completamente desacreditadas) aumentar a imoralidade da conduta: e uma tendência semelhante também apareceu em outros períodos da história da Igreja. E embora esse "antinomianismo" sempre tenha sido severamente repudiado pela consciência moral da cristandade em geral, jamais foi esquecido que a "interioridade", retidão de coração ou de espírito, é a característica especial e preeminente da bondade cristã. Realmente, não é preciso supor que a necessidade de algo além do mero cumprimento do dever externo tenha sido ignorada até mesmo pelo judaísmo tardio. A erudição dos rabinos não podia se esquecer da repressão dos desejos viciosos do décimo mandamento, a relevância dada em Deuteronômio sobre a necessidade do culto sincero e agradável a Deus, ou as recomendações feitas pelos profetas posteriores quanto à humildade e à fé. "O verdadeiro e único Fariseu", diz o Talmude, "é aquele que faz a vontade de seu Pai porque ele O ama". Mas é verdade que o contraste com a "justiça dos escribas e fariseus" sempre serviu para marcar a exigência de "interioridade" como uma característica distintiva do código cristão – uma interioridade não meramente negativa, que tende à repressão dos desejos viciosos como também dos atos viciosos, mas que também envolve uma retidão positiva do estado interno da alma.

§ 3. Interioridade Cristã e Pagã

Nesse aspecto o cristianismo convida à comparação com o estoicismo, e, na verdade, com a filosofia ética pagã em geral, se nós excluirmos as escolas hedonistas. Retidão de propósito, preferência pela virtude por ela mesma, supressão dos desejos viciosos se tornaram pontos essenciais para os aristotélicos, que atribuíam mais importância às circunstâncias externas em sua visão de virtude, não menos que os estoicos, a quem todas as coisas externas eram indiferentes. As diferenças fundamentais entre a ética pagã e a cristã não dependem de qualquer diferença no valor fixado sobre a sinceridade de coração ou propósito, mas de pontos de vista diferentes da forma essencial ou das condições dessa sinceridade interior. Em nenhum dos casos ela é apresentada pura e simplesmente como retidão moral. Sempre foi concebida pelos filósofos pagãos sob a forma de Conhecimento ou Sabedoria – sendo inconcebível a todas as escolas provenientes de Sócrates que um homem pudesse saber verdadeiramente seu próprio bem e ainda deliberadamente escolher outro caminho. Esse conhecimento, como Aristóteles assegurou, poderia ser permanentemente impedido pelos hábitos viciosos, ou temporariamente obliterado pela paixão, mas se estivesse presente na mente ele teria que produzir retidão de propósito. Ou até mesmo se fosse sustentado de acordo com alguns dos estoicos de que a verdadeira sabedoria estava fora do alcance dos melhores homens que vivem realmente, não obstante, permanecesse a condição ideal da vida humana perfeita; embora todos os homens reais estivessem desencaminhados pela loucura e miséria, o conhecimento, contudo, não era a meta para a qual o filósofo progredia, para a realização da sua verdadeira natureza. Por outro lado, para os evangelistas e mestres cristãos, as fontes internas da boa conduta eram concebidas em geral como Fé e Amor.

Fé

Dessas noções, a primeira tem uma importância ética um pouco complexa, ela parece misturar vários elementos de maneira diversa e predomina em mentes diferentes. Seu significado mais simples e mais comum é aquele enfatizado no contraste entre "fé" e "visão", onde tem o sentido de crença na ordem divina invisível representada pela Igreja, na realidade da lei, das ameaças, das promessas de Deus, apesar de todas as influências na vida natural do homem que tendem a obscurecer essa crença. Fora desse contraste, por fim, se desenvolveu uma oposição essencialmente diferente entre fé e conhecimento ou razão, de acordo com a qual a base teológica da ética foi contrastada com a filosófica; os teólogos sustentam, às vezes, que a lei divina é essencialmente arbitrária, expressão da vontade e não da razão, com mais frequência, que sua racionalidade é inescrutável e que a razão humana real deveria se limitar a examinar as credenciais dos mensageiros de Deus e não a própria mensagem. Mas no cristianismo primitivo essa antítese está ainda pouco desenvolvida; fé significa simplesmente força para se agarrar à convicção moral e religiosa, quaisquer que possam ser suas bases racionais precisas; essa força, na consciência cristã, está inseparavelmente ligada à lealdade pessoal e à confiança em Cristo, o líder na batalha contra o mal que está sendo combatida, o regente do reino a ser realizado. Até aqui, no entanto, não há diferença ética entre a fé cristã e a do judaísmo, ou sua imitação posterior, a do islamismo, exceto que a afeição pessoal de confiança leal é peculiarmente agitada pela mistura das naturezas humana e divina em Cristo, e a regra do dever ensinada de maneira impressionante pela manifestação de Sua vida perfeita. Uma significação mais distintamente cristã e mais profundamente moral é dada à noção da antítese entre "fé" e "obras". Aqui fé significa mais do que aceitação leal da lei divina e confiança reverente no legislador; implica também uma consciência, a um só tempo continuamente presente e continuamente transcendente, da imperfeição radical de toda obediência meramente humana à lei e ao mesmo tempo da condenação imperdoável que essa imperfeição requer. A doutrina estoica da inutilidade da virtude humana ordinária e o difícil paradoxo de que os ofensores são iguais, na medida em que todos são absolutamente culpados, encontra sua contraparte no cristianismo; mas esse, enquanto mantém essa severidade ideal no padrão moral, com uma consciência emocional do que está envolvido nele, é bastante distinta da estoica, e simultaneamente supera sua exclusividade prática mediante a fé. Essa fé "salvadora", também, pode ser concebida de dois modos, essencialmente distintos embora normalmente combinados. De um ponto de vista ela dá ao crente a força para atingir, pela ajuda ou "graça" sobrenatural de Deus, uma bondade da qual ele é naturalmente incapaz; de outro lhe confere uma segurança que, embora ele se saiba um pecador que merece condenação absoluta, um Deus perfeitamente justo ainda o favorece por causa das obras perfeitas e do sofrimento de Cristo. Desse ponto de vista o primeiro é o mais católico, mais universalmente presente na consciência cristã em todos os períodos de sua história; o segundo reivindica penetrar mais profundamente no mistério da expiação de Cristo, como exposta nas epístolas paulinas.

Amor

Mas a fé, assim compreendida é antes um pré-requisito indispensável e não o princípio motivador essencial da boa conduta cristã. Esse, na verdade, é proporcionado por outra noção central, o amor. Do amor depende o "cumprimento da lei" e todo o valor moral do dever cristão – isto é, do amor de Deus, em primeiro lugar, que em seu mais pleno desenvolvimento tem que nascer da fé cristã e, em segundo lugar, do amor a todos os homens, como os objetos do amor divino e partícipes da humanidade enobrecida pela encarnação. Essa filantropia derivada, quer concebida como misturada com e intensificada pelo afeto humano natural, quer absorvendo-o e transformando-o, caracteriza o espírito no qual toda ação cristã de dever social deve ser executada; devoção amorosa para com Deus é a atitude fundamental da disposição mental que deve ser mantida ao longo de toda a vida cristã.

Pureza

Mas, além disso, ao considerar a abstinência de atos ilícitos e desejos que incitam a eles, nós temos que notar outra forma na qual a interioridade da moralidade cristã se manifesta, a qual, embora menos distintiva, ainda chamaria atenção em qualquer comparação entre a ética cristã e a visão da filosofia greco-romana. O profundo horror com que a concepção cristã de sofrimento como também de uma divindade vingativa tendia a fazê-lo considerar todos os atos condenáveis foi tingido de um sentimento que nós talvez possamos descrever como uma aversão cerimonial moralizada – isto é, a aversão à impureza. No judaísmo, como em outras religiões – especialmente orientais –, a antipatia pela corrupção material foi elevada a um sentimento religioso e apoiava um sistema complicado de abstinências quase sanitárias e purificações cerimoniais; consequentemente, como o elemento ético predominava na religião judaica, um simbolismo moral passou a fazer parte do código cerimonial, e assim a aversão à impureza veio a ser uma forma comum do sentimento ético-religioso. Então, quando o cristianismo se livrou do ritual mosaico, esse sentimento religioso de pureza relegado à esfera da moralidade, assim, por seu caráter altamente idealizado, foi particularmente bem adaptado para essa repressão de desejos viciosos que o cristianismo reivindicou como sua função especial.[67]

§ 4. Peculiaridades distintivas da Moralidade Cristã

Quando nós examinamos os detalhes da moralidade cristã, nós descobrimos que a maior parte de suas características distintivas estão naturalmente conectadas com as características mais gerais há pouco declaradas, embora muitas delas também possam se referir diretamente ao exemplo e preceitos de Cristo, e em vários casos elas claramente se devem a ambas as causas inseparavelmente combinadas.

Obediência

Nós podemos notar, em primeiro lugar, que a concepção de moralidade como um código que, se não em si mesmo arbitrário, ainda deve ser aceito por homens com submissão inquestionável, tende naturalmente a dar proeminência à virtude da obediência à autoridade, da mesma maneira que a visão filosófica de bondade como realização da razão concede um valor especial à autodeterminação e independência – pelo menos no filósofo – (como nós vemos mais claramente nas escolas pós-aristotélicas onde a ética está distintamente separada da política).

Alienação do Mundo e da Carne

Além disso, a oposição entre o mundo natural e a ordem espiritual na qual o cristão foi levado a um novo nascimento – na Igreja primitiva e medieval – não somente a um desprezo semelhante àquele do estoico para com

---
[67] Aqui eu compreendo "pureza de coração" em seu sentido mais amplo: – como oposta ao vício em geral, não somente ao vício sexual.

a riqueza, fama, poder e outros objetos da busca mundana, mas também a uma depreciação das relações domésticas e cívicas do homem natural. Essa tendência foi exibida mais simples e geralmente no período mais antigo da história da Igreja. Na visão dos cristãos primitivos, a sociedade humana ordinária era um mundo temporariamente entregue à regra satânica, sobre a qual uma destruição rápida e súbita era iminente; nesse mundo um pequeno grupo que foi reunido na arca da Igreja não podia ter nenhuma participação, a única atitude que eles poderiam manter para com ele era a de alienação passiva. Por outro lado, era na prática difícil executar o desengajamento do espírito da vida mundana com a completude que a consciência cristã mais elevada exigia; e um senso agudo dessa dificuldade tornou a própria hostilidade ao corpo um obstáculo, algo que nós vemos em certa extensão em Platão, mas mais completamente desenvolvida no neoplatonismo, no neopitagorismo e em outros produtos do entrosamento do pensamento grego com o oriental. Esse sentimento é mostrado no valor fixado sobre o jejum[68] na Igreja cristã dos primeiros tempos e posteriormente de uma forma extrema, no autoflagelamento do monasticismo, ao passo que as duas tendências, a antimundana e a antissensualista, parecem ter combinado e causado a preferência ao celibato ao invés do matrimônio que é comum para a maioria dos primeiros escritores cristãos.[69] Por causa dessa oposição entre a Igreja e o Mundo, o patriotismo e o senso de dever cívico, o mais elevado e esplêndido de todos os sentimentos sociais na civilização précristã do mundo greco-romano, tendeu, sob a influência do cristianismo, a se expandir em filantropia universal, ou ficar concentrado na comunidade eclesiástica. "Nós reconhecemos uma comunidade, o mundo", diz Tertuliano, "nós sabemos", diz Orígenes, "que temos uma pátria fundada pela palavra de Deus".

---

[68] Jejuar, de uma forma ou de outra, é uma observância religiosa bastante disseminada e ainda é de se notar que foi mantida – e pouco a pouco se tornou regular e elaborada – pelo cristianismo, embora o cristianismo já estivesse bem consciente de sua independência do legalismo judaico.

[69] *E.g.*, Justino Mártir, Orígenes, Tertuliano e Cipriano.

Paciência

Nós poderíamos também derivar do espírito geral de não mundanidade cristã esse repúdio aos modos seculares de conflito, mesmo em uma causa justa, que substituiu uma paciência passiva e resistência pela virtude pagã da coragem, na qual o elemento ativo era proeminente. Aqui, porém, nós claramente traçamos a influência da proibição expressa de Cristo de resistência violenta à violência e sua recomendação, pelo exemplo e preceito, de um amor que devia conquistar até mesmo o ressentimento natural. Um resultado extremo dessa influência é mostrado na visão de Tertuliano, de que nenhum cristão poderia assegurar o ofício de um magistrado secular no qual ele teria que sentenciar à morte, cadeias e prisão; na declaração de Lactâncio, de que um cristão não deve acusar a ninguém de um crime capital, visto que matar pela palavra é tão ruim quanto matar pela ação, até mesmo na doutrina de tão sóbrio escritor como Ambrósio, de que o cristão resignado impede o derramamento de sangue mesmo em autodefesa contra uma agressão assassina. O senso comum da cristandade gradualmente se livrou dessas extravagâncias, embora a relutância em derramar sangue demorasse muito tempo, e não foi facilmente extinguido mesmo pelo horror crescente da heresia.[70] Semelhantemente, a relutância dos cristãos primitivos em prestar juramentos mesmo para propósitos judiciais, embora apoiados pela interpretação mais óbvia das palavras de seu mestre, abriu caminho a considerações de necessidade pública, quando a Igreja no quarto século entrou em união formal com a organização secular da sociedade.

Beneficência

No entanto, é no impulso dado à beneficência prática em todas as suas formas, pela exaltação do amor como a raiz de todas as virtudes, que a influência mais importante do cristianismo sobre os particulares da moralidade civilizada deve ser encontrada; embora a quantia exata dessa influência seja

---

[70] Nós temos uma lembrança disso dos últimos tempos da perseguição eclesiástica, quando o herege era sentenciado à fogueira para que pudesse ser punido sem derramamento de sangue.

aqui um pouco difícil averiguar, porque ela meramente leva mais adiante um desenvolvimento distintamente visível na história da moralidade pagã considerada por si só. Esse desenvolvimento aparece claramente quando nós comparamos os diferentes sistemas de ética pós-socráticos. Na exposição de Platão das diferentes virtudes não há nenhuma menção de qualquer benevolência, embora seus escritos mostrem um senso agudo da importância da amizade como um elemento da vida filosófica, especialmente do intenso afeto pessoal que surge naturalmente entre mestre e discípulo. Aristóteles entra um pouco mais além ao reconhecer o valor moral da amizade (φιλία); e embora ele considere que em sua forma mais elevada essa *filia* só possa ser realizada pela amizade do sábio e bom, ele estende a noção a ponto de incluir as afeições domésticas e toma conhecimento da importância da bondade mútua ao unir todas as sociedades humanas. Não obstante, em sua declaração formal das virtudes particulares, a beneficência positiva só é discernível sob a noção de "liberalidade", na qual a forma de sua excelência não é distinta daquela de profusão graciosa no custo da autoconsideração. Por outro lado, Cícero, em seu tratado sobre os deveres externos (*officia*), classifica a retribuição de serviços positivos para outros homens como uma parte importante do dever social, ao passo que no estoicismo tardio o reconhecimento da amizade universal e das reivindicações mútuas naturais dos seres humanos, às vezes, é expresso com tanto entusiasmo que não é fácil distingui-las da filantropia cristã. Essa consideração pela humanidade não é meramente uma doutrina da escola. Em parte pela influência dos estoicos e outras filosofias gregas, em parte pela expansão geral da solidariedade humana, a legislação do império romano, durante os primeiros três séculos, mostra um pronto desenvolvimento na direção de justiça natural e humanidade; e algum progresso semelhante pode ser encontrado no tom de opinião moral comum. Não obstante, o ponto extremo que esse desenvolvimento alcançou caiu consideravelmente com a falta do padrão da caridade cristã. Sem enfatizar o imenso ímpeto dado à prática do dever social, em geral, pela religião que fez da beneficência uma forma de serviço divino e identificou a "devoção" com a "piedade", nós temos que eliminar como mudanças definidas introduzidas pelo cristianismo na visão moral vigente – (1) a condenação severa e supressão final da prática de expor as crianças, (2) aversão efetiva ao barbarismo dos combates gladiatórios, (3) imediata mitigação moral da escravidão e um forte encorajamento à emancipação, (4) grande extensão da arrecadação de doações para pobres e enfermos.

Cristianismo e Riqueza

Sobre esse quarto ponto, porém, é preciso ser observado que a livre transmissão da riqueza para o necessitado não era somente uma manifestação do amor fraterno ordenado a todos os cristãos – embora sua importância nesse aspecto levou-o a usurpar, em vários idiomas europeus modernos, o nome geral de "caridade" – que em parte foi devido a uma apreensão especial dos perigos espirituais relacionados à posse da riqueza, sinalizada pelas expressões enfáticas de Cristo. A partir dessas duas causas o comunismo tentado na era apostólica foi apreciado nas tradições da Igreja primitiva e medieval como a forma ideal de sociedade cristã; e embora o senso comum da cristandade resistisse às sugestões que foram feitas de vez em quando para seu reavivamento prático, foi amplamente reconhecido que a mera propriedade de riqueza como tal não fornecia ao cristão nenhum direito moral a sua fruição. Este direito só poderia ser dado pela necessidade real; e mesmo quando a Igreja se reconciliou com o Mundo, a "necessidade" para os cristãos comuns foi, em geral, concedida para ser determinada pelos costumes da classe social ou profissão aos quais eles pertenciam, uma obediência mais estrita ao conselho evangélico, "venda tudo que tens e dê aos pobres", não era menos aprovado.[71] Deveria ser notado, também, que ao ressaltar a doação de esmolas o cristianismo apenas universalizou um dever que sempre foi recomendado e mantido em manifesta plenitude pelo judaísmo, dentro dos limites do povo escolhido. O mesmo pode ser dito da

---

[71] A atitude do Cristianismo primitivo e até, a certo ponto, do medieval para com a propriedade privada e para com a escravidão é, penso, melhor compreendida quando se procura compará-lo às instituições sob a mesma luz. Ambos eram vistos como usurpadores dos direitos originais de toda família humana – pois os homens eram naturalmente livres e os frutos da terra comuns; ambos desapareceriam no futuro, quando o reino de Cristo viesse a ser realizado; ambos, no entanto, deviam ser aceitos como partes da ordem realmente estabelecida da sociedade secular, mas a severidade dos dois tipos de desigualdade poderia agora ser removida e devia ser removida, pelo tratamento fraterno entre fiadores e pobres.

proibição da usura, que a Igreja manteve com certas reservas e boa vontade até tempos bastante modernos.

Pureza (em sentido especial)

Além disso, a rigidez com que o cristianismo proibiu o relacionamento ilícito entre os sexos foi herdada do judaísmo. A religião, porém, mais jovem optou por manter a permanência do laço matrimonial e salientou a "pureza de coração" em contraste com a castidade meramente externa.

Humildade

Mesmo a virtude peculiarmente cristã de humildade, que apresenta um contraste tão impressionante com a "magnanimidade" grega, foi até certo ponto antecipada pelo ensino rabínico. Sua maior proeminência sob a nova dispensação pode, em parte, se referir ao exemplo e ensino expresso de Cristo, em parte, na medida em que a virtude é manifestada na renúncia da distinção e dignidade externas, ou da glória de dons e aquisições meramente seculares, que é um aspecto da não mundanidade que nós já notamos; enquanto a humildade mais profunda que reprime a reivindicação do mérito pessoal mesmo no santo pertence ao rígido autoexame, o senso ininterrupto de imperfeição, a confiança absoluta na força que não lhe é própria caracteriza a vida moral interna do cristão. Humildade, nesse último sentido, "diante de Deus" é uma condição essencial de toda bondade verdadeiramente cristã.

Dever Religioso

Obediência, paciência, benevolência, pureza, humildade, alienação do "mundo" e da "carne" são as principais novidades ou características notáveis que o ideal cristão de conduta sugere, até onde pode ser colocado lado a lado com aquele, em geral, aceito na sociedade greco-romana. Mas nós ainda temos que notar a ampliação da esfera da ética devido a sua nova conexão com a Teologia Revelacional, porque enquanto essa acrescentou força religiosa e sanção às obrigações morais comuns, tendeu a dar igualmente um aspecto mais definitivamente moral à crença religiosa e ao culto. "Dever para com Deus" – como distinto de dever para com o homem – não tinha sido, na verdade, desconhecido pelos moralistas pagãos; não só Pitágoras, Platão, o Neopitagorismo e as escolas Neoplatônicas, mas também o Estoicismo – de uma maneira diferente – tinham ressaltado isso: mas as relações em geral, misturadas e duvidosas nas quais o teísmo filosófico aderia ao politeísmo estabelecido, tendiam a impedir os ofícios da piedade de ocupar, em qualquer sistema filosófico, o lugar definido e proeminente destinado a eles no ensino cristão. Além disso – assim como os estoicos mantinham a sabedoria como sendo indispensável para a real retidão de conduta, enquanto ao mesmo tempo eles incluíam sob a noção de sabedoria uma compreensão do físico como também a verdade ética – assim a ênfase semelhante posta sobre a interioridade na ética cristã levou a ortodoxia ou correção da convicção religiosa a ser considerada como essencial à bondade, e a heresia como o mais fatal dos vícios, corrompendo como fez as próprias fontes da vida cristã. Para os filósofos, porém, convencidos como eram eles de que a multidão necessariamente não encontra o verdadeiro bem-estar por sua loucura e ignorância, normalmente[72] não ocorreu vigiar contra esses males por qualquer outro método que o de prover instrução filosófica para poucos; ao passo que o clero cristão, cuja função era oferecer verdade e vida eterna a toda humanidade, naturalmente considerou a descrença teológica como contágio preventivo insidioso. Na verdade, seu senso de sua mortalidade era tão agudo que, quando eles foram finalmente capazes de controlar o governo secular, eles superaram sua aversão à matança e teve início aquela longa série de perseguições religiosas à qual nós não vemos nenhum paralelo[73] na civilização pré-cristã da Europa. Não que os escritores cristãos não sentiam a dificuldade de atribuir criminalidade à ignorância inocente ou erro. Mas a dificuldade na verdade não é própria da teologia, e os teólogos

---

[72] Platão é uma exceção importante a essa generalização, enquanto em suas *Leis* ele faz elaborada provisão não somente pela ordenação do culto público, mas para o castigo mais severo a ritos e opiniões opostas à ortodoxia (platônica).

[73] As perseguições imperiais ao Cristianismo, vistas de fora, parecem proporcionar um paralelo; mas, do ponto de vista aqui concebido, não são análogas, já que não são em nada devidas à concepção de erro teológico como essencialmente um crime.

normalmente superaram isso (como alguns filósofos tinham sobrepujado uma perplexidade semelhante na área da própria ética) supondo algum pecado voluntário oculto ou antecedente, do qual a heresia aparentemente involuntária era o temível fruto.

Cristianismo e Livre-arbítrio

Por fim, nós temos que observar que em proporção à concepção legal da moralidade, como um código do qual a violação merece castigo sobrenatural, que predominou sobre o ponto de vista filosófico da ética como o método para atingir a felicidade natural, a questão da liberdade do homem, de querer obedecer à lei, se tornou necessariamente proeminente. Ao mesmo tempo não pode ser amplamente dito que o cristianismo tomou um lado decisivo na controvérsia metafísica sobre o livre-arbítrio e a necessidade, porque, da mesma maneira que na filosofia grega, a necessidade de manter a liberdade como o fundamento da responsabilidade choca-se com a convicção de que ninguém escolhe deliberadamente seu próprio dano, assim na ética cristã isso colide com a atribuição de toda verdadeira virtude humana à graça sobrenatural, como também com a crença na presciência divina. Tudo que nós podemos dizer é que no desenvolvimento do pensamento cristão o conflito de concepções foi sentido de maneira mais profunda e foram feitos esforços mais sérios de se evadir ou transcender a isso.

§ 5. Desenvolvimento da opinião no Cristianismo Primitivo

No relato precedente da moralidade cristã já foi indicado que, das características delineadas, nem todas se apresentaram simultaneamente na mesma extensão, ou com uniformidade perfeita, ao longo da história da Igreja. Em parte pelas mudanças na condição externa do cristianismo e pelos diferentes graus de civilização nas sociedades das quais ele era a religião dominante, em parte pelo processo natural de desenvolvimento interno, que continuamente tornou proeminentes diferentes características. Além disso, os antagonismos importantes de opinião, que de vez em quando se expressavam em francas controvérsias dentro da cristandade, às vezes envolviam assuntos éticos – mesmo na Igreja Oriental, no quarto século começaram a ser assimilados na elaboração da construção dogmática. Assim, por exemplo, as tendências antisseculares do novo credo, ao qual Tertuliano (160-220) deu expressão violenta e rígida, foram exageradas na heresia Montanista à qual ele se uniu no final das contas; por outro lado, Clemente de Alexandria, em oposição ao tom geral de sua época, sustentou o valor da filosofia pagã para o desenvolvimento da fé cristã rumo ao verdadeiro conhecimento (Gnosis), e o valor do desenvolvimento natural do homem pelo matrimônio pelo aperfeiçoar normal da vida cristã. Então nós temos que observar que quando a Igreja, por meio de Constantino, entrou em relação orgânica com a sociedade civil, a tendência de seus membros mais entusiasmados para defender uma ruptura ascética com a vida natural do homem tomou uma nova direção.

Moralidade Monástica

A renúncia total do mundo e a mortificação da carne já não eram mais asseveradas como prescrições a todos os cristãos como o modo exclusivo de salvação, mas foram antes consideradas como recomendações pelos "conselhos de perfeição" evangélicos, que os cristãos individuais eram livres para seguir ou preterir. Uma dupla moralidade foi desse modo desenvolvida gradualmente fora da simplicidade original do ensino cristão: uma distinção foi estabelecida entre a virtude cristã comum e a virtude monástica que têm uma certa analogia com a antiga antítese pagã entre a excelência "filosófica" e a "cívica" – uma analogia que foi enfatizada no monasticismo oriental pela suposição de termos como "filosofia sagrada" ou "divina" para denotar o modo de vida anacoreta. Pela rígida reclusão e celibato, simplicidade severa de comida e vestuário, jejum, oração e perpétuo autoexame, por regulamento rígido de todas as horas de trabalho e lazer – às vezes pelas selvagens extravagâncias da automortificação da qual São Simão Estilita é o exemplo popular – o monge oriental procurou retirar as vestimentas sujas e contaminadas por desejos carnais e cuidados mundanos e se ajustar a um caminhar mais puro e mais íntimo com Deus do que a vida do mundo permitiria. No princípio a tendência de buscar o isolamento completo do deserto predominou: depois se tornou a visão aceita que a maioria daqueles que aspiravam seguir esse modo mais perfeito precisavam do apoio e controle de uma comunidade ordenada de pessoas com aspirações semelhantes: assim, quando no quarto século o monasticismo começou a se espalhar pela cristandade ocidental, o ideal de vida que ele, em geral, recomendava era a vida do claustro. Esse, no Ocidente, se tornou mais prático e menos contemplativo do que no Oriente; sob a direção de Benedito (aproximadamente 480-543) passou-se a incluir o trabalho útil como um elemento habitual – no início apenas o trabalho manual, mas depois, por uma ampliação do importante ponto de vista na história de civilização ocidental, admitiu-se o estudo de cartas seculares. Foi na luta intensa e concentrada com a fraqueza humana – a "competição olímpica contra o pecado" – do qual o claustro era a arena, que a lista dos principais pecados foi primeiramente formulada, que posteriormente assegurou um lugar firme nas exposições medievais de moralidade. Esses "pecados capitais" foram considerados, em geral, no princípio como oito, mas uma preferência por números místicos característica dos teólogos medievais finalmente reduziu para sete a lista aceita. A declaração deles é dada de maneira um pouco diferente por diferentes escritores: Orgulho, Avareza, Ira, Gula, Impudência são encontrados em todas as listas. Os dois restantes (ou três) são usados de maneira variada selecionados dentre Inveja, Vanglória e outros pecados bastante singulares como a Melancolia (*Tristitia*) e a Indiferença Desfalecida (Acídia ou Acédia, do grego ἀκηδία). Essas últimas noções mostram claramente, o que na verdade poderia ser deduzido de um estudo da lista por inteiro, que ela representa de maneira especial a experiência moral da vida monástica; em particular, o estado da lassidão e colapso moral denotados pela "Acídia" é facilmente reconhecido como uma doença espiritual, que – nesta época do mundo pelo menos – seria peculiarmente relacionada ao claustro.

§ 6. Desenvolvimento da doutrina ética

Enquanto o recém-importado monasticismo se espalhava e ganhava força no oeste, um desenvolvimento na moralidade cristã de um tipo diferente ocorreu por meio da concepção mais precisa da relação entre a atuação humana à divina na boa conduta cristã que resultou da controvérsia pelagiana; e, mais geralmente, pela impressionante influência ética de Agostinho. Por Justino e outros apologistas a necessidade de redenção, fé e graça, na verdade é reconhecida, mas o sistema teológico que depende dessas noções não é suficientemente desenvolvido[74] para entrar em aparente antagonismo com a liberdade da vontade. O ensino cristão é para a maioria concebido como essencialmente uma proclamação pela Palavra Divina, a seres imortais dotados com a livre escolha – e, portanto, justamente puníveis pela escolha errada – do verdadeiro código de conduta sancionado por recompensas e castigos eternos.[75] Está claro, no entanto, que sobre esse ponto de vista legalista externo de dever era difícil de manter uma diferença em tipo entre moralidade cristã e pagã. A conformidade do filósofo às regras da castidade e beneficência, até onde ela ia, parecia indistinguível da do santo. Se uma faculdade, porém, de cumprir tal dever como ele é capaz de reconhecer for concedida até mesmo para o homem natural, a nova luz da revelação dada ao cristão pareceria levar com isso pelo menos uma possibilidade de se evitar completamente o pecado. Mas esta inferência, como desenvolvida no ensino de Pelágio, parecia incompatível com aquela dependência absoluta da Graça Divina à qual a consciência cristã se agarrava resolutamente; e foi consequentemente repudiado como herético pela Igreja, que estava sob a liderança de Agostinho, por quem a doutrina da incapacidade do homem de obedecer à lei de Deus por sua desamparada energia moral foi levada a um ponto ao qual era difícil reconciliá-la com o livre-arbítrio.

Agostinho (354-430 d.C.)

Agostinho está completamente cônscio da importância teórica de sustentar o Livre-arbítrio, de sua conexão lógica com a responsabilidade humana e a

---

[74] Para demonstrar a crueza da noção de redenção no Cristianismo primitivo, basta mencionar que mais de um escritor importante retrata a redenção de Cristo como tendo sido paga pelo diabo, às vezes acrescentando que pelo encobrimento da divindade de Cristo sob o véu da humanidade certo engano foi (justamente) feito ao grande enganador.

[75] Pode-se observar que o contraste entre esta visão e os esforços da filosofia pagã de apresentar a virtude como sua própria recompensa, é descrito de maneira triunfante por mais de um escritor cristão primitivo. Lactâncio (*c.* 300 d.C.), por exemplo, claramente declara que Platão e Aristóteles, se referindo em tudo a essa vida terrena, "fizeram da virtude mera loucura", embora ele mesmo mantivesse, com inconsistência perdoável, que o bem supremo do homem não consistia em mero prazer, mas na consciência da relação filial da alma com Deus.

justiça divina; mas ele considera que esses últimos pontos estão suficientemente seguros se a liberdade real[76] de escolha entre o bem e o mal for permitida no caso único de nosso progenitor Adão. Porque visto que a "natureza seminal" da qual todos os homens deveriam surgir já existia em Adão, em sua preferência voluntária do eu para com Deus a humanidade escolheu de uma vez por todas o mal; por esta culpa anterior ao nascimento todos os homens são condenados justamente à pecaminosidade absoluta e perpétua e ao castigo consequente, a menos que eles sejam escolhidos pela graça imerecida de Deus de compartilhar dos benefícios da redenção de Cristo. Sem essa graça é impossível para o homem obedecer ao "primeiro grande mandamento" de amar a Deus e, por esse descumprimento, ele se torna culpado de toda a lei, e só é livre para escolher entre os graus do pecado; suas virtudes externas aparentes não têm nenhum valor moral, visto que carece da retidão interna da intenção. "Tudo aquilo que não é da fé é do pecado"; e fé e amor estão mutuamente envolvidos e são inseparáveis; a fé brota do germe do amor divinamente concedido, que por sua vez é desenvolvido pela fé até alcançar sua força completa, enquanto de ambos unidos surge a esperança, ansiando alegremente à fruição última e perfeita do objeto do amor. Esses (conforme S. Paulo) Agostinho admite como os três elementos essenciais da virtude cristã; junto com esses, na verdade, ele reconhece a antiga quádrupla divisão da virtude em prudência, temperança, coragem e justiça, de acordo com sua interpretação tradicional, mas ele explica que essas virtudes são em suas naturezas mais profundas e mais verdadeiras como o próprio amor a Deus em aspectos ou exercícios diferentes. "Temperança é amar se mantendo puro para seu objeto, Fortaleza é amar suportando tudo prontamente para a causa do amado, Justiça é amar servindo apenas ao amado e, portanto, governar justamente, Prudência é amar escolhendo astutamente as coisas que a ajudam e rejeitar as coisas que a impedem." Esse amor de Deus – no qual o amor próprio da alma humana encontra seu verdadeiro desenvolvimento e do qual o amor ao próximo é um resultado – é a fonte exclusiva de prazer para a alma redimida: o mundo não será desfrutado, mas apenas usado: a contem-

---

[76] Note-se que Agostinho prefere usar o termo "liberdade", não para a força de vontade do bem ou do mal, mas para a boa força de vontade. A liberdade suprema, de acordo com ele, exclui a possibilidade da má vontade.

plação de Deus, a última fase alcançada no progresso superior da alma, é a única Sabedoria, a única felicidade. O misticismo inflexível dessa visão pode ser imediatamente comparado e contrastado com a severidade filosófica do estoicismo. O amor de Deus em Agostinho possui a mesma posição absoluta e sem igual como o elemento exclusivo do valor moral na ação humana, que, como vimos, era ocupado pelo conhecimento do Bem pelos estoicos; e nós podemos levar o paralelo mais adiante observando que em nenhum caso a severidade tem a estimativa abstrata de bondade necessariamente conectada com a rigidez extrema em preceitos práticos. Na verdade, uma parte importante do trabalho de Agostinho como moralista está na reconciliação que ele realizou entre o espírito antimundano do cristianismo e as necessidades da civilização secular. Por exemplo, nós o vemos discutindo pela legitimidade das punições judiciais e do serviço militar contra uma interpretação ultraliteral do Sermão da Montanha: e ele teve uma parte importante ao dar uso à distinção já mencionada entre "conselhos" e "mandamentos" evangélicos e dessa forma defender a vida do matrimônio e prazer moderado do bem natural contra os ataques dos defensores mais exagerados do celibato e da autoabnegação, embora admitisse plenamente a superioridade do último método de evitar a contaminação do pecado.

Ambrósio (c. 340-397 d.C.)

A tentativa de cristianizar a velha lista platônica de virtudes que nós notamos no sistema de Agostinho deveu-se talvez à influência de seu mestre Ambrósio; em cujo tratado *De officiis ministrorum* nós encontramos pela primeira vez uma exposição do dever cristão sistematizado em um plano emprestado de um moralista pré-cristão. É interessante comparar o relato de Ambrósio do que por ele veio a ser conhecido como as "quatro virtudes principais" com as delineações correspondentes no *De officiis* de Cícero a qual serviu como modelo ao bispo. A sabedoria cristã, até onde é especulativa, é natural e principalmente teológica; tem a Deus como verdade absoluta por seu objeto principal e é, portanto, necessariamente fundamentada na fé. A fortaleza cristã é essencialmente firmeza em resistir às seduções da boa e má fortuna, resolução no conflito perpetuamente empreendido contra a impiedade sem armas carnais – embora Ambrósio, com o Antigo Testamento em suas mãos, não renunciasse totalmente à aplicação marcial ordinária da virtude. "Temperantia" retém o significado de "observância da devida medida" em toda conduta que teve no tratado de Cícero, mas sua noção é parcialmente modificada ao ser misturada com a mais nova virtude da humildade. Finalmente na exposição da justiça cristã a doutrina Estoica da união natural de todos os interesses humanos é elevada à plena altura de filantropia evangélica; os irmãos são lembrados de que a terra foi feita por Deus para posse comum de todos e são ordenados a administrar seus meios para o benefício comum e dar de coração com alegria; na verdade, a riqueza não deveria ser esbanjada – não obstante, ninguém deveria se envergonhar caso ficasse pobre por compartilhar. Ambrósio, nós deveríamos observar, ressalta a inseparabilidade dessas diferentes virtudes na moralidade cristã, embora ele não solucione todas, como Agostinho, em um afeto central do amor para com Deus.

§ 7. Moralidade Eclesiástica na "Era das Trevas"

Sob a influência de Ambrósio e Agostinho, as quatro virtudes principais forneceram um esquema, em geral, aceito para o tratamento da ética sistemática pelos escritores eclesiásticos subsequentes. Muitas vezes, a tríade de graças cristãs – Fé, Esperança e Amor – foi colocada ao lado delas, segundo o exemplo de Agostinho: os sete dons do Espírito, enumerados por Isaías (xi.2), também são introduzidos, enquanto do outro lado da grande batalha moral as forças do vício são formadas debaixo das cabeças dos sete (ou oito) pecados capitais. A lista desses pecados, como já dissemos, foi transplantada da experiência especial do monge na concepção de moralidade aplicável a todos os cristãos; mas, em geral, a separação entre dever cristão monástico e comum, como formas superiores e inferiores de obediência religiosa, permaneceu distinta e estabelecida na Igreja medieval. Ela foi complicada por uma separação, de origem e importância diferentes, entre o clérigo e a regra laica de vida, mas os códigos morais aplicados pela opinião comum da cristandade ao clero e ascetas respectivamente teve uma tendência a se aproximarem, mesmo antes que o celibato clerical se tornasse universalmente obrigatório no décimo primeiro século. A distinção, porém, entre pecados "capitais" e pecados "veniais" foi aplicada tanto à laicidade como ao clero: ela teve, como vimos, uma referência técnica à administração quase jurídica da disciplina eclesiástica, que cresceu gradualmente mais organizada enquanto o poder espiritual da Igreja se estabeleceu em meio à desordem que seguiu a subversão do Império Ocidental, e se desenvolveu na teocracia que parcialmente dominou a Europa medieval. Pecados "capitais" eram aqueles para os quais uma penitência especialmente prescrita era feita necessária para salvar o pecador da condenação eterna; para os "pecados veniais" ele poderia obter perdão pela oração, doação de esmolas e da observância dos jejuns regulares. Nós descobrimos que os "livros penitenciais" para o uso do confessionário, fundamentados em parte na prática tradicional e em parte nos decretos expressos dos sínodos, entram em uso – se espalhando da Irlanda e Inglaterra para a França e Alemanha – nos sétimo e oitavo séculos. No princípio eles são pouco mais que meros inventários de pecados, com seus castigos eclesiásticos apropriados;[77] gradualmente os casos de consciência passam a ser discutidos e decididos e a base é posta para o sistema de casuística que alcançou seu pleno desenvolvimento nos décimo quarto e décimo quinto séculos. Essa elaboração de jurisprudência eclesiástica – pretendia ser mantida em exercício vigoroso mediante as visitas episcopais – era provavelmente indispensável à realização da grande tarefa da Igreja de manter a ordem moral no primeiro período semianárquico da Idade Média, mas teve uma tendência perigosa de encorajar um ponto de vista indevidamente externo e legal de moralidade. Não obstante, certo contrapeso a essa tendência ela foi continuamente afirmada pela influência da fervorosa interioridade de Agostinho, transmitida, de uma forma reduzida e atenuada, pela *Moralia* de Gregório, o Grande (*f.* 604), as *Sententiae* de Isidoro de Sevilha (*f.* 636),

---

[77] Pode ser instrutivo notar alguns dos castigos. Para glutonaria e bebedeira se impunha um jejum penitencial de três a quarenta dias, para pecados sexuais o período de penitência chegava a anos e em casos extremos até o fim da vida, para homicídio a penalidade varia de um mês a dez anos, de acordo com os motivos e circunstâncias. Monges e clérigos recebem penas mais severas; por outro lado, dupla penitência é cobrada daquele que mata um clérigo. Práticas supersticiosas – como queimar a grama onde um homem morreu – só poderia ser expiada por anos de penitências (cf. Gass, *Christliche Ethik*, IV c i § 92). Pelo fato de a Igreja ter sido em parte barbarizada durante esse período tornou-se necessário uma disciplina organizada a todos o mais rápido possível.

as obras de Alcuíno (*f.* 804), Hrabanus Maurus (*f.* 856) e outros escritores do período filosoficamente estéril que durou da destruição do Império Ocidental ao surgimento da Escolástica.

§ 8. *Ética Escolástica*

A ética escolástica, como a filosofia escolástica em geral, atingiu seu resultado mais completo e característico no ensino de Tomás de Aquino. Mas antes de dar um breve relato do sistema ético desse grande mestre, será bom notar os passos principais do processo de pensamento e discussão que conduziram até ele.

João Scoto Erígena (810-877)

Nós temos que começar com João Scoto Erígena, o primeiro filósofo digno de nota da Idade Média, ainda que só em um sentido amplo do termo ele possa ser chamado escolástico porque ele está separado por um intervalo considerável de tempo do corpo principal de escolásticos e – enquanto procura filosofar em harmonia com a fé cristã – ele não mostra o respeito inadequado pela autoridade em seu método de argumentar ou a ortodoxia imprópria em suas conclusões que são características do escolasticismo. A filosofia de Erígena deve ser delineada no principal à influência de Platão e Plotino, transmitida por um autor desconhecido do quinto século, que tomou para si o nome de Dionísio, o Areopagita: consequentemente o lado ético de sua doutrina possui o mesmo caráter negativo e ascético que nós observamos no Neoplatonismo. Ele ensina que somente Deus é verdadeiramente, que alguma coisa só existe na medida em que Deus se manifesta nela, que o mal é essencialmente irreal e incognoscível por Deus, existindo somente no mundo da aparência ilusória na qual o homem caiu; que o verdadeiro objetivo da vida do homem é retornar à união perfeita com Deus fora dessa existência material ilusória. Essa doutrina não encontrou muita aceitação entre os contemporâneos de Erígena e certamente não foi muito ortodoxo justificar a condenação que ela subsequentemente recebeu do Papa Honório III, mas sua influência, junto com a do Pseudo-Dionísio, teve uma parte no desenvolvimento do misticismo ortodoxo mais emocional do décimo segundo e décimo terceiro séculos e o neoplatonismo, ou platonismo recebido por meio de uma tradição neoplatônica, permaneceu um elemento distinto no pensamento medieval, embora obscurecido, no período do escolasticismo maduro, pela influência predominante de Aristóteles.

Anselmo (1033-1109)

A filosofia escolástica, no sentido mais estrito, pode ser tomada, para começar, com a tentativa abrangente e profunda de Anselmo de tornar o sistema dogmático do cristianismo ortodoxo, até onde possível, inteligível à razão. Em ética, porém, a obra de Anselmo só é notável quanto à questão do Livre-arbítrio. Nós observamos que a doutrina agostiniana do pecado original e a necessidade absoluta do homem da graça imerecida está retida em sua teoria da salvação; ele também segue Agostinho ao definir a liberdade como o "poder de não pecar" – mas ao dizer que Adão caiu "espontaneamente" e "por sua livre escolha", embora não "por sua liberdade", ele implicitamente fez a distinção que Pedro Lombardo expressamente deduz entre a liberdade que é oposta à necessidade e liberdade da escravidão do pecado. Além disso, Anselmo suaviza a declaração do predestinacionismo agostiniano explicando que a liberdade de querer o que é certo não é estritamente perdida mesmo pelo homem decaído, ela é inerente em uma natureza racional, embora desde o pecado de Adão ela só exista potencialmente na humanidade – como a faculdade de visão em um lugar escuro –, exceto onde se torna real pela graça.

Abelardo (1079-1142)

De um modo mais moderno Abelardo tenta estabelecer a conexão entre o demérito do homem e sua livre escolha por uma concepção mais precisa de pecado. Ele distingue o pecado, tomado de maneira estrita, tanto da mera propensão à má conduta que o homem caído herda quanto da ação externamente má na qual ela entra em vigor. A má tendência, até onde é involuntária, não é pecado; sua existência na verdade, como ele demonstra, pressupõe em nossa concepção de virtude humana, que essencialmente consiste em lutar prosperamente contra os desejos erradamente direcionados. Além disso, o pecado não pode estar nos efeitos externos de nossa ação; é evidente que estes podem acontecer sem culpabilidade moral de nossa parte, por ignorância ou compulsão. Portanto, ele deve residir no desprezo de Deus e Suas ordens, que é manifestado no consentimento consciente à inclinação viciosa: consequentemente é nesse consentimento interno ao mal que o arrependimento deve ser dirigido e não a qualquer efeito externo do ato; a essência do verdadeiro arrependimento é a aversão ao próprio pecado, não as suas consequências. Ele não recua diante da conclusão de que todos os atos externos como tais são indiferentes, visto que a retidão de conduta depende somente da intenção, mas evita as consequências perigosas desse paradoxo, com alguma perda de consistência, explicando que a "boa intenção" deve ser entendida como significando a intenção de fazer o que realmente é certo, não somente o que parece assim ao agente. No mesmo espírito, debaixo da influência renovadora da antiga filosofia – com a qual, porém, ele é muito imperfeitamente familiarizado e sua relação com o cristianismo ele entende mal e de maneira extravagante[78] – ele argumenta que os antigos moralistas gregos, ao recomendarem o amor desinteressado do bem, na verdade, estavam mais próximos do cristianismo do que estava o legalismo judaico. E ele afirma corajosamente que eles deram um exemplo de controle dos desejos irracionais, desprezo às coisas mundanas e devoção às coisas da alma, que bem poderia envergonhar a maioria dos monges de sua época. Ele leva sua exigência pelo desinteresse ao ponto de exigir que o "amor cristão para com Deus" só poderia ser considerado como puro se se purgasse do desejo autorrespeitoso da felicidade que Deus concede. A tendência geral do pensamento de Abelardo foi vista com suspeita pela ortodoxia contemporânea,[79] e a ultrassutileza da distinção já mencionada provocou respostas veementes de mais de um dos místicos ortodoxos da época. Assim Hugo de S. Vitor (1077-1141) argumenta que todo amor é necessariamente tão "interessado" que envolve um desejo de união com o amado; e visto que a felicidade eterna

---

[78] Ele se empenha em provar que os filósofos antigos tinham pelo menos um conhecimento parcial da doutrina da Trindade.

[79] Ele foi condenado por dois sínodos, um em 1121 e outro em 1140.

consiste dessa união, ele verdadeiramente não pode ser desejado independentemente de Deus; enquanto Bernardo de Clairvaux (1091-1153) distingue de maneira mais elaborada quatro estágios pelos quais a alma é conduzida gradualmente do (1) desejo meramente autorrespeitoso pelo auxílio de Deus na angústia, para (2) amá-lo por seu favor amoroso a ela, consequentemente, também (3) por Sua bondade absoluta, até que (4) em raros momentos esse amor por Si somente se torna o único afeto todo-absorvente.

O conflito de Abelardo com o Bernardo e Hugo de S. Vitor ilustra o antagonismo, às vezes oculto, às vezes manifesto, que nós encontramos no pensamento medieval entre o esforço *dialético* para obter satisfação pela razão debaixo das condições fixadas pelos dogmas tradicionais da fé ortodoxa e o esforço *místico* para achar nos mesmos dogmas um apoio adequado ou estrutura para a consciência religiosa emocional e intuitiva.

Método Escolástico

Essas diversas tendências aparecem em conflito tanto antes quanto depois da culminação da filosofia escolástica no décimo terceiro século, mas o objetivo prevalecente do escolasticismo em seu melhor período é encontrar uma reconciliação harmoniosa desse e de outros antagonismos.

Pedro Lombardo (f. 1164)

Nós descobrimos esse caráter eclético ou harmônico no *Libri Sententiarum* de Pedro Lombardo, que foi por muito tempo o manual mais amplamente aceito de ensino teológico na Europa Ocidental, mas do qual o interesse histórico agora repousa principalmente em seu método e plano de construção. Ele tem a intenção de apresentar uma exposição concisa, mas abrangente, da Teologia cristã como desenvolvida pela Igreja católica, oferecendo a cada proposição importante os argumentos principais a favor e contra extraídos das Escrituras e dos Pais da Igreja e se empenhando em reconciliar as autoridades aparentemente conflitantes por distinções sutis de significado nos termos usados. Essa famosa arte escolástica de distinções sempre foi um pouco aberta aos ataques que Bacon e outros fizeram em seus desenvolvimentos posteriores, mas algo semelhante era indispensável se um corpo sistemático e coerente de doutrina fosse construído de materiais tão diversos em suas fontes; e isso se tornou ainda mais inevitável quando a complexidade de autoridades foi aumentada no século seguinte, pela aceitação de Aristóteles como "O Filósofo" cujo *dictum* era quase indiscutível em todos os assuntos que caíssem corretamente dentro do domínio da razão humana. A revivificação do estudo de Aristóteles deveu-se ao trabalho e influência de comentaristas árabes e judeus, mas a união notável do pensamento Aristotélico e cristão alcançada no décimo terceiro século – que determinou por um longo período a filosofia ortodoxa da Igreja católica – foi iniciada por Alberto Magno e completada por Tomás de Aquino.

§ 9. Tomás de Aquino (1225-1274)

A filosofia moral de Tomás de Aquino é, em essência, o aristotelismo com um toque de neoplatonismo, interpretada e suplementada por uma perspectiva de doutrina cristã derivada principalmente de Agostinho. Ele sustenta que toda ação ou movimento, de todas as coisas tanto irracionais como também racionais, é dirigido para algum fim ou bem, que no caso de criaturas racionais é representado em Pensamento, fixado pela Intenção e objetivado pela Vontade sob a influência da Razão Prática. De fato há muitos fins buscados – riquezas, honra, poder, prazer – mas nenhum desses satisfaz e causa felicidade – isso só pode ser dado pelo próprio Deus, o fundamento e causa primeira de todo ser e princípio imóvel de todo movimento. É, então, para Deus que todas as coisas estão na verdade ainda que inconscientemente se esforçando na busca do Bem; mas esse esforço universal por Deus, visto que é essencialmente inteligível, apresenta-se em sua forma mais elevada em seres racionais como um desejo pelo conhecimento d'Ele; tal conhecimento, porém, está além de todo o exercício ordinário da razão e só pode ser revelado parcialmente ao homem aqui embaixo. Assim o *summum bonum* para o homem é objetivamente Deus, subjetivamente a felicidade de ser originado da visão amorosa de Suas perfeições, embora haja um tipo inferior de felicidade a ser realizado aqui embaixo em uma existência humana normal de virtude e amizade, com a mente e o corpo sãos e inteiros e corretamente preparados para as necessidades da vida terrena. A felicidade mais elevada o homem a recebe pela livre graça de Deus, mas ela só é dada àqueles cujo coração é justo e que a mereceram por várias ações virtuosas. Passando a considerar que as ações são virtuosas, nós observamos primeira e geralmente que a moralidade de um ato é em parte, mas só em parte, determinada por seu fim particular ou motivo; ela depende em parte de seu objeto e circunstâncias externos, que a tornam ou objetivamente em harmonia com a "ordem da razão" ou no contrário – salvo no caso de atos externamente indiferentes, dos quais a bondade ou maldade é completamente determinada pelo motivo. Na classificação das virtudes e vícios particulares, nós podemos distinguir muito claramente os elementos providos pelos diferentes ensinos que Tomás absorveu. Em seu tratamento das virtudes que pertencem à natureza do homem como criatura racional e que podem ser adquiridos (embora não perfeitamente) como um mero resultado natural de exercício e prática, ele é em essência aristotélico. Ele segue de perto a Aristóteles ao dividir essas "virtudes naturais" em intelectual e moral, e as virtudes intelectuais, mais uma vez, em "especulativa" e "prática", distinguindo dentro da classe especulativa o "intelecto" que está relacionado com os princípios, a ciência que tira conclusões e a "sabedoria" à qual pertence todo o processo de conhecer os objetos mais sublimes do conhecimento e tratando da sabedoria prática ou prudência como inseparavelmente relacionada com as virtudes morais e portanto em um sentido moral.[80] Quando, além disso, entre as virtudes morais ele distingue a Justiça, manifestada nas ações pelas quais outros recebem o que lhes é devido, das virtudes que se relacionam principalmente com as paixões do próprio agente, ele concede sua interpretação da doutrina de Aristóteles; e sua lista dessas virtudes, em número de dez, é tomada *en bloc* da *Ética Nicomaqueia*. Por outro lado, sua classificação das paixões depende de uma divisão do elemento não racional da alma

---

[80] Sua justificação, no entanto, para classificar "prudentia" tanto entre as virtudes intelectuais quanto morais – que é intelectual *secundum essentiam* e moral *secundum materiam* – é mais escolástica do que aristotélica.

em "concupiscível" e "irascível", que é antes platônica e não aristotélica;[81] ao elemento "concupiscível" ele se refere às paixões que são excitadas pela simples apreensão do bem ou mal sensíveis – amor, ódio, desejo, aversão, alegria, tristeza; ao passo que ao elemento "irascível" ele atribui as paixões excitadas por alguma dificuldade ou obstáculo em matéria de obtenção do objeto do desejo – a saber, esperança, desespero, medo, coragem, raiva. E organizando sua lista das virtudes que controlam essas paixões ele transfere à doutrina estabelecida das quatro virtudes principais, derivada originalmente de Platão e dos estoicos por Cícero; consequentemente, o número aristotélico tem que se levantar debaixo dos gêneros mais elevados da (1) Prudência que fornece normas de conduta razoáveis, (2) da Temperança que resiste ao desejo enganoso, e (3) da Fortaleza que resiste ao medo enganoso dos perigos ou trabalhos. A relação, porém, das virtudes principais com os diferentes elementos da alma é concebida de uma maneira que não é nem platônica, nem aristotélica, ou mesmo estoica, visto que, junto com os elementos Racional, Concupiscível e Irascível – que têm a Prudência, a Temperança e a Fortaleza respectivamente como suas virtudes especiais –, o sistema de Tomás reconhece, como um quarto elemento distinto, a Vontade (*Voluntas*) ao qual a Justiça, cuja esfera é a ação externa, pertence de maneira especial. Não obstante, como considera essas virtudes "naturais" e em parte "adquiridas", a autoridade do "Filósofo" é predominante: junto com essas, porém, e antes delas em grau, Tomás coloca a tríade paulina de virtudes "teológicas", Fé, Amor e Esperança que são sobrenaturalmente "instiladas" por Deus e diretamente se relacionam com Ele como objeto delas. Pela fé nós obtemos aquela parte de nosso conhecimento de Deus que está além do alcance da mera sabedoria natural ou filosofia – naturalmente, por exemplo, nós podemos conhecer a Deus, mas não Sua Trindade em Unidade, embora a filosofia seja útil para defender essa e outras verdades reveladas: e é essencial para a obtenção do bem-estar da alma que todos os artigos do credo cristão, por pouco que eles possam ser conhecidos pela razão natural, deveriam ser apreendidos pela fé; o cristão que rejeita um único artigo perde completamente a segurança da fé e de Deus. A fé, por

---

[81] A distinção é adotada por Aristóteles em diversas passagens, mas como uma divisão popular e não científica.

conseguinte é a base significativa de toda a moralidade cristã, mas sem amor – a forma essencial de todas as virtudes cristãs – é "informe" (*informis*). O amor cristão é concebido (segundo Agostinho) principalmente como amor a Deus (além do anseio natural da criatura por seu bem último), que se expande em amor para com todas as criaturas de Deus criadas por Ele; e assim no final das contas inclui o amor próprio. Mas as criaturas só devem ser amadas em sua pureza enquanto criadas por Deus; tudo que é ruim nelas deve ser objeto de ódio até que seja destruído. Na classificação de pecados o elemento cristão predomina; contudo, nós ainda encontramos os vícios de excesso e de falta aristotélicos, junto com as divisões modernas em "pecados contra Deus, ao próximo e ao eu", "pecados capitais e veniais", pecados de "omissão e comissão", de "coração, fala e ato" etc.

Da noção de pecado – tratada em seu aspecto jurídico – Tomás passa naturalmente à discussão sobre a Lei. A exposição dessa última concepção apresenta, em grande parte, o mesmo assunto que foi tratado pela exposição das virtudes morais, mas de uma nova forma; a proeminência da qual, no tratado de Tomás, pode ser atribuída talvez à influência crescente do estudo de jurisprudência romana que atingiu, no décimo segundo século, tão rápida e brilhante revivificação na Itália. Esse lado do sistema de Tomás tem um interesse histórico especial porque, como veremos agora, é essa mistura de concepções teológicas com a teoria abstrata da lei romana tardia que deu o ponto de partida para o pensamento ético independente no mundo moderno. Sob a ideia geral de lei, definida como uma "ordenação da razão para o bem comum, promulgada por aquele que é responsável pela comunidade", Tomás distingue (1) a lei eterna ou razão reguladora de Deus que abrange a todas as suas criaturas racionais e irracionais, (2) "lei natural", sendo aquela parte da lei eterna que se relaciona com as criaturas racionais como tais, (3) lei humana, que consiste propriamente de lei natural particularizada e adaptada às circunstâncias variadas das comunidades atuais, (4) lei divina revelada especialmente para o homem. Enquanto considera a lei natural, ele ensina que Deus implantou firmemente na mente humana um conhecimento de seus princípios gerais imutáveis, e não somente conhecimento, mas uma disposição, à qual Tomás aplica o termo escolástico peculiar "sinderese",[82] que infalivelmente incita à realização desses princípios na conduta e protesta contra a sua violação. Todos os atos da virtude natural estão implicitamente incluídos na extensão dessa lei da natureza; mas na operação de aplicar seus princípios às circunstâncias particulares da vida humana – à qual o termo "consciência" deveria ser restrito[83] – o julgamento do homem é suscetível ao erro de maneira que o dever é imperfeitamente conhecido, a luz da natureza é obscurecida e pervertida pela má educação e pelo mau costume. A lei humana é exigida não somente para determinar os detalhes aos quais a apreensão do homem da lei natural não dá nenhuma orientação intuitiva, mas também para prover a força necessária para assegurar na prática, entre homens imperfeitos, a abstinência de atos que são não só maus mas também perturbadores aos outros. As regras dessa lei devem ser deduções dos princípios da lei natural ou determinações de particulares que ela deixa indeterminadas; uma regra contrária à lei natural não poderia ser válida como lei. A lei humana, porém, só pode tratar da conduta externa, e nem mesmo pode tentar reprimir todo o mal, sem causar dano pior do que ela evita; enquanto a lei natural, como vimos, é suscetível de se tornar obscura e incerta em suas aplicações particulares e nem a lei natural nem a lei humana têm em vista essa felicidade sobrenatural que é o fim mais elevado do homem. Consequentemente eles precisaram ser suplantados por uma revelação especial da lei divina. Além disso, essa revelação é distinta na lei do antigo pacto e na lei do Evangelho. Este último é não só produtivo como também imperativo, visto que traz consigo a graça divina que torna possível seu cumprimento. Nós temos, porém, de distinguir no caso do Evangelho entre (1) ordens absolutas e (2) conselhos, que recomendam, sem ordenar positivamente, a vida monástica de pobreza, celibato e obediência, como o melhor método de efetivamente converter a vontade terrena às coisas celestiais.

Mas até onde o homem pode atingir a perfeição natural ou cristã? Essa é a parte do sistema de Tomás no qual a coesão dos diferentes elementos que a

---

[82] O termo deriva-se de συντήρησις, usado nesse sentido em uma passagem de Jerônimo (*Com. In Ezeq.*, i, 4-10).

[83] *Conscientia*, como ele reconhece, também é usada para incluir o que ele nomeia *sinderesis*.

compõem parece mais fraca. Ele raramente está cônscio de que seu cristianismo aristotelizado inevitavelmente combina duas dificuldades diferentes ao lidar com esta questão: primeiro, a velha dificuldade pagã de reconciliar a proposição, de que a vontade ou o propósito é um desejo racional sempre direcionado para o bem aparente, com a liberdade de escolha entre bem e mal que o ponto de vista jurídico de moralidade parece requerer e, em segundo, a dificuldade cristã de harmonizar essa última noção com a dependência absoluta da graça divina que a consciência religiosa afirma. Essa dificuldade Tomás, como muitos de seus predecessores, evita supondo uma "cooperação" da livre vontade e da graça, mas aquela anterior ele não satisfaz completamente.

Duns Scotus

É contra essa parte de sua doutrina que a crítica mais importante, em ética, de seu rival Duns Scotus (1266-1308) se dirigiu. Ele frisou que a vontade não podia ser na verdade livre se fosse ligada à razão, como Tomás (conforme Aristóteles) a concebe; uma livre escolha realmente deve ser perfeitamente indeterminada entre a razão e a não razão. Scotus afirmou de maneira consistente que a vontade divina é semelhantemente independente da razão, e que a ordenação divina do mundo deve ser concebida como absolutamente arbitrária.

Guilherme de Occam

Nesse ponto ele foi seguido pelo intelecto preciso de Guilherme de Occam (*f.* 1347), embora a doutrina seja obviamente perigosa a toda a moralidade razoável que resta para apoio sobre o governo moral do mundo. De um modo mais geral, o Nominalismo de Occam e seus seguidores é indiretamente importante na história da ética escolástica porque a negação da realidade dos Universais abalou a ponte que o escolasticismo buscara construir entre os particulares da experiência sensível e Deus concebido como o último fundamento e fim de toda a existência. Desse modo o que era mais certo para a fé veio a ser considerado como o menos cognoscível pelo intelecto humano, que teve de se contentar em estabelecer a racionalidade da crença, não a racionalidade do que foi acreditado. O resultado a princípio não parecia desfavorável à ortodoxia; a teologia reteve os serviços da filosofia enquanto livre de sua rivalidade, mas a mudança não obstante envolvia a decadência do escolasticismo, porque embora a faculdade dialética ainda pudesse encontrar ampla ocupação, a tarefa determinada para ela já não podia reivindicar a devoção de um intelecto filosófico de alta ordem. Assim a obra de Tomás permaneceu indubitavelmente o resultado do coroamento do grande esforço construtivo da filosofia medieval. Na verdade, o esforço estava fadado ao fracasso, visto que ele tentou a tarefa impossível de moldar um sistema coerente fora dos dados heterogêneos fornecidos pelas Escrituras, os Pais, a Igreja e "o Filósofo"; e qualquer que seja a qualidade filosófica que for achada na obra de Tomás ela pertence apesar de, não por causa de, seu método. Contudo, sua influência foi grande e duradoura – principalmente na Igreja católica e indiretamente entre os Protestantes, especialmente na Inglaterra, porque o famoso primeiro livro da *Ecclesiastical Polity* de Hooker é em grande medida devedor à *Suma Teológica* de Aquino.

§ 10. Misticismo Medieval

Ao lado do escolasticismo e, em parte, em antítese consciente aos trabalhos eruditos e conflitos dialéticos dos escolásticos, embora em afinidade íntima com sua doutrina ético-teológica central, nós temos que notar o desenvolvimento do misticismo na Igreja cristã – querendo dizer por "misticismo" a tendência a subordinar todo o esforço moral e exercício intelectual à obtenção de um estado de visão intuitiva ou até mesmo extática de Deus. Essa maneira de pensar deve em parte se remeter à influência platônica e neoplatônica transmitida por vários canais, mas seu desenvolvimento em conexão estrita com a ortodoxia cristã começa na primeira metade do décimo segundo século com Bernardo de Clairvaux e Hugo de S. Victor. De acordo com Bernardo, o cristão que busca a verdade divina tem que ascender à vida mais elevada do espírito por meio do amor e da humildade – dos quais há muitos graus a serem superados em seguida, pela "consideração" discursiva da verdade divina ele tem que estimular a contemplação intuitiva, em cujo estado os momentos de absorção extática no objeto contemplado lhe será concedido – antecipações transitórias do perfeito autoesquecimento que a alma glorificada atingirá daqui por diante. Semelhantemente, na teologia mais sistemática e completamente desenvolvida de Hugo de S. Victor é pela graça divina que o amor do homem por Deus se intensifica a ponto de ele só amar a si mesmo e ao próximo pelo amor de Deus, que o "olho da alma" se abre e pelo qual Deus é visto em sua verdadeira natureza; a percepção da matéria pelo olho exterior da alma e a intuição do eu introspectivamente só são valiosos como passos para atingir a intuição da verdade e bondade divina. O processo de preparação é mais elaborada e imponentemente concebido por Boaventura, cuja descrição disso eu seleciono como um espécime de misticismo ortodoxo enquanto visto em harmoniosa combinação com o escolasticismo.[84]

Boaventura (1221-1274)

Na visão de Boaventura a mente tem que ascender à visão final por meio de seis estágios. Em primeiro lugar, tem que contemplar a evidência do poder, sabedoria e bondade de Deus no mundo externo de coisas distinguidas e ordenadas por peso, número e medida; no curso dessa história mundial, enquanto dirigida pela Sabedoria Infinita, de sua criação pelo Poder Infinito ao seu julgamento final pela Retidão Absoluta, na escala das coisas criadas que surgem do mero Ser pela Vida para a Inteligência. Em segundo lugar, deve contemplar a relação do mundo com o homem, o "microcosmo"; notando como as coisas externas entram na mente pelos portões dos sentidos por suas similitudes, deleitam-na pelos vários modos de harmonia entre o sentido e seus objetos e despertam a atividade do intelecto; ela assim encontrará prefigurada a similitude eternamente gerada do Filho com o Pai e será direcionada para cima à fonte de toda beleza e deleite e toda apreensão da verdade. Em terceiro lugar, retirando do mundo exterior e concentrando-se a atenção em sua própria natureza e faculdades, ela deve ver como a memória, unindo passado, presente e futuro; e indelevelmente retendo a impressão de verdades universais imutáveis, dispõe de uma imagem do Eterno; como o intelecto é governado em sua operação pela concepção indispensável de um ser mais perfeito, invariável e necessário, e como a operação de escolha racional

---

[84] O que segue é extraído – com a assistência de Stöckel – do *Itinerarium Mentis ad Deum*.

envolve igualmente a concepção de um Bem supremo; e então, observando como em si mesmo a memória gera a inteligência, e de ambos procedem o amor, ela verá como por um espelho o ser Triunfo de Deus. Até aqui os poderes naturais da alma poderiam fazer isso; mas para o quarto estágio, ela precisa ser revestida pela Graça Divina com as virtudes sobrenaturais da Fé, da Esperança e da Caridade, pelas quais ela desenvolve um senso espiritual imediato da natureza Divina, dispondo-a aos êxtases da devoção, admiração e alegria; assim purgada, iluminada e transformada, ela pode contemplar em si mesmo uma imagem da hierarquia angelical, com Deus habitando e operando por tudo. Então no primeiro estágio a inteligência pura da alma apreende a Deus não mais por si mesmo como um espelho, ou em si mesmo como uma imagem, mas acima de si mesmo em Sua verdadeira essência – Puro Ser sem negação, a fonte original de toda realidade concebível. Mas há um estágio ainda mais alto, no qual esta "sindérese", que prende a alma ao bem que existe em algum grau em todo homem, que é o elemento eterno e infalível do qual nós falamos vagamente a respeito como consciência, recebe seu pleno desenvolvimento; por essa faculdade Deus não é contemplado como Ser Absoluto, mas como Bondade Absoluta, cuja essência é transmitir a si mesmo em sua plenitude; nesse estágio, portanto, o mistério da Trindade é diretamente apreendido, porque a essência desse mistério é a transmissão da Bondade Divina pelo Filho e pelo Espírito Santo. Então, depois desses seis estágios de atividade mental vem o Sábado de êxtase perfeito, no qual todas as operações intelectuais são suspensas e a alma é completamente passiva em sua união inefável com Deus.

Boaventura representa o platonismo ou neoplatonismo medieval, como Tomás representa o aristotelismo medieval, em subordinação dócil à ortodoxia dogmática; e a mesma subordinação é mantida mais de um século depois por Gerson, cujo misticismo continua a tradição dos "Victorinos[85] e Boaventura". Mas antes de Gerson havia sido desenvolvido na Alemanha o misticismo mais original e ousado de Eckhart e seus seguidores, que é livre das redes não só do escolasticismo mas da ortodoxia eclesiástica.

---

[85] Esse é termo mais usado para se referir a Hugo de S. Victor e Ricardo, um escritor místico posterior pertencente ao mesmo monastério.

Eckhart

No ensino de Eckhart essa alienação do mundo e das coisas finitas, que geralmente caracterizam o misticismo, em geral, é intensificada em um anseio fervoroso de livrar-se completamente do eu que separa a alma individual da realidade divina de seu Ser – não saber nada, não querer nada, não pensar em nada a não ser em Deus. Nessa abolição da criaturidade Eckhart concebe toda a moralidade a ser contida, embora ele tenha dificuldade de vigiar contra as consequências quietistas e imorais que poderiam ser tiradas dessa doutrina fundamental e representar as boas obras como o fluxo natural da união transcendente da essência íntima da alma com Deus.

§ 11. Casuística

No breve relato já concedido sobre o ponto de vista ético geral de Tomás de Aquino nenhuma menção foi feita da discussão detalhada dos deveres particulares incluídos na *Summa Theologica*;[86] o tom da qual – permissão feita pela heterogeneidade dos materiais reunidos de diversas fontes – mostra, em geral, a elevação moral e sobriedade de julgamento combinadas, embora em certos pontos o pedantismo escolástico de consideração precisa e abrangente não seja favorável à devida delicadeza de tratamento. Foi para esse lado prático da ética que a perspicácia e indústria dos escritores eclesiásticos foram, em grande medida, dirigidas no décimo quarto e décimo quinto séculos, enquanto o interesse especulativo do escolasticismo se deteriorava e nós temos que notar, como um resultado disso, um desenvolvimento e sistematização notável da casuística. A solução de casos duvidosos de consciência, como de costume, sempre fez parte da obra dos moralistas eclesiásticos; a partir do primeiro período da Igreja várias das questões e respostas relativas às diversas áreas da moralidade passaram pelo nome de Justino Mártir, Atanásio, Agostinho; e o crescimento da jurisprudência eclesiástica, os livros penitenciais, a moralidade sistemática dos escolásticos forneceram uma quantidade continuamente crescente de discussão casuística. Começou

---

[86] Este é o nome muitas vezes usado para denotar Hugo de S. Victor e Ricardo, um escritor místico posterior do mesmo monastério.

a ser sentida, porém, uma necessidade de organizar os resultados atingidos de uma forma conveniente para a conduta da confissão auricular; e para satisfazer essa necessidade vários manuais de casuística (*Summae Casuum Conscientiae*) foram compilados no décimo quarto e décimo quinto séculos. Desses, o mais velho, chamado *Astesana*, de Asti em Piemonte, foi organizado como um tipo de livro-texto de moralidade em uma base escolástica; manuais posteriores (por exemplo, o *Summa Rosella*, Venet. 1495) se reduzem a meras coleções alfabéticas de perguntas e respostas casuísticas. Era inevitável que o tratamento semilegal da moralidade envolvido nesse desenvolvimento de casuística – almejando como ele fez a uma determinação precisa dos limites entre o proibido e o permissível, com pontos duvidosos examinados e ilustrados de perto por casos fictícios – teria uma tendência a debilitar as sensibilidades morais das mentes comuns; além disso, quanto mais a indústria e a ingenuidade eram gastas em tirar conclusões das diversas autoridades aceitas na Igreja, tanto maior necessariamente se tornou o número de pontos nos quais os doutores discordavam; e a autoridade central que poderia ter reprimido as sérias divergências estava ausente no período de fraqueza moral pelo qual a Igreja passava, depois da morte de Bonifácio VIII. Um homem comum desconcertado por tais discordâncias poderia assegurar naturalmente que qualquer opinião mantida por um escritor piedoso e ortodoxo devia ser uma opinião segura a seguir; e assim as consciências fracas podiam ser sutilmente tentadas a buscar o apoio da autoridade por algum desejado relaxamento de uma regra moral. Não parece, porém, que esse perigo assumiu proporções formidáveis até depois da Reforma, quando, no esforço feito pela Igreja católica para recuperar sua posição no mundo, o princípio de obediência à autoridade foi forçado ao conflito violento, equilibrado e prolongado com o princípio de confiança no julgamento particular.

Os Jesuítas

Para os Jesuítas, os primeiros defensores da Contra-Reforma, parecia fundamentalmente importante para a causa da autoridade que os leigos em geral fossem instruídos a submeterem seu juízo ao dos seus guias eclesiásticos; como um meio para esse fim parecia indispensável que o confessionário se tornasse atraente acomodando a lei eclesiástico-moral às necessidades mundanas; e a teoria do "Probabilismo" proporcionou um método plausível para efetuar essa acomodação. A teoria procedia assim: não se poderia esperar que um leigo examinasse minuciosamente a um ponto sobre o qual o instruído diferia; portanto, ele não poderia ser completamente culpado por seguir qualquer opinião que se apoiasse na autoridade até mesmo de um único doutor; por isso seu confessor deve ser autorizado a lhe assegurar inocência caso alguma opinião "provável" pudesse ser produzida em seu favor; mais ainda, era seu dever sugerir tal opinião, mesmo que contrária à sua, se livrasse a consciência sob sua acusação de um fardo deprimente. Os resultados aos quais esse Probabilismo levou, aplicado com um sério desejo de evitar o rigor perigoso, no décimo sétimo século foi revelada ao mundo nas imortais *Lettres Provinciales* de Pascal.

§ 12. A Reforma

Seguindo o curso do desenvolvimento da casuística nós fomos levados para além da grande crise pela qual o cristianismo ocidental passou no século XVI. A Reforma que Lutero iniciou pode ser vista de vários lados, mesmo se nós considerarmos somente seus princípios éticos e efeitos independentemente de seus alvos políticos e sociais e tendências com as quais estava conectado em diversos países europeus. Ela manteve a simplicidade do cristianismo apostólico contra o sistema elaborado de uma hierarquia corrupta, o ensino das Escrituras sozinho contra os comentários dos padres e as tradições da Igreja, o direito de juízo privado contra o ditado pela autoridade eclesiástica, a responsabilidade individual de cada alma humana diante de Deus em oposição ao controle papal sobre os castigos do purgatório, que tinham conduzido à revoltante degradação das indulgências venais. Reavivando a antítese original entre o cristianismo e o legalismo judeu, ela manteve a interioridade da fé como sendo o único caminho para a vida eterna, em contraste à exterioridade das obras; voltando a Agostinho, e expressando o seu espírito em uma nova fórmula, para resistir ao neopelagianismo que tinha se desenvolvido gradualmente dentro do agostinianismo aparente da Igreja, ela afirmou a corrupção total da natureza humana, enquanto contrastada com aquela "congruidade" pela qual, de acordo com os escolásticos, a graça divina deveria ser obtida renovando a humildade fervorosa de S. Paulo. Ela obrigou a imperatividade universal e absoluta de todos os deveres cristãos e a inevitável indignidade de toda obediência cristã em oposição à teoria de que o mérito "condigno" poderia ser alcançado pela conformidade "supererrogatória" às "recomendações" evangélicas. Será visto que essas mudanças, por mais profundamente importantes, eram, eticamente consideradas, ou negativas ou bastante gerais, relativas ao tom e atitude da mente na qual todo dever deveria ser cumprido. Quanto a toda questão positiva de dever e virtude e à maior parte do código proibitivo para homens comuns, a tradição de ensino cristão foi mantida substancialmente inalterada nos discursos e escritos das Igrejas Reformadas; somente, como a vida monástica estava completamente descartada, o ideal moral de conduta para cristãos, em geral, foi abrandado a partir de uma comparação desanimadora com o que foi antes considerado como um caminho mais excelente. Até mesmo o antigo método da casuística foi mantido[87] durante os séculos XVI e XVII; não obstante, os textos bíblicos, interpretados e suplementados à luz da razão natural, agora fornecem os princípios exclusivos nos quais os casos de consciência eram decididos.

Transição para a Filosofia Moderna

No século XVII, porém, o interesse desse tratamento semilegal da moralidade gradualmente se enfraqueceu, e os estudos éticos das mentes cultas estavam ocupados com a tentativa, renovada depois de tantos séculos, de encontrar uma base filosófica independente para o código moral. A renovação dessa tentativa foi só indiretamente devida à Reforma; antes ela deve ser conectada com aquele estudo entusiástico dos remanescentes da antiga cultura pagã que se espalhou da Itália para a Europa nos séculos XV e XVI; que, além disso, era em parte o efeito, em parte a causa de uma alienação difundida a partir da teologia medieval. A esse "humanismo" a Reforma pareceu no princípio mais hostil do que a hierarquia romana; na verdade, o

---

[87] Como principais casuístas ingleses nós podemos citar Perkins, Hall, Sanderson, assim como o mais eminente Jeremy Taylor, cujo *Ductor Dubitantium* surgiu em 1660.

ponto a que essa última tinha permitido se tornar paganizada pelo Renascimento foi um dos pontos que despertaram de maneira especial a indignação dos Reformadores. Não menos importante é o estímulo indireto dado pela Reforma ao desenvolvimento de uma filosofia moral igualmente independente de suposições católica e protestante. O escolasticismo, ao reavivar a filosofia como uma serva da teologia, tinha metamorfoseado seu método em um semelhante ao de sua ama: assim algemando a atividade intelectual renascente que estimulou e exercitou, pela dupla escravidão a Aristóteles e à Igreja. Quando a Reforma abalou a autoridade tradicional em um campo, o sopro foi necessariamente sentido no outro. Nem vinte anos depois do desafio de Lutero ao Papa, a tese surpreendente de "que tudo aquilo que Aristóteles ensinou era falso" foi prosperamente sustentada pelo jovem Ramus diante da Universidade de Paris;[88] e não muitos anos depois a série de notáveis pensadores na Itália que anunciaram a aurora da ciência física moderna – Cardano, Telésio, Patrício, Campanella e Bruno – começou a propor seus pontos de vista antiaristotélicos quanto à constituição do universo e o método certo de investigá-lo. Seria previsto que uma asserção semelhante de independência se faria ouvida também em ética; e, na verdade, em meio ao estrondo de convicções dogmáticas, as variações e aberrações do juízo privado, que as divisões multiplicadoras da Cristandade exibiram depois da Reforma, as pessoas reflexivas naturalmente seriam levadas a buscar a um método ético que, confiando somente na razão comum e na experiência moral comum da humanidade, pudesse reivindicar a aceitação universal de todas as seitas. Os resultados principais dessa procura, como exercido na Inglaterra do décimo sétimo século em diante, ocupará nossa atenção no próximo capítulo.

---

[88] É notável que Lutero também tenha falado com desrespeito impetuoso do "Filósofo".

CAPÍTULO IV

ÉTICA MODERNA, EM ESPECIAL A INGLESA

§ 1. *Ética Moderna antes de Hobbes. Bacon*

O grande escritor com cujo nome os ingleses estão acostumados de modo especial a relacionar com a transição do pensamento medieval para o moderno – Francis Bacon – fez em seu *Advancement of Learning* um breve esboço de filosofia moral, que contém muita crítica justa e rica sugestão, e merece ser lido por todos os estudiosos do assunto.[89] Mas a grande tarefa de Bacon

---

[89] Veja *Advancement of Learning*, Livro II. cap. xx-xxii. Bacon toma a "divisão principal e primitiva do conhecimento moral" como sendo (1) "o exemplar ou plataforma do bem" e (2) o "regimento ou cultura da mente". É nesse último ramo que ele encontra os mais antigos moralistas notadamente mais deficientes; eles não trataram completa e sistematicamente de "vários caracteres e temperamentos das naturezas e disposições dos homens", seus diferentes afetos e os modos de influenciá-los. Em relação ao "exemplar ou plataforma do bem", o trabalho deles lhe parece mais satisfatório – se nós descartarmos suas extravagâncias pagãs sobre a possível obtenção da felicidade suprema sobre a Terra. Eles descreveram bem, se obrigaram e defenderam as formas gerais da virtude e do dever e suas espécies particulares e controlaram de maneira excelente "os graus e a natureza comparativa do bem". Ele considera, porém, que eles pudessem com vantagem ter "permanecido um pouco mais na investigação relativa às raízes do bem e do mal e das correntes dessas raízes", e "consultado um pouco mais a natureza". Porque a observação da natureza nos mostra como "ali é formada em tudo uma dupla natureza do bem; uma como tudo é total ou substancial em si mesma, a outra enquanto é uma parte ou membro de um corpo, do qual esta última é em grau a maior e a mais valiosa". Nós vemos isso exemplificado até mesmo no mundo físico, mas é no "homem, se ele não se degenera", que essa "dupla natureza do bem" é mais especialmente gravada; e "esta sendo estabelecida e fortemente plantada, julga e

de reformar o método científico foi tal que, como ele a concebeu, deixava a moralidade de lado; e ele nunca fez qualquer esforço sério para reduzir seu ponto de vista ético a um sistema coerente, metodicamente razoável sobre uma base independente. Assim o esboço do qual eu falei nunca foi completado e não parece ter tido qualquer efeito material em determinar o desenvolvimento subsequente do pensamento ético. A principal tendência da ética inglesa, até onde como ela flui independentemente da Teologia Revelacional,[90] começa com Hobbes e as respostas que ele provocou; e a tentação de estabelecer uma filiação intelectual entre Hobbes e Bacon é aquela à qual o historiador sensato precisa resistir.

A lei da Natureza

Na verdade, o ponto de partida da especulação ética de Hobbes deve principalmente, entendo eu, ser buscado em um lugar distante das meditações de Bacon, isto é, na visão atual da Lei da Natureza, à qual – em seu aspecto político especialmente – as novas condições do século turbulento que precede Hobbes tinham dado uma atenção demasiadamente incomum. Porque a necessidade de princípios práticos independentes, que eu notei como em grande parte devido à Reforma, foi fortemente sentida na área das relações políticas, visto que a ordem desses foi profundamente transtornada, de um

---

determina a maioria das controvérsias em que a filosofia moral está mais familiarizada". Aqui os pontos de vista posteriores tanto de Cumberland quanto de Shaftesbury são até certo ponto antecipados. Mas Bacon nega expressamente a construção de um sistema moral completo independente da religião revelada. "É preciso se confessar", diz ele, "que uma grande parte da moral da lei pertence àquela perfeição à qual a luz da natureza não pode aspirar", pois embora essa "luz da natureza" seja "impressa no espírito do homem por um instinto interno, de acordo com a lei da consciência" é somente suficiente conferir o vício, não informar o dever.

[90] Eu não quero dizer que essa "independência da Teologia Revelacional" seja completa no caso de todos os pensadores cujas doutrinas são aqui resumidas: na verdade, eu declaro expressamente o contrário no caso de Clarke (veja p. 174). Mas a parte da doutrina de Clarke que eu expus é – na própria visão do autor – executada por um método puramente racional, independentemente de quaisquer premissas derivadas da revelação; e semelhantemente, ao lidar com outros moralistas que também são teólogos ortodoxos, eu limitei minha atenção completamente a tais doutrinas como estão planejadas por seus autores para repousar sobre uma base puramente racional.

modo duplo, pelas guerras religiosas do século XVI: em primeiro lugar, pela gravidade e urgência das dúvidas sobre os direitos dos soberanos e deveres dos súditos que as divisões confessionais inevitavelmente levantaram; e em segundo lugar, pelo colapso da realidade apesar da influência reguladora imperfeita que previamente fora exercida sobre a Europa Ocidental pela unidade da Cristandade. Na resultante condição caótica da lei pública, vários escritores – tanto católicos quanto protestantes – tentaram preencher a lacuna dos princípios reguladores desenvolvendo aquela concepção de Lei da Natureza que os escolásticos tinham formado, em parte pela tradição de Cícero por meio de Agostinho, e em parte pelo estudo recentemente reavivado da jurisprudência romana. Essa concepção, como foi apresentada no sistema de Tomás de Aquino, era um pouco a noção mais ampla que pertence à ética e não a noção mais estreita com que a Jurisprudência ou a Política estão principalmente preocupadas; a Lei da Natureza foi definida para significar não apenas as regras de comportamento mútuo que os homens podem justamente ser coagidos a obedecer, mas, mais amplamente, as regras que eles deveriam observar, até onde estas são cognoscíveis pela luz da natureza independentemente da revelação.

Grotius (1583-1645)

A mesma ausência de distinção entre as províncias da Ética e da Jurisprudência é em geral encontrada na visão da Lei Natural dada por escritores sobre o assunto anteriores a Grotius; e, embora a distinção exigida seja claramente tomada na obra sensacional *de Jure Belli et Pacis* (1625), na qual Grotius expôs os princípios da Lei Natural como aplicáveis às relações internacionais, não obstante, no relato geral que ele faz da Lei Natural a noção ética mais ampla é mantida. Assim quando ele define "Jus Naturale" como o "ditado da Reta Razão, indicando que um ato, de seu acordo ou desacordo com a natureza racional e social do homem, é moralmente infame ou moralmente necessário", a definição é claramente aplicável, se não a todo o código do dever moral, de qualquer modo àquela sua parte maior que diz respeito à conduta social;[91] e não somente para as regras que determinam as reivindicações imperativas que indivíduos ou comunidades podem fazer uns aos outros – embora seja com estas que Grotius esteja especialmente preocupado. Em qualquer caso, a Lei Natural, de acordo com Grotius e outros escritores da época, é uma parte da lei divina que necessariamente provém da natureza essencial do homem, que é distinguido dentre os animais por seu "apetite" peculiar por associação tranquila com seus semelhantes e sua tendência para agir sobre princípios gerais. Por isso é tão inalterável, mesmo pelo próprio Deus, quanto as verdades da matemática (embora seu efeito possa ser invalidado, em qualquer caso particular, por uma ordem expressa de Deus); consequentemente é um *a priori* cognoscível, a partir da consideração abstrata da natureza humana, embora sua existência também possa ser um *a posteriori* conhecido a partir de sua aceitação universal em sociedades humanas. Pelos juristas romanos, de quem a concepção foi tomada, esta lei da natureza não foi normalmente concebida como tendo uma existência substancial independente de códigos positivos; preferia-se algo que subjazesse à lei existente e que fosse procurado por meio dela, embora pudesse talvez se esperar no final das contas substituí-lo e entrementes representasse um padrão ideal pelo qual melhorias na legislação deveriam ser conduzidas. Contudo, a linguagem dos juristas, em algumas passagens, implicava claramente que um período da história humana, no qual os homens foram governados unicamente pela lei da natureza, tinha existido antes da instituição da sociedade civil:[92] Sêneca tinha conhecimento (*Ep.* xc) de que o estoico Posidônio havia identificado este período com a

---

[91] É notável que as palavras "ac sociali" não sejam encontradas no texto original da definição de Jus Naturale, dada no Livro I. cap. i. § 10 do tratado de Grotius. Elas foram acrescentadas pelo seu editor, Barbeyrac, que assegurou que uma comparação do § 12 do mesmo capítulo mostrava-lhes terem sido omitidas acidentalmente. Eu prefiro duvidar disto, ao pensar que Grotius pretendia que a frase no § 10 fosse aplicável ao dever moral em geral, conforme o que ele diz no § 9º; mas como o acréscimo das palavras "ac sociali" certamente torna a definição mais em harmonia com o seu tratamento geral do assunto, eu as deixei onde estão.

[92] A declaração mais definida deste tipo que eu conheço é o seguinte (Inst. *Just.* II. i. 2): "Palam est vetustius esse jus naturale, quod cum ipso genere humano rerum natura prodidit. Civilia enim jura tunc esse caeperunt, cum et civitates condi et magistratus creari et leges scribi caeperunt".

mítica era dourada; e assim as ideias derivaram de fontes pagãs facilmente amalgamadas nas mentes dos pensadores medievais com ideias colhidas da narrativa do Gênesis. Assim passou ali a ser uma concepção estabelecida e corrente de um "estado de natureza", de certo modo social, mas ainda não político, no qual os indivíduos ou famílias isoladas tinham vivido lado a lado – debaixo de nenhuma outra senão das "leis naturais" que proibiam o dano mútuo e a interferência mútua no uso alheio dos bens da terra que eram comuns a todos, concedendo autoridade aos pais sobre os seus filhos, impondo sobre as esposas um voto de fidelidade aos seus maridos e obrigando todos à observância de pactos mútuos livremente acordados. Grotius tomou esta concepção e deu-lhe força e solidez adicionais usando os princípios desta Lei Natural – até onde elas pareciam aplicáveis – para a determinação de direitos e deveres internacionais; porque era óbvio que as nações independentes, consideradas unidades incorporadas, ainda estavam no estado de natureza com relação umas às outras. Não se presumia que os princípios de direito natural fossem perfeitamente realizados na conduta de indivíduos primitivos e independentes mais do que pelas nações; na verdade, um ponto com o qual Grotius está especialmente preocupado é o direito natural de guerra privada, que surge da violação dos direitos mais fundamentais. Contudo, a definição de Lei Natural supracitada implicava uma tendência geral a observá-la; e nós podemos notar que foi especialmente necessário para Grotius assumir tal observância geral no caso de contratos; visto que era por um "pacto expresso ou tácito" que o direito de propriedade (enquanto distinto do mero direito à não interferência durante o uso) foi mantido por ele para ser instituído. Um "pacto fundamental" semelhante tinha sido em geral considerado há muito tempo como a origem normal da soberania legítima.

As ideias expressadas acima não eram, como eu disse, em essência, peculiar a Grotius. Ao mesmo tempo o sucesso rápido e notável de seu tratado daria proeminência a este ponto de vista do Direito Natural e sugeriria que as mentes fossem invadidas com questionamentos como – "Qual é a razão última do homem para obedecer a estas leis? Em que consiste exatamente seu acordo com sua natureza racional e social? Até onde, e em que sentido, sua natureza é realmente social?"

§ 2. Hobbes (1588-1679)

Foi a resposta que Hobbes deu a estas questões fundamentais que gerou o ponto de partida para a filosofia moral independente na Inglaterra. A psicologia de Hobbes é em primeiro lugar francamente materialista; ele afirma que as sensações, imaginações, pensamentos e emoções são tudo meras "aparências" de movimentos nas "partes internas" de seu corpo. Consequentemente, ele considera essencialmente o prazer como o movimento que "auxilia a ação vital" e a dor como o movimento que a "impede". Não há nenhuma conexão lógica entre esta teoria e a doutrina de que o apetite ou o desejo sempre tem prazer (ou a ausência de dor) para com seu objeto; mas um materialista, estruturando um sistema de psicologia, é provável que dê atenção especial aos impulsos ativos que surgem dos desejos corporais, cujo fim óbvio é a preservação do organismo do agente; e isto, junto com um desejo filosófico de simplificar, pode levá-lo à conclusão de que todos os impulsos humanos são semelhantemente autorrespeitosos. De qualquer modo, esta é a doutrina central de Hobbes em psicologia moral, de que os apetites ou desejos de cada homem naturalmente se dirigem à preservação de sua vida ou àquela elevação dela que ele sente como prazer;[93] incluindo as aversões que são semelhantemente provenientes da dor. Hobbes não distingue a busca instintiva pelo prazer da busca deliberada; e ele confiantemente reduz as emoções mais aparentemente desinteressadas em fases de autorrespeito. Ele acha que a piedade é aflição pela calamidade de outros, quando se imagina semelhante calamidade recaindo sobre si mesmo; o que nós admiramos com aparente desinteresse como belo (*pulchrum*), na ver-

---

[93] Ele aparentemente admite o movimento orgânico, que chama de "apetite", como indistinguível da ação vital elevada da qual a aparência é "deleite ou prazer"; uma confusão estranha, desde que, embora possa ser plausivelmente mantido aquele desejo, é um elemento inseparável do que nós chamamos prazer, é evidente que o desejo é frequentemente experimentado sem prazer: como o próprio Hobbes diz, "Apetite sem a opinião de atingir" é "desespero", e não deleite. Eu tenho, portanto, no texto ignorado essa identificação de desejo e prazer como uma inadvertência palpável; mas a persuasão de Hobbes de que o segundo envolve o primeiro deveria ser notada, como aparece novamente em seu relato da felicidade ou bem-aventurança; que ele declara não consistir "no repouso de uma mente satisfeita", mas em um "progresso ininterrupto do desejo de um objeto a outro; a obtenção do primeiro sendo ainda apenas o caminho para o segundo".

dade, é "prazer em promessa"; quando os homens não estão imediatamente buscando pelo prazer presente eles desejam o poder como um meio para obter o prazer futuro e assim terem um deleite derivado pelo exercício do poder que leva ao que nós chamamos ação benevolente. As inclinações sociais ostentadas pelos homens, quando nós as consideramos estritamente, se reduzem em desejo pelo benefício pessoal a ser obtido de ou por outros, ou desejo por reputação; "toda sociedade é para ganho ou glória". Não há dúvida de que os homens requerem ajuda mútua: as crianças precisam de outras para as ajudar a viver e daquelas mais velhas para as ajudar a viver bem"; mas até onde esta necessidade interessa, é o "domínio" e não a sociedade que um homem buscaria naturalmente se todo o temor fosse afastado: independentemente do temor mútuo, os homens não teriam nenhuma tendência natural para entrar em união política com os seus semelhantes e aceitar as restrições e obrigações positivas que tal união envolve. Se alguém duvida desta insociabilidade natural do homem, Hobbes o convida a considerar o que sua opinião a respeito de seus semelhantes implica suas próprias ações: "ao fazer uma viagem ele se arma; ao dormir ele fecha suas portas; até mesmo quando está em sua casa ele fecha os seus cofres; e isso ele o faz mesmo sabendo que existem leis e funcionários públicos, armados, para vingar todos os danos que possam ser causados".

Qual, então, é a conduta que deveria ser adotada, o curso razoável de conduta, para este ser egoísta, naturalmente insociável que vive lado a lado com seres semelhantes? Em primeiro lugar, como todas as ações voluntárias dos homens tendem a sua própria preservação ou prazer, não pode ser razoável objetivar a qualquer outra coisa;[94] na realidade, quem fixa o fim da ação humana é a natureza e não a razão, para a qual é a função da razão mostrar os meios. Consequentemente, se nós perguntamos por que

---

[94] Há, porém, uma discrepância notável – ainda que talvez inconsciente – entre a teoria de Hobbes quanto aos fins que os homens buscam naturalmente e o seu padrão para determinar os direitos naturais deles. Este último nunca é simplesmente Prazer, mas sempre Preservação – embora na ocasião ele amplie a noção de "preservação" para "preservação da vida enquanto não se está cansado dela". Seu ponto de vista parece ser o de um estado de natureza no qual a maioria dos homens lutaria, roubaria etc., "por deleite somente" ou "por glória", e consequentemente todos os homens devem ter a permissão a um direito indefinido para lutar, roubar etc., "para preservação".

é razoável para qualquer indivíduo observar as regras de comportamento social que são geralmente chamadas de moral, a resposta óbvia é que isto só é indiretamente razoável, como um meio para sua própria preservação ou prazer. No entanto, não é nisto, que é apenas a velha resposta cirenaica ou epicurista, que o ponto distintivo do Hobbismo repousa; mas antes na doutrina de que mesmo esta racionalidade indireta das regras morais mais fundamentais é completamente condicional em sua observância geral, que não pode ser assegurada sem a intervenção do governo. Por exemplo, não é razoável para mim executar minha parte de um contrato primeiro, se tenho "uma suspeita razoável" de que a outra parte não executará a sua posteriormente; e esta suspeita razoável não pode ser efetivamente excluída a não ser em um estado de sociedade na qual ele seja punido pelo não cumprimento. Assim, as regras ordinárias de comportamento social só são hipoteticamente obrigatórias até que sejam atualizadas pelo estabelecimento de "um poder comum" que pode "usar a força e meios de todos" para obrigar em tudo a observância de regras que cuidem do benefício comum. Por outro lado, Hobbes não se rende a ninguém ao manter a importância suprema das regulamentações morais. As regras que prescrevem a justiça ou o cumprimento dos pactos, a equidade no juízo entre homem e homem, retribuição de benefícios, sociabilidade, perdão pela injustiça até onde o permite a segurança, as regras que proíbem a ofensa, o orgulho, a arrogância e outros preceitos subordinados – que podem ser resumidos na simples fórmula "não faças ao outro o que não queres que te façam a ti"[95] – ele chama de "leis imutáveis e eternas da natureza"; querendo dizer que embora um homem não seja incondicionalmente limitado para percebê-las em ato, ele é limitado como um ser razoável o é de desejar e objetivar a realização delas. Porque elas sempre devem ser meios para a obtenção da paz e a "lei primeira e fundamental da natureza" – até onde as relações do

---

[95] É claro que Hobbes não distingue esta fórmula do famoso "regra de ouro" do Evangelho – cf. *Leviathan*, cap. xv p. 79 e cap. xvii p. 85 –, considerando que a fórmula supracitada é, naturalmente, a regra de ouro tomada apenas em sua aplicação negativa, enquanto prescrevendo abstinências, não serviços positivos. É, talvez, ainda mais notável que Puffendorf, citando Hobbes, não tenha observado a diferença entre as duas fórmulas. Cf. *De Jure Natura et Gentium*, II, cap. iii. § 13.

homem para com seus semelhantes são importantes[96] – é "buscar a paz e segui-la"; no entanto, se a paz não puder ser obtida, ele pode razoavelmente "buscar e usar todas as ajudas e vantagens da guerra". Igualmente é oposto ao fim da natureza de autopreservação (1) que um indivíduo se renda sem obediência recíproca a regras morais no interesse de outros, e assim "se tornar uma presa para outros" e (2) que ele se recuse a observar estas regras quando tiver segurança suficiente de que elas serão observadas por outros, e assim "não buscar a paz, mas a guerra". Por que o estado de natureza, no qual se supõe que os homens tenham existido antes que o governo fosse instituído, e ao qual eles recairiam se este fosse abolido, na verdade é um estado livre de restrições morais; mas é, por isso, totalmente miserável. É um estado no qual, devido ao medo mútuo bem arraigado, todo homem tem direito a tudo, "até mesmo ao corpo de outro", pois isto pode conduzir a sua preservação; ou, como Hobbes também o expressa, um estado no qual "certo e errado, justiça e injustiça, não têm nenhum lugar";[97] mas é por isso também um estado de guerra no qual a mão de todo homem está contra a de seu vizinho – um estado tão miserável e perigoso que é a primeira ordem do amor próprio racional emergir dele para a paz de uma comunidade ordenada. Essa comunidade pode surgir por meio de "instituição", pelo pacto mútuo dos sujeitos entre si de obedecer como soberano um indivíduo definido ou assembleia que aja como um, ou por "aquisição por força, seguida por uma rendição dos derrotados ao vencedor; mas em qualquer caso a autoridade do soberano deve ser incontestada e ilimitada. O soberano está limitado pela Lei da Natureza a buscar o bem das pesso-

---

[96] Hobbes toma o termo "Lei da Natureza" em seu senso ético mais amplo, e expressamente reconhece que as "coisas que tendem à destruição dos homens particulares, como a embriaguez e todas as faces da intemperança", estão "entre aquelas coisas que a Lei da Natureza proibiu"; contudo, ele só está interessado em expor as leis reguladoras de conduta social e que tendem à "conservação dos homens em multidões".

[97] Hobbes não reconhece nenhuma contradição formal entre as duas declarações; porque ele define Direito (substantivo) = Liberdade = como ausência de impedimentos externos; mas ele na prática quer dizer por "direito" o que a maioria das pessoas ordinariamente querem dizer por isto, isto é, uma liberdade legítima, uma liberdade reivindicada e aprovada pela razão do indivíduo. Em todo caso a declaração de que "as noções de certo e errado não têm nenhum lugar" no estado de natureza é muito amplo para o seu real significado; porque ele admitiria que a intemperança é proibida pela Lei da Natureza neste estado. Veja nota precedente.

as, que não podem ser separadas de seu próprio bem; mas é responsável somente a Deus pelo cumprimento deste dever. Suas ordens são a medida final de certo e errado para a conduta externa de seus súditos e devem ser absolutamente obedecidas por todos, até onde ela lhe fornece proteção, e não ameace prejudicá-lo séria e pessoalmente; visto que contestar suas ordens seria o primeiro passo para a anarquia, o perigo supremo que excede a todos os defeitos particulares em legislação e administração.

É fácil entender como, na crise de 1640 – quando o sistema ético-político de Hobbes tomou sua primeira forma escrita –, um filósofo amante da paz, cansado do estrondo de seitas em guerra, deveria considerar as reivindicações da consciência individual como essencialmente anárquicas e o perigo mais ameaçador para o bem-estar social; mas por mais forte que possa ser o anseio dos homens por ordem, uma visão do dever social, no qual as únicas posições fixas eram em todos os lugares o egoísmo e em alguns o poder ilimitado, poderia não parecer ofensivamente paradoxal. Não obstante, ofensiva ou não, havia uma originalidade, uma força, uma coerência aparente no Hobbismo que o tornava inegavelmente impressionante; na realidade, nós vemos que por duas gerações os esforços para construir uma moralidade sobre uma base filosófica tomam mais ou menos a forma de respostas a Hobbes. Do ponto de vista ético o Hobbismo se divide naturalmente em duas partes, que estão combinadas pelas doutrinas políticas peculiares de Hobbes em um todo coerente, mas não estão, de outro modo, necessariamente conectadas. Sua base teórica é o princípio do egoísmo – a saber, que é natural, e muito razoável, para cada indivíduo objetivar somente a própria preservação ou prazer; enquanto, para a determinação prática dos particulares quanto ao dever, ela torna a moralidade social completamente dependente da lei positiva e da instituição. Afirmou dessa maneira a relatividade do bem e do mal em um duplo sentido – bem e mal, para qualquer cidadão individual, pode de um ponto de vista ser definido como objetos respectivamente do seu desejo e aversão; de outro ponto de vista, pode se dizer que eles são determinados para ele por seu soberano. É a última parte ou aspecto do sistema que é atacado principalmente pela primeira geração de escritores que responderam a Hobbes. Esse ataque, ou antes, a contraexposição da doutrina ortodoxa, é conduzido com diferentes métodos pelos moralistas de

Cambridge e por Cumberland respectivamente. Os primeiros, considerando a moralidade principalmente como um corpo de conhecimento do certo e do errado, do bem e do mal e não de um mero código de regras, insistem em seu caráter absoluto, independente de qualquer vontade legislativa e sua certeza intuitiva. O segundo está contente com a visão legal de moralidade, mas se empenha para estabelecer a validez das leis da natureza baseando-as no único princípio supremo de consideração racional para o "bem comum de todos", e mostrando-as, como bastante baseadas, serem adequadamente apoiadas pelas sanções Divinas.

§ 3. Os Moralistas de Cambridge.
Cudworth (1617-1688)

Cudworth foi o mais destacado do pequeno grupo de pensadores em Cambridge no século XVII, em geral conhecidos como os "platônicos de Cambridge", que, ao abraçarem os princípios platônicos vistos por um meio neoplatônico, mas também influenciados pelo pensamento recente de Descartes, se empenharam em misturar a teologia racional com a filosofia religiosa. Em seu tratado sobre a *Moralidade Eterna e Imutável* (que não foi publicado senão mais de quarenta anos depois de sua morte, em 1688), seu objetivo principal é apoiar as "distinções essenciais e eternas entre bem e mal" como independente da mera Vontade arbitrária, humana ou divina. Ele sustenta essa tese não só contra a perspectiva de Hobbes entre bem e mal como determinada pelo soberano; mas igualmente contra a doutrina de Duns Scotus e Occam e certos teólogos posteriores que consideravam toda moralidade como dependente da mera vontade e designação positiva de Deus. De acordo com Cudworth, as distinções entre bem e mal têm uma realidade objetiva, não menos cognoscível por meio da razão que as relações de espaço ou número: o conhecimento delas vem, sem dúvida, à mente humana a partir do Divino; mas é da Razão Divina, em cuja luz o homem imperfeitamente participa, e não apenas da Vontade Divina como tal. A verdade ética, como a matemática, se relaciona correta e principalmente não com os sensíveis particulares, mas com as essências inteligíveis e universais das coisas, que são tão imutáveis quanto a mente Eterna, cuja existência é inseparável das suas: as proposições éticas, portanto, são tão imutavelmente válidas para a direção da conduta de seres racionais como o são as verdades da geometria. Cudworth não considera o sentido no qual Hobbes, apesar do seu relativismo, ainda mantém as leis de natureza como sendo eternas e imutáveis; nem sua refutação do Hobbismo – que ele trata como uma "filosofia novântica", uma mera revivificação do relativismo e atomismo[98] de Protágoras – me parece em geral penetrante ou eficaz. Seu ponto principal e polêmico é o *argumentum ad hominem* pelo qual ele tenta mostrar que o materialismo atômico de Hobbes envolve a concepção de um mundo físico objetivo, o objeto não do senso passivo que varia de homem para homem, mas do intelecto ativo que é o mesmo em todos; há, portanto, ele frisa, uma inconsistência ao se recusar admitir um exercício semelhante do intelecto em moral, e um mundo objetivo de certo e errado, que a mente por sua atividade normal claramente apreende.

Cudworth, na obra supracitada, não fornece nenhuma exposição sistemática dos princípios éticos que ele assegura serem, desse modo, intuitivamente apreendidos.

More (1614-1687)

Mas nós podemos suprir esta deficiência pelo *Enchiridion Ethicum* de Henry More, outro pensador da mesma escola. More oferece uma lista de vinte e três *Noemata Moralia*, a verdade dos quais, ele diz, será imediatamente manifesta. Alguns destes admitem uma aplicação puramente egoísta e parecem ser entendidos assim pelo autor – como, por exemplo, aqueles bens que diferem em qualidade como também em duração; que o bem superior sempre deve ser preferido e o mal menosprezado; que a ausência de uma determinada quantia de bem é preferível à presença de mal equivalente; que o bem ou mal futuros devem ser considerados tanto quanto os presentes, mesmo que igualmente certos e muito prováveis. O que quer que possa ser pensado destes axiomas, é evidente que a séria controvérsia entre o Hobbismo e o Platonismo moderno não dizem respeito a princípios deste tipo, mas a outros que exigem do

---
[98] Cudworth desperdiça certo esforço provando que Protágoras – não Demócrito – é o autor do Atomismo como também do Relativismo.

indivíduo um sacrifício (real ou aparente) por seus semelhantes. Estes são o princípio evangélico de "fazer como você gostaria que lhe fosse feito", o princípio de justiça ou "dar a cada homem o que lhe é devido e deixá-lo desfrutar disto sem interferência", e especialmente o que More declara como a fórmula abstrata de benevolência, que "se for bom que um homem seja provido com os meios de viver bem e feliz é matematicamente certo que é duas vezes melhor que dois sejam providos e assim por diante". A mera declaração desta fórmula, porém, não satisfaz plenamente o problema levantado por Hobbes: admitindo que é para o benefício comum que mais e não menos membros da comunidade devam ser beneficiados – o que é, na verdade, quase uma proposição idêntica –, permanece ainda a questão de que motivo um indivíduo tem para se conformar com este ou com qualquer outro princípio social, quando este princípio está em conflito com seus desejos naturais e interesse privado. A esta pergunta Cudworth não fornece nenhuma resposta explícita e a resposta de More não é muito clara. Por um lado, ele afirma que estes princípios expressam um bem absoluto, que deve ser chamado intelectual porque sua essência e verdade são definidas e apreendidas pelo intelecto. Nós poderíamos deduzir disto que o intelecto, ao julgar assim, é ele mesmo o próprio e completo determinante da vontade, e que o homem, como ser racional, deveria almejar à realização do bem absoluto por sua própria causa: e esta conclusão também seria sugerida pela definição de virtude de More como uma "força intelectual da alma pela qual ela tem domínio completo sobre os impulsos animais e paixões corporais, que em cada ação ela pode facilmente buscar o que é absoluta e simplesmente melhor". Mas este na verdade não parece ser o ponto de vista de More. Ele explica que embora o bem absoluto seja discernido pelo intelecto, sua "doçura e sabor" são apreendidos, não pelo próprio intelecto, mas pelo que ele chama uma "faculdade boniforme"; e é nesta doçura e sabor que repousa o motivo para a conduta virtuosa; ética é a "arte de viver bem e de maneira feliz", e a verdadeira felicidade está no "prazer que a alma obtém do senso de virtude". Em resumo, o platonismo de More parece na verdade ser tão hedonista quanto o Hobbismo em sua concepção da fonte última da ação moral; o sentimento ao qual ele apela como motivo último é de um tipo que apenas uma mente de refinamento moral excepcional pode habitualmente sentir com a intensidade decisiva exigida.

§ 4. Moralidade como um Código da Natureza

Deve-se observar que embora More coloque o princípio abstrato de considerar o bem de seu próximo tanto quanto o próprio com a plena amplitude com que o cristianismo o recomenda – e embora a forma mais elevada da "faculdade boniforme" seja o amor de Deus e ao próximo –, quando ele posteriormente começa a discutir e a classificar as virtudes ele é muito influenciado pelo pensamento platônico-aristotélico de oferecer um lugar distinto à benevolência, salvo sob a antiga forma de liberalidade. A este respeito seu sistema apresenta um contraste notável com o de Cumberland, cujo tratado *De Legibus Natura* (1672), embora escrito em latim como o de More, é, contudo, em sua questão ética inteiramente moderno.

Cumberland (1632-1718)

Cumberland é um pensador não somente original como também abrangente, que proporcionou material a mais de um moralista conhecido; mas sua prolixidade e discursividade acadêmicas, sua linguagem acadêmica e certa falta de clareza de visão apesar de uma exibição elaborada de demonstração exata e completa sentenciaram sua obra ao esquecimento. De qualquer modo ele é notável por ter sido o primeiro a dizer que o "bem comum de todos" é o fim e padrão supremos, em subordinação aos quais todas as outras regras e virtudes devem ser determinadas. Até onde ele pode ser, com justiça, chamado o precursor do utilitarismo posterior. Seu princípio fundamental e supremo, a "Lei da Natureza", no qual são implicitamente incluídas todas as outras leis da natureza, é declarado da seguinte maneira: "A maior benevolência[99] possível de todo agente racional para todo o restante constitui o estado mais feliz de cada um, até onde depende do seu próprio poder e é necessariamente requerido para a felicidade deles; consequentemente, o Bem Comum será a Lei Suprema". Contudo, é importante notar que em seu "bem" não está incluída meramente a felicidade, no sentido comum, mas a "perfeição"; e ele nem mesmo define perfeição de modo tão estrito para excluir

---

[99] Ele explica o que quer dizer por esta benevolência *efetiva*, não um princípio desfalecido e inanimado que não entra em vigor em atos externos.

dela a noção de perfeição moral ou virtude e assim poupar sua explicação da moralidade de um círculo lógico óbvio. Uma noção determinada de maneira tão incompleta não poderia ser usada para deduzir regras morais particulares com alguma precisão; mas na realidade Cumberland não tenta isto; seu princípio supremo não está destinado a retificar, mas somente apoiar e sistematizar, a moralidade comum. Este princípio, como foi dito, foi concebido como uma lei, estritamente falando, e por isso se referiu a um legislador, Deus, e está provido de uma sanção sobre os efeitos de sua observância ou violação sobre a felicidade do agente. Para que a vontade divina seja expressa por este princípio, Cumberland, "não sendo tão afortunado para possuir ideias inatas", tenta provar por um longo exame indutivo das evidências da sociabilidade essencial do homem apresentada em sua constituição física e mental. Além disso, seu relato da sanção é suficientemente abrangente, incluindo tanto as recompensas internas quanto externas da virtude e punições do vício; e ele, como os utilitaristas posteriores, explica a obrigação moral como estando principalmente na força exercida sobre a vontade por estas sanções. No entanto, ele considera que enquanto este motivo egoísta é indispensável e é a fonte normal de ação nos primeiros estágios da obediência moral do homem, não obstante, os seres racionais tendem a sair deste para os motivos mais nobres do amor a Deus, respeito por sua honra e afeição desinteressada pelo bem comum. Ao mesmo tempo é difícil reunir em uma visão clara e consistente suas diferentes declarações quanto à conexão entre o bem do indivíduo e o bem universal, e quanto à maneira na qual a apreensão racional de um ou de ambos os bens opera ao determinar a volição.

Locke (1632-1704)

A clareza que nós buscamos em vão em Cumberland encontra-se na mais plena extensão em um escritor mais famoso, cujo *Ensaio sobre o Entendimento Humano* (1690) já era planejado quando surgiu o tratado de Cumberland. E, no entanto, as opiniões éticas de Locke têm sido muito mal entendidas; visto que uma confusão entre "ideias inatas" e "intuições", que tem sido comum em discussões éticas recentes, tem presumido que o fundador do empirismo inglês deve necessariamente ter sido hostil à ética "intuicional". Mas este é um equívoco completo, até onde a determinação das regras morais é importante; embora indubitavelmente seja verdade que Locke rejeita o ponto de vista de que a mera apreensão pela razão da obrigatoriedade de certas regras seja, ou deveria ser, um motivo suficiente para sua execução, independentemente das consequências previstas para o indivíduo de observá-las ou negligenciá-las. Na realidade, ele concorda com Hobbes ao interpretar "bem" e "mal" como "nada mais que prazer e dor ou aquilo que ocasiona ou busca prazer e dor"; e ele define "bem e mal moral" como "somente a conformidade ou discordância de nossas ações voluntárias para com alguma lei, pelo que o bem e o mal são lançados em nós pela vontade e poder do legislador". Mas, não obstante, ele concorda plenamente com os oponentes de Hobbes ao sustentar que as regras éticas sejam obrigatórias independentemente da sociedade política e capaz de ser cientificamente construída sobre princípios intuitivamente conhecidos: embora ele não considere estes princípios como implantados na mente humana no nascimento. Ele concebe o agregado destas regras como a lei de Deus distinguindo-a cuidadosamente, não somente da lei civil, mas da lei de opinião ou reputação, o padrão moral variante pelo qual os homens distribuem louvor e censura – e sendo divina ele a presume como sancionada por recompensas e castigos adequados: na verdade ele não fala da averiguação científica desse código como tendo sido completamente efetuada, mas afirma sua possibilidade numa linguagem notavelmente forte e decisiva. "A ideia", diz, "de um Ser Supremo, infinito em poder, bondade e sabedoria, cuja obra somos nós e de quem nós dependemos, e a ideia de nós mesmos, entendidos como seres racionais, é tão clara em nós, que eu suponho, se propriamente considerada e procurada, proporcionaria estas fundações de nosso dever e regras de ação que poderia colocar a moralidade entre as ciências demonstráveis; em que, eu não duvido, senão de proposições autoevidentes, por consequências necessárias tão incontestáveis quanto as da matemática, poderiam ser compreendidas as medidas do certo e do errado." Como Locke não pode significar consistentemente por "bondade" de Deus qualquer coisa senão a disposição de dar prazer, poderia ser deduzido que o padrão último das regras corretas de ação deveria ser a felicidade comum dos seres afetados pela ação; mas Locke não adota explicitamente este padrão. Na passagem que eu citei há pouco, as proposições que ele dá como exemplos ou verdades morais intuitivas – "nenhum governo permite a liberdade absoluta", e "onde não há propriedade não há injustiça" – não possuem conexão evidente com a felicidade geral; além disso, em seu tratado sobre o "Governo Civil", onde ele expõe aquela parte do código de natureza que lhe parece importante ao determinar a fonte e os limites do poder governamental, sua *razão* das regras estabelecidas não é utilitária, a não ser de um modo oculto ou secundário. Sua concepção de Lei da Natureza é, em essência, aquela que lhe veio imediatamente de Grotius e seu discípulo Puffendorf e mais remotamente dos estoicos e dos juristas romanos; embora uma ou duas modificações importantes sejam devidas a sua própria reflexão. Que todos os homens são originalmente livres e iguais; que um não deve prejudicar o outro, mas antes ajudar a preservá-lo, até onde sua própria preservação não é por isso impedida; este pacto deveria ser mantido; que os pais têm um poder para controlar e orientar seus filhos, que corresponde ao seu dever amadurecê-los e educá-los, mas somente até eles alcançarem a idade da razão; que os bens da terra são, em primeiro lugar, comum a todos, mas se tornam propriedade privada de alguém que os "misturou com seu trabalho",[100] se há "bens suficientes e igualmente deixados em comum para outros" – estes princípios parecem a Locke inteligíveis e claros a qualquer ser racional que queira contemplar as relações dos homens, como originalmente criados, de uns para com os outros e para com Deus, sem qualquer referência explícita à felicidade geral como o fim supremo. Deus, afirma ele, criou os homens semelhantes em natureza e faculdades, *portanto*, eles devem ser considerados mutuamente independentes; Ele os criou para continuar em seu prazer, *portanto*, todos são obrigados a preservar sua própria vida e a dos outros; e assim sucessivamente. Não que Locke seja avesso a argumentos que mostram a tendência das regras morais de promover a felicidade geral: ele não tem nenhuma dúvida de que elas têm esta tendência, mas usa estes argumentos até certo ponto; no entanto, esta linha de raciocínio não é fundamental em seu sistema. Consequentemente, se sua visão for chamada em algum sentido utilitária em relação a seu método de determinar a ação

---

[100] Esta, talvez, seja a inovação mais importante de Locke; na visão de Grotius, como vimos, o direito à propriedade privada era assegurado mediante um pacto expresso ou tácito.

correta, e não somente em relação ao motivo que aceita como normal, dever-se-ia acrescentar que o utilitarismo é na maior parte oculto e inconsciente.[101]

§ 5. Clarke (1675-1729)

Quinze anos depois da publicação dos tratados de Locke sobre o Governo Civil (1705), Clarke fez uma tentativa impressionante de "colocar a moralidade entre as ciências demonstráveis, a partir de proposições autoevidentes tão incontestáveis quanto as da matemática"; mas isso foi feito sobre as linhas do raciocínio de Cudworth e não sobre as de Locke; como ela sustentava contra Hobbes e Locke,[102] de que a cognição de proposições práticas autoevidentes é em si mesma, independentemente do prazer e da dor, um motivo suficiente para um ser racional agir de acordo com eles. O objetivo das conferências nas quais o sistema de Clarke foi exposto era provar a "racionalidade e certeza" da revelação cristã: e, com essa perspectiva, exibir, por um lado, as "obrigações eternas e imutáveis da moralidade", encarregando os homens da mesma natureza e razão das próprias coisas, e, por outro lado, da impossibilidade de "defender" estas obrigações "de qualquer propósito eficaz", ou as compelindo com alguma força suficiente, sem a crença na imortalidade e recompensas e castigos futuros. Esta duplicidade de objetivo – que, como veremos, complica seriamente a tarefa de Clarke – sempre deve ser mantida à vista ao se examinar o seu sistema. Ele está ansioso para mostrar não só que as regras morais são obrigatórias independentemente das sanções que a legislação divina vinculou a elas, como também que tais regras são as leis de Deus, com sanções

---

[101] Eu considero que a relação de Locke com o utilitarismo é caracterizada de maneira exata por algumas frases de Puffendorf nas quais este fala de seu próprio método. "Ao designar", diz ele, "a causa e a razão [para uma lei da natureza] nós nos acostumamos a recorrer, não ao benefício que procede disso, mas à natureza geral na qual está baseado". Por exemplo, se nós déssemos uma razão por que um homem deveria "não ferir a outro, nós normalmente não dizemos que se privar de violência mútua é proveitoso (embora realmente seja assim no mais alto grau), mas dizemos que a pessoa é outro homem, isto é, um animal relacionado por natureza a nós ao qual seria criminoso prejudicar". É possível, eu penso, se inferir da maneira pela qual Locke menciona Puffendorf em seus ensaios sobre educação, que ele concordava substancialmente com seu ponto de vista da Lei da Natureza.

[102] Deveria ser observado que a polêmica de Clarke é dirigida formalmente contra Hobbes somente; ele nem mesmo, até onde estou cônscio, define sua relação com Locke.

adequadas vinculadas a sua observância e violação; as duas proposições estão, de acordo com seu ponto de vista, necessariamente relacionadas, visto que somente a partir da obrigatoriedade absoluta da justiça sobre todas as vontades racionais somos nós capazes de inferir com certeza filosófica que Deus, sendo necessariamente justo, castigará o mau e recompensará ao bom. Ao examinar a primeira e mais estritamente ética parte de seu argumento, convém distinguir duas questões: (1) Quais são os princípios autoevidentes e imutáveis da moralidade? e (2) Qual é a relação deles com a vontade do indivíduo? Seu relato geral da maneira pela qual os princípios morais são apreendidos é que, das "diferentes relações necessárias e eternas que as coisas diferentes oferecem umas às outras", resultam "aptidão e incapacidade da aplicação de coisas diferentes ou relações diferentes de umas com as outras" – uma "aptidão ou propriedade de certas circunstâncias para certas pessoas e impropriedade de outras, de acordo com a natureza de coisas e a qualificação das pessoas"; e que esta aptidão e incapacidade são tão intuitivamente evidentes à razão que contempla estas relações, como a igualdade e a desigualdade das quantidades matemáticas. Essa concepção geral ele ilustra apresentando a autoevidência das quatro regras principais de integridade; isto é, as regras de (1) Devoção para com Deus, (2) Equidade e (3) Benevolência para com nossos semelhantes, e (4) a regra de dever para com o próprio eu do homem, que ele chama Sobriedade. A última destas regras, como definida por Clarke, não é manifestamente primária e independente em sua obrigação, visto que recomenda a preservação da vida e o controle das paixões e apetites, *com vistas à execução do dever*, que é por isso assumido como sendo já determinado; e na exposição da Regra de Devoção ele quase não procura a precisão que sua analogia matemática sugere.[103] Está antes nas regras de Equidade e Benevolência Universal – que, na visão de Clarke, resumem o dever social – que a força e importância desta analogia aparecem. O princípio de Equidade – de que "tudo que eu julgo razoável ou irrazoável que outro faça por mim, isto pelo mesmo julgamento

---

[103] A "aptidão" ou "congruidade" que ele aqui tenta apresentar é a congruidade entre (*a*) admiração, temor, medo, esperança e outros sentimentos humanos, e (*b*) os atributos divinos de Eternidade, Infinidade, Onisciência, Poder e Justiça, Clemência etc. Mas a correspondência qualitativa indefinida entre emoções humanas e atributos divinos são tão distintos quanto possível da exata relação quantitativa que nós apreendemos entre os termos de uma comparação matemática.

eu declaro razoável ou irrazoável que eu em caso semelhante deva fazer por ele" – indubitavelmente tem certa semelhança com um axioma matemático: e o mesmo pode se dizer do princípio de que um bem maior deve ser preferido a um menor, quer seja meu bem ou o de outro[104] – o que nós já notamos, de uma forma ligeiramente diferente, entre os *Noemata Moralia* de More.

Se a autoevidência destas proposições, em algum sentido, for admitida, resta considerar quanto à cognição intuitiva delas se é ou deve ser decisiva ao determinar a volição do indivíduo. Sobre este ponto um exame cuidadoso da linguagem de Clarke mostra que a posição que ele está na verdade preparado a afirmar de nenhuma maneira é tão clara ou tão inflexível quanto o teor geral de sua linguagem sugere. À primeira vista ele parece afirmar, sem qualificação, que uma criatura racional, como tal, tem que agir em conformidade com sua cognição da verdade moral: por essa cognição nós somos capacitados a afirmar com certeza que Deus, a Razão suprema que governa o universo, ordenará os destinos das suas criaturas em conformidade com a justiça e a benevolência e torna os homens felizes, a menos que eles mereçam ser miseráveis; e em bases semelhantes nós podemos igualmente afirmar que "nós não somos os homens mais desnaturadamente corrompidos pelas opiniões perversas e inexplicavelmente falsas e costumes e hábitos maus e monstruosos... seria impossível que a equidade universal não fosse praticada por toda a humanidade" – tão impossível quanto os homens não acreditarem que dois e dois são quatro. Na verdade, Clarke frequentemente força uma analogia entre a ética e a matemática a ponto de usar frases que não somente deixam de lado a distinção essencial entre o que é e o que deveria ser, mas até mesmo omite de modo extravagante esta distinção; como, por exemplo, ao dizer que o homem que "age voluntariamente contrário à justiça quer que as coisas sejam o que elas não são e não podem ser". O que

---

[104] Eu observei em outro lugar (*Methods of Ethics*, Livro III, xiii. § 4º) que este princípio, como declarado por Clarke, não é livre do fardo da tautologia; mas eu considero este fardo como afetando somente a forma, não a substância, de sua proposição. É, penso eu, uma objeção mais séria à perfeição da exposição de Clarke, de que as regras de Equidade e Benevolência, como declarada por ele, quase não exemplifica seu relato geral de verdade moral autoevidente; por que as relações contempladas nestas regras são relações de *similaridade*: considerando que, conforme seu relato geral da verdade moral, nós esperamos que ele nos mostre – o que para propósitos práticos nós precisamos saber – como as *diferenças* de tratamento dos seres de humanos correspondem às diferenças em suas circunstâncias e relações.

ele, na verdade, quer dizer, é expresso de maneira menos paradoxal na proposição geral de que "originalmente e na realidade é tão natural e (moralmente falando) necessário que a vontade deva ser determinada em toda ação pela razão da coisa e o direito do caso, quanto é natural e (absolutamente falando) necessário que o entendimento deva se submeter a uma verdade demonstrável". Destas e de passagens semelhantes nós deveríamos deduzir que se um homem diverge das regras da Equidade e da Benevolência Universal, sob as seduções do prazer e da dor, não é, na visão de Clarke, que ele tenha razões sólidas para assim ter divergido, mas ele está em parte sob a influência de impulsos irracionais. Mas quando depois ele chega a afirmar a necessidade de recompensas e castigos futuros nós descobrimos que sua reivindicação em nome da moralidade é incrivelmente reduzida. Ele agora só afirma que a "virtude merece ser escolhida por sua própria causa e o vício deve ser evitado, embora um homem estivesse certo por seu dever particular a não ganhar nem perder qualquer coisa pela prática de ambos". Ele admite plenamente que a questão é alterada quando o vício é acompanhado pelo prazer e lucro para o homem vicioso e a virtude acompanhada pela perda e calamidade; e até mesmo que não é "verdadeiramente razoável que os homens ao aderirem à virtude deveriam desistir de suas vidas, se assim eles se privassem de toda a possibilidade de receber alguma vantagem por sua adesão". Quer dizer, ele admite implicitamente uma racionalidade do ponto de vista do indivíduo quanto à preferência do Egoísmo à Virtude, se as condições empiricamente conhecidas da vida humana forem tão somente levadas em conta; embora de um ponto de vista abstrato ou universal seja razoável preferir a Virtude ao Interesse. A contradição entre os dois tipos de racionalidade era, sem dúvida, conveniente para mostrar a necessidade da teologia de defender as verdades da ética; mas como o sistema teológico de Clarke também exige verdade ética para ser de maneira incontestável estabelecido independentemente da teologia – para que os atributos morais da Deidade possam ser filosoficamente conhecidos – esta contradição era uma séria fonte de fraqueza: ela apresentava um conflito entre as intuições da razão prática, para a qual nenhum paralelo poderia ser encontrado nas intuições matemáticas com as quais Clarke as comparou.

Assim, em geral, a impressionante seriedade com que Clarke impôs a doutrina da moralidade racional só tornou mais manifesta a dificuldade de estabelecer a ética em uma base filosófica independente; pelo menos enquanto o egoísmo psicológico de Hobbes não foi definitivamente criticado e subvertido. Até que isso fosse feito, a demonstração extrema da racionalidade abstrata do dever social só nos deixa com um antagonismo irreconciliável entre a visão da razão abstrata e amor próprio que é permitido como normal na natureza apetitiva do homem. Admitamos que há tanto absurdo intelectual em agir injustamente quanto negar que dois e dois são quatro; não obstante, se um homem tiver que escolher entre o absurdo e a infelicidade, ele naturalmente preferirá o primeiro; e Clarke, como vimos, não está realmente preparado para afirmar que esta preferência é irracional.

§ 6. Shaftesbury (1671-1713)

Restou tentar outra base psicológica para a construção ética; em vez de apresentar o princípio de dever social como razão abstrata, sujeito a conflito em certa extensão com o amor próprio natural, poderia ser possível, ao exibir a naturalidade das afeições sociais do homem, demonstrar uma harmonia normal entre estas e a sua autoconsideração refletiva. Essa é a linha de pensamento que se pode dizer que Shaftesbury iniciou. Claro que ele não é original em insistir no fato de que os afetos naturais unem os homens a seus semelhantes; Cumberland, para não dizer nada a respeito dos escritores mais antigos, discorreu longamente sobre isso; e Clarke o utilizou para completar sua exposição da racionalidade abstrata da benevolência universal. Mas nenhum moralista antes de Shaftesbury tinha feito deste o ponto principal de seu sistema; ninguém ainda tinha transferido definitivamente o centro de interesse ético da Razão, concebido como apreendendo quer as distinções morais abstratas quer as leis da legislação divina, para os impulsos emocionais que levam ao dever social; ninguém tinha empreendido distinguir claramente, por análise cuidadosa da experiência, os elementos desinteressados e autorrespeitosos de nossa natureza apetitiva, ou provar indutivamente sua perfeita harmonia. Em sua Investigação a respeito da Virtude e do Mérito (1711)[105] ele começa atacando a interpretação egoísta de bem que Hobbes

---

[105] O tratado foi impresso primeiro em 1699: mas sua influência deve ser datada de sua reimpressão no segundo volume das *Caracteristics*, que apareceram em 1711.

havia proposto; e que, como vimos, necessariamente não foi excluído pela doutrina das intuições racionais de dever. Esta interpretação, ele diz, só seria verdade se nós considerássemos o homem como um indivíduo completamente desconexo. Sem dúvida, poderíamos chamar esse ser de "bom", se seus impulsos e disposições fossem harmonizados e adaptados para a obtenção de sua própria felicidade[106]. Mas devemos e consideramos um homem em relação a um sistema maior do qual ele faz parte, e assim nós só o chamamos "bom" quando seus impulsos e disposições são tão graduados quanto equilibrados para promover o bem deste todo maior. Além disso, nós não atribuímos a bondade a este ser meramente porque seus atos externos têm resultados benéficos; quando nós falamos de um homem como sendo bom, queremos dizer que suas disposições ou afetos são aquelas que tendem de si mesmas, sem constrangimento externo, a promover o bem ou a felicidade da sociedade humana. O homem moral de Hobbes, que, se permitirmos que se livre do controle governamental, espalharia imediatamente a ruína entre seus semelhantes, não é o que nós em geral concordamos em chamar de bom. Bondade, então, em uma "criatura sensata" sugere principalmente afetos desinteressados, cujo objeto direto é o bem dos outros; mas Shaftesbury não assegura que esses impulsos sociais benevolentes sejam sempre bons e que nenhum outro impulso é necessário para constituir uma boa criatura. Pelo contrário, ele é cuidadoso ao ressaltar como as afeições benevolentes particulares – por exemplo, o amor piedoso ou parental – podem tanto "acrescentar" como tirar parte da força e operação natural de outros tipos de afeições e mesmo ser tão extensas a ponto de frustrar a si mesmas e deixar de obter seus próprios fins; e como, também, uma deficiência nos

---

[106] Na maior parte de seu argumento Shaftesbury interpreta o "bem" do indivíduo hedonisticamente, como equivalente a prazer, satisfação, deleite e alegria. Mas é preciso observar que a concepção de "Bem" com que ele começa não é definitivamente hedonista; "interesse ou bem" é primeiro tomado como o "estado correto de uma criatura", que "é transmitido por natureza e por ela mesma afetuosamente buscado"; e em uma passagem, parece conceber de um "sistema planetário" como tendo um fim ou bem. Contudo, quando a aplicação do termo é estreitada a seres humanos, ele passa – quase inconscientemente – para uma interpretação puramente hedonista dele. Na verdade, ele define a Filosofia em si como "o estudo da felicidade" (*Moralists*, Parte III § 3). Eu posso acrescentar que ele nunca, até onde sei, reconhece qualquer possibilidade de conflito entre o bem ou felicidade da espécie humana e o bem do "sistema do universo".

impulsos que tendem à preservação do indivíduo pode ser prejudicial às espécies e, portanto, viciosa. Em resumo, a bondade depende da coexistência de impulsos de ambos os tipos, cada um em sua própria medida com relação ao restante, para manter uma justa proporção, equilíbrio e harmonia dos diferentes elementos – a tendência a promover o bem da humanidade sendo tomada como o critério dos graus e proporções corretos. Isso sendo estabelecido, o alvo principal do argumento de Shaftesbury é provar que nos seres humanos o mesmo equilíbrio e mistura das afeições privadas e sociais, que tendem naturalmente para o bem público, também tende à felicidade do indivíduo em quem ela existe. Ele distingue três classes de impulsos: (1) "afeições naturais", que define como sendo "aquelas que estão fundadas no amor, na complacência, na benevolência e na condolência com a espécie"; (2) "autoafeições", que incluem o amor à vida, ressentimento ao dano, apetite corporal, interesse ou "desejo pelas conveniências pelas quais nós somos bem providos e mantidos", emulação ou amor ao louvor, indolência ou amor ao ócio e descanso; e (3) "afeições antinaturais", sob as quais a mente vem não só a todos os impulsos malévolos com exceção do ressentimento, mas também a impulsos devidos à superstição, costume bárbaro ou apetite depravado e até mesmo certas "paixões próprias", quando exorbitantes e monstruosos em grau.[107] Tomando a primeira classe, ele enfatiza sua importância como fontes de felicidade para o indivíduo que as experimenta; prazeres da mente que são superiores aos do corpo e o exercício das afeições benevolentes que rendem a mais rica colheita de satisfação mental, em (1) aprazibilidade da própria emoção benevolente, (2) o prazer simpatizante para com a felicidade alheia, e (3) o prazer que surge de uma consciência do amor e estima deles. Ele salienta que as afeições sociais ocupam um grande lugar na vida humana – sendo na verdade um elemento indispensável do que é pensado vagamente como prazeres sensuais da pessoa voluptuosa; e conclui que "ter estas afeições naturais e boas em plena força é ter os meios principais e poder de autossatisfação; carecer deles é sentir certa miséria e aflição".

---

[107] A terminologia da classificação não é completamente defensável, como, de acordo com a própria visão de Shaftesbury, as "afeições próprias" eram tão "naturais" quanto as afeições sociais: estas, porém, pode se dizer estarem em um sentido especial "natural" como dirigidas para o fim maior da natureza, o bem das espécies.

Assim, embora sob uma perspectiva superficial estes impulsos desinteressados, que almejam o bem alheio, pareçam afastar o homem de seu próprio bem, na realidade descobre-se que eles o conduzem a esse bem. Por outro lado, as "afeições-próprias" ou "paixões-próprias", que, como concebidas por Shaftesbury, constituem o "amor próprio", parecem almejar diretamente o bem do indivíduo; mas somente se mantido dentro dos rígidos limites que eles realmente promovem. Para mostrar isso ele enfatiza a angústia da raiva, a perda palpável de prazer em geral por indulgência excessiva dos apetites sensuais, a inquietude e ansiedade que assistem à cobiça e ao amor imoderado ao louvor, o dano de vários tipos causados por indolência excessiva. Até mesmo o amor à vida pode existir em excesso e inclinar-se à infelicidade da criatura que o favorece. Em geral, portanto, ele conclui que o ponto da indulgência no qual estas paixões-próprias ou afeições-próprias começam a ser prejudiciais ao indivíduo coincide com aquele no qual elas começam a ser prejudiciais à sociedade; enquanto até este ponto elas se inclinam tanto ao público quanto ao bem privado. No entanto, ele não tenta provar a coincidência exata dos dois pontos por qualquer raciocínio final ou convincente.

Que as "afeições antinaturais" deveriam ser excluídas completamente de uma mente sensata é sugerido na própria concepção deles; visto que elas são definidas como afeições que não tendem nem bem ao público nem ao privado. Contudo, poderia ser frisado que até mesmo os desejos puramente malévolos (os quais ele tem principalmente em vista aqui) portam um tipo de prazer consigo, de forma que onde eles são fortes, sua satisfação poderia parecer constituir um elemento da felicidade do indivíduo muito importante para ser descartado. Mas esta visão Shaftesbury considera inteiramente errônea. "Amar e ser amável", diz ele, "... é alegria original, que não depende de nenhuma dor ou intranquilidade precedentes, e que não produz nada mais que a mera satisfação. Por outro lado, a animosidade, o ódio e a amargura são miséria e tormento originais, que não produzem nenhum outro prazer ou satisfação semelhante quando o desejo antinatural é satisfeito, por um momento, por algo que o satisfaz. Por mais forte que esse prazer possa parecer, ele só sugere ainda mais a miséria do estado que o produz". Se nós somarmos a isto o tormento da consciência da vontade maligna de outros, parece a ele muito claro, que "ter estas afeições horrendas, monstruosas e antinaturais é ser miserável no mais alto grau"; e assim nós somos conduzidos novamente à conclusão geral de que o mesmo equilíbrio, ordem e economia de afeições que tendem ao bem público, também tendem ao bem do indivíduo.

Até aqui eu não fiz nenhuma referência à doutrina de um "senso moral", que às vezes é retratado como a principal doutrina de Shaftesbury; mas na realidade essa doutrina, embora característica e importante, não é exatamente necessária ao seu argumento principal; ela é a coroa e não a pedra angular de sua estrutura ética. Até mesmo um homem que não teve nenhum senso moral, na visão de Shaftesbury, sempre acharia de seu interesse manter esse equilíbrio de afeições sociais e autorrespeito que são mais conducentes ao bem da espécie humana: e tal ser, se existisse, poder-se-ia corretamente dizer que tem "bondade", embora não virtude. Mas este homem, Shaftesbury assegura, na verdade não será encontrado. Em uma "criatura racional", não somente "os seres externos que se oferecem aos sentidos são objetos de afeições; mas as próprias ações em si e as afeições da piedade, da bondade, da gratidão e seus contrários, que são trazidos diante da mente por meio da reflexão, tornam-se objetos". De forma que, por meio desse sentido reflexo, surge aí outro tipo de afeição para as próprias afeições;[108] um amor à bondade por sua própria causa e por causa de sua própria beleza e valor naturais e aversão para seus opostos. É impossível, pensa ele, conceber uma criatura racional completamente destituída desta sensibilidade moral ou "reflexiva"; o que consequentemente fornece um impulso adicional à boa conduta – pela qual qualquer deficiência no equilíbrio das afeições sociais e autorrespeito pode ser suprida e corrigida – e uma satisfação adicional deve ser levada em conta no cálculo que prova a coincidência do bem privado e público. Porque a operação do sentido moral, quando incorrupto, sempre é concebida por Shaftesbury como estando sempre em harmonia com o julgamento racional sobre o que é ou não é conducente ao bem da espécie humana, embora necessariamente não envolva a formação explícita de tal julgamento; e ele assegura que "nenhuma opinião especulativa é imediata e

---

[108] Shaftesbury às vezes fala de "afeições e ações", outras de "afeições" apenas, como objetos próprios das preferências e aversões morais; seu ponto de vista é, entendo, que não é o ato externo em si mesmo que desperta a sensibilidade moral, mas o ato como uma manifestação de sentimento.

diretamente capaz de excluir ou destruir o senso moral". No entanto, pode ser perdido em grande parte pelo "costume ou licenciosidade de prática": e pode, a tempo, ser profundamente pervertido por uma falsa religião que nos propõe honrar e estimar uma deidade com atributos imorais.

O aparecimento das *Characteristics* de Shaftesbury marca um momento decisivo na história do pensamento ético inglês. Com a geração de moralistas que se seguiu, a consideração de princípios racionais abstratos passa para segundo plano, e seu lugar é tomado pelo estudo empírico da mente humana, observação do desempenho real de seus vários impulsos e sentimentos. Esta psicologia empírica na verdade não tinha sido negligenciada pelos escritores anteriores. More, entre outros, tinha imitado Descartes em uma discussão sobre as paixões, e o ensaio de Locke tinha dado um impulso ainda mais forte na mesma direção; contudo, Shaftesbury é o primeiro moralista que destacadamente toma a experiência psicológica como base da ética. Suas sugestões foram desenvolvidas por Hutcheson em um dos sistemas mais elaborados da filosofia moral que possuímos; e por meio de Hutcheson, se não diretamente, eles influenciaram as especulações de Hume e estão assim relacionados com o utilitarismo posterior. Além disso, a essência do argumento principal de Shaftesbury foi adotada por Butler, embora não passasse pelo escrutínio daquele intelecto poderoso e cauteloso sem receber modificações e acréscimos importantes. Por outro lado, o otimismo ético de Shaftesbury, sendo antes mais impressionante do que exatamente discutido e estando relacionado com uma teologia natural que sugeria que o esquema Cristão fosse um ataque supérfluo – e indicou-o como pior –, desafiado igualmente por teólogos ortodoxos e por livre-pensadores cínicos.

Mandeville

Destes últimos, Mandeville, o autor de *A Fábula das Abelhas, ou os Benefícios dos Vícios Públicos e Privados* (1724), era um espécime proeminente se não típico. Ele quase não pode ser chamado de "moralista"; e embora seja impossível negar-lhe uma parte considerável de penetração filosófica, seus paradoxos antimorais não possuem nem mesmo coerência aparente. Ele está convencido de que a virtude (onde é mais que um mero pretexto) é puramente artificial; mas ele não está completamente certo se é um obstáculo inútil dos apetites e paixões que são vantajosos à sociedade, ou um dispositivo respeitável para os políticos que a introduziram brincando com o "orgulho e vaidade" da "tola criatura humana". Entretanto, a visão à qual ele forneceu audaciosa expressão, de que o regulamento moral é algo estranho ao homem natural e imposto a ele, parece ter sido muito normal na sociedade de sua época; como é possível deduzir tanto do *Alciphron* de Berkeley quanto dos mais famosos sermões de Butler.

§ 7. Butler (1692-1752)

A visão da "natureza humana" contra a qual Butler se pronunciava não era exatamente a de Mandeville, nem deveria propriamente ser chamada hobbista, embora Butler a trate justamente como tendo uma base filosófica na psicologia de Hobbes. Era, por assim dizer, um Hobbismo às avessas – tornado licencioso e anárquico em vez de construtivo. Hobbes tinha dito que "o estado natural do homem é não moral, não regulado; regras morais são meios em busca da paz, que é um meio para a auto-preservação". Nesta perspectiva a moralidade, até onde Hobbes trata disso, embora convencional e dependente por sua realidade no pacto social que estabelece o governo, é de fato obrigatória ao homem como um ser racional. Mas a suposição semiteísta de que o que é natural deve ser razoável provavelmente permaneceu nas mentes da maioria das pessoas que foram convencidas de que o egoísmo desenfreado é natural; e a combinação das duas crenças tendeu a produzir resultados que, embora não talvez na prática subversivo à paz, eram de qualquer modo perigosos ao bem-estar social. Para satisfazer este ponto de vista Butler não se contenta, como às vezes se supõe que ele negligentemente faça, em simplesmente insistir sobre a reivindicação natural à autoridade da consciência que seus oponentes repudiaram como artificial; ele também usa um argumento *ad hominem* mais sutil e eficaz. Ele primeiramente segue Shaftesbury ao apresentar as afeições sociais como não menos naturais do que os apetites e desejos que tendem mais diretamente à autopreservação; em seguida indo mais adiante e reavivando a visão estoica da *prima naturae*, os primeiros objetos dos apetites naturais, ele afirma que o prazer não é o objetivo principal dos impulsos que Shaftesbury permitiu serem "afeições próprias"; mas antes um resultado consequente à obtenção de seus fins naturais. Na realidade, nós temos que distinguir o amor próprio, o "desejo geral que todo homem possui por sua própria felicidade" ou prazer, do das afeições particulares, paixões e apetites direcionados para outros objetos além do prazer, na satisfação dos quais consiste o prazer. Estes são "necessariamente pressupostos" como pulsos distintos na "própria concepção de uma busca interessada"; visto que, se não houvesse nenhum destes desejos preexistentes, não haveria nenhum prazer para o amor próprio objetivar. Assim, por exemplo, o objeto da fome é o comer o alimento, não o prazer de comê-lo; a fome é, portanto, no sentido exato, não mais "interessada" do que a benevolência; porque, admitindo-se que os prazeres carnais são um elemento na felicidade à qual o amor próprio objetiva, o mesmo pelo menos pode se dizer dos prazeres do amor e da compaixão. Que os apetites corporais (ou outros desejos particulares) não sejam formas de amor próprio, é também mostrado pelo fato de que cada um deles pode em certas circunstâncias entrar em conflito com ele. Na verdade, é bastante comum para os homens sacrificarem à paixão o que eles sabem ser seus verdadeiros interesses; ao mesmo tempo nós não consideramos tal conduta "natural" no homem como um ser racional; nós consideramos isso como natural a ele governar os seus impulsos passageiros. Assim a noção de egoísmo não regulado e natural se mostra ser uma quimera psicológica; porque (1) os impulsos primários do homem não podem ser extensamente chamados egoístas em qualquer sentido, visto que nenhum deles objetiva imediatamente ao prazer do indivíduo, enquanto as tendências óbvias de alguns são não só claramente para o bem-estar social como aqueles de outros são para a autopreservação; e (2) um homem não pode ser constantemente egoísta sem ser continuamente autorregulador. Na verdade, nós podemos dizer que um egoísta deve ser duplamente autorregulador, visto que o amor próprio racional deveria conter não só outros impulsos, mas também a si mesmo; porque como a felicidade é composta de sentimentos que são o resultado da satisfação de impulsos diferentes do amor próprio, qualquer superdesenvolvimento deste último, que enfraquece estes outros impulsos, deve proporcionalmente diminuir a felicidade à qual o amor próprio objetiva.

A natureza humana, consequentemente, em seu lado prático, na perspectiva de Butler – mais distinta e explicitamente do que na de Shaftesbury –, é concebida como sendo não meramente um sistema de impulsos, no qual certo equilíbrio e harmonia precisam ser mantidos para que possam estar em uma boa condição, mas um sistema no qual algumas fontes de ação são naturalmente dominantes e reguladoras, enquanto outras são naturalmente submissas à regulamentação. Quanto a esta, Butler concorda com Shaftesbury que todos os impulsos que podem propriamente ser chamados de naturais – todos os que pertencem ao plano e constituição original da natureza humana – têm uma certa esfera legítima de operação. Isto é verdade mesmo a respeito de impulsos que causam danos; entre os quais ele distingue o (1) ressentimento meramente instintivo, que ele considera uma ajuda útil à autodefesa contra o dano repentino, porém causado, do (2) ressentimento deliberado, do qual o próprio objeto é mal e a injustiça como distinta do mero prejuízo. Quando corretamente limitado este ressentimento deliberado é um impulso socialmente útil, e é até mesmo indispensável para a administração efetiva da justiça; porque embora "fosse muito desejado" que os homens perseguissem os ofensores da "razão e fria reflexão", a experiência mostra que não o fazem. "O ressentimento estando fora do caso, não há, propriamente falando, algo como a má vontade direta de um homem para com outro"; por exemplo, a inveja é meramente o desejo de superioridade que toma um mal caminho para o seu fim. Em resumo, todos os nossos apetites naturais, paixões e afeições – ainda que distintos, em seus fins imediatos, tanto do amor próprio quanto da Benevolência – têm dentro dos devidos limites uma tendência a promover tanto o bem público quanto o privado; embora um conjunto deles, incluindo os apetites corporais, se inclinem principalmente ao bem do indivíduo; enquanto outros, como o "desejo por estima, amor da sociedade como distinto da afeição para com o bem dela, indignação contra o vício bem sucedido", tendam principalmente ao bem público.

Bastam as fontes naturais de ação que precisam de regulamento. É mais difícil averiguar o ponto de vista de Butler dos princípios naturalmente reguladores. A linguagem de seu primeiro sermão sugeriria antes que há três princípios – Amor próprio, Benevolência e Consciência; os dois primeiros sendo subordinadamente reguladores dos dois grupos de impulsos que têm uma tendência primária respectivamente ao bem privado e público; enquanto a consciência é supremamente reguladora de todas. Mas olhando mais de perto para a linguagem de Butler percebe-se que o que ele contempla sob a noção de benevolência não é definitivamente um desejo pelo bem geral como tal, mas antes uma afeição amável para com indivíduos particulares – "se houver na humanidade alguma disposição para a amizade; se houver alguma coisa como a compaixão, como as afeições paternais ou filiais; se houver alguma afeição na natureza humana, o objeto e fim da qual é o bem alheio, esta é a benevolência". Possivelmente ele duvidasse da existência da benevolência pública, ou da felicidade da humanidade em geral, como distintas, por um lado, das afeições amáveis particulares[109], e, por outro lado, da consciência; com mais certeza, ao escrever os sermões, ele definitivamente não tinha abandonado a visão de Shaftesbury de que o bem ou felicidade da sociedade em geral é o fim último da conduta aprovada pela consciência – "que a humanidade é uma comunidade", diz ele, "que todos nós estamos em relação uns com os outros, que há um fim público e um interesse da sociedade de que cada particular é obrigado a promover, este é o teor da moralidade".[110] De qualquer modo ele distintamente não reconhece – como Hutcheson – uma consideração tranquila pela felicidade geral como um princípio dominante normal, paralelo à consideração tranquila pela felicidade privada que ele denomina amor próprio.

Permanecem, então, a Consciência e o "Amor próprio Racional" como as duas autoridades no sistema da alma. Com respeito a estes pontos de vista reais de Butler não é (como se supõe amplamente) que o amor próprio seja naturalmente subordinado à consciência – pelo menos se nós consideramos a relação teórica e não a prática entre os dois. Ele os trata como princípios independentes e até aqui coordenados na autoridade de que não é "de acordo com a natureza" que ambos sejam rejeitados. O "amor próprio racional e a consciência são os princípios essenciais ou superiores

---

[109] Hume, como veremos, negava explicitamente a existência de "benevolência pública" como uma emoção humana *comum*. Ver p. 200.

[110] Sermão IX. (Ver nota ao Sermão XII.)

na natureza do homem; porque uma ação pode ser satisfatória a esta natureza, embora todos os outros princípios sejam violados; mas torna-se inadequada se qualquer um desses forem violados".[111] Ele chega a ponto de dizer "que se admita" que "se houvesse, visto que é impossível que houvesse qualquer inconsistência entre eles" a consciência teria que recuar; porque "nossas ideias de felicidade e miséria são de todas nossas as ideias as mais próximas e mais importantes para nós... embora a virtude ou a retidão moral na verdade consista em afeição ao e na busca do que é certo e bom; contudo, quando nós nos sentamos para refletir, sequer podemos justificar a nós mesmos esta ou qualquer outra busca, até que estejamos convencidos de que será para nossa felicidade, ou pelo menos não contrária a ela".[112] Semelhantemente foi assumido no argumento de Shaftesbury que o apelo último deve ser ao interesse do indivíduo, embora isso não seja formalmente declarado por ele: não obstante, toda sua ênfase sobre os impulsos desinteressados pela Virtude dada quando ele levanta as questões "Que *obrigação* há para com a Virtude, ou que *razão* há para abraçá-la?" nunca lhe ocorre respondê-las de qualquer outro ponto de vista que não seja de um ponto de vista egoísta; sua "obrigação" é a obrigação para com o egoísmo; suas "razões" são completamente orientadas ao amor próprio. Contudo, Butler considera que sua própria visão corrige a de Shaftesbury tomando a devida nota da autoridade da consciência; e que esta correção é fundamentalmente importante ao lidar com o caso de um "cético não convencido da tendência feliz da virtude" neste mundo. Ele considera que, se a autoridade natural da consciência é reconhecida, até mesmo um cético não pode duvidar razoavelmente de que o dever será preferido ao interesse mundano – independentemente das sanções da religião revelada; como os ditames da consciência são claros e certos, enquanto os cálculos do egoísmo levam a conclusões meramente prováveis; e onde duas autoridades entram em conflito "a obrigação mais certa tem que substituir e destruir completamente a menos certa".

---

[111] Ao final do sermão III.
[112] Sermão XI.

A construção ética de Butler, então, está baseada no que nós podemos chamar um otimismo cuidadoso: é razoável, assegura ele, assumir que as duas autoridades internas debaixo das quais nós nos achamos colocados por natureza são harmoniosas, não conflitantes, até que uma prova contrária seja dada, e é impossível que tal prova seja dada, devido à incerteza inevitável do cálculo egoísta. Pode se acrescentar que outra razão psicológica para antecipar a coincidência última da Virtude com a Felicidade do agente virtuoso é achada por ele no "discernimento do bom e do mal mérito", o que por uma "associação natural inquestionável" acompanha nosso discernimento de bem e mal moral.

A declaração expressa de Butler da dualidade dos princípios reguladores na natureza humana constitui um passo importante na especulação ética; visto que ela esclarece a diferença mais fundamental entre o pensamento ético da Inglaterra moderna e a do antigo mundo greco-romano – uma diferença ainda mais impressionante porque a fórmula geral de Butler de "viver de acordo com natureza" é tomada do estoicismo, e sua visão da natureza humana como um sistema ordenado de impulsos é decididamente platônica. Mas no Platonismo e no Estoicismo e na filosofia moral grega em geral, apenas uma faculdade reguladora e dominante é reconhecida sob o nome de Razão – por mais que a regulamentação da Razão possa ser entendida; na visão ética moderna, quando se tornou clara, descobriu-se que eram duas –, a Razão Universal e a Razão Egoísta, ou Consciência e Amor próprio. Este dualismo, como foi notado, aparece confusamente no relato de Clarke da "conduta razoável", e implicitamente no relato de Shaftesbury da obrigação para com a Virtude; mas seu claro reconhecimento por Butler talvez seja mais aproximadamente antecipado na *Religion of Nature Delineated* de Wollaston (1722).

Wollaston (1659-1724)

Aqui, pela primeira vez, nós encontramos o "bem moral" e o "bem natural" ou "felicidade" tratados separadamente como dois objetos essencialmente distintos da busca e investigação racionais; a harmonia entre eles é considerada como assunto de fé religiosa, não de conhecimento moral. A teoria de Wollaston do mal moral, como consistindo na contradição prática de uma proposição verdadeira, assemelha-se de perto à parte mais paradoxal da doutrina de Clarke e provavelmente não seria aprovada pelo forte senso comum de Butler; mas sua declaração de felicidade ou prazer como um fim "justamente desejável" ao qual todo ser racional "deveria" objetivar corresponde exatamente à concepção de Butler de amor próprio como um impulso naturalmente dominante; enquanto a "aritmética moral" com que ele compara prazeres e dores e se empenha em tornar a noção de felicidade quantitativamente precisa é uma antecipação do benthamismo.

Se nós pedimos uma justificação da autoridade dual da Consciência e do Amor próprio racional – além do mero fato de suas reivindicações naturais à autoridade – nós nos voltamos para um aspecto do pensamento de Butler que é mais imperfeitamente desenvolvido ou descoberto. Quanto à racionalidade do amor próprio, na verdade, ele reconhece com dificuldade a necessidade de uma explicação: ele meramente observa que ela "pertence ao homem como criatura racional, que reflete sobre seu próprio interesse ou felicidade", para fazer dessa felicidade um fim último; e que, portanto, "o interesse, a própria felicidade da pessoa, é uma obrigação manifesta". A racionalidade da consciência é uma questão diferente: aqui ele tem diante de si o trabalho de moralistas como Clarke, que se empenhou primorosamente para apresentar os princípios morais como intuições racionais ou axiomas, análogos às intuições ou axiomas matemáticos: e esta linha de raciocínio Butler admite como válida, embora não a siga. Ele concorda com Clarke de que "há uma aptidão e uma incapacidade moral nas ações, anterior a toda vontade, que determina a Conduta Divina"; que "os deveres de morais surgem da natureza do caso", e "os preceitos morais dos quais vemos a razão"; de forma que "o vício é contrário à natureza e razão das coisas" em um sentido bem diferente daquele no qual é "uma violação e ruptura em nossa própria natureza". Contudo, ele nunca faz qualquer tentativa para exibir esta racionalidade abstrata nas regras morais às quais ele se refere: seu método é averiguar pela reflexão psicológica quais ditames a consciência apresenta, não para reduzir estes ditames a intuições autoevidentes ou axiomas morais. Este método o leva, no final das contas, a reconhecer uma divergência marcada entre as direções da faculdade moral e as conclusões às quais uma consideração simples do que é mais conducente com a felicidade geral poderia levar. Eu digo "no final das contas", porque é interessante notar como, no desenvolvimento da visão ética de Butler, gradualmente emerge esta oposição entre moralidade "intuicional" e "utilitária" que teve lugar proeminente nas discussões recentes sobre ética. Esta oposição está bem latente nos primeiros escritores; Clarke encontra-se em perfeito acordo com Cumberland; e Shaftesbury concebe o sentido moral, em um estado normal, como aprovando de maneira imediata as ações vistas como sendo conducentes ao bem ou felicidade da espécie. E em uma passagem já citada do sermão IX de Butler ("Upon Forgiveness of Injuries") a divergência prática entre Consciência e Benevolência ainda é ignorada; todavia, é sugerido, embora de um modo experimental, em uma nota para o Sermão XII ("Upon the Love of our Neighbour"); mas é muito explícita e enfaticamente declarado na Dissertação sobre a Virtude anexa à *Analogy*, publicada em 1736 – dez anos depois dos sermões. Ali ele afirma que a "benevolência e a falta dela, considerada isoladamente, não são de nenhuma maneira o todo de virtude e vício"; porque "nós somos constituídos para condenar a falsidade, a violência não provocada e a injustiça e aprovar a benevolência para alguns de preferência a outros, abstraída de toda a consideração; essa conduta tem maior probabilidade de produzir uma preponderância de felicidade ou miséria". Ele até mesmo caracteriza a opinião oposta como um "engano, do qual nenhum outro pode ser concebido como mais terrível. Porque é certo que alguns dos exemplos mais chocantes de injustiça, adultério, assassinato, perjúrio e até mesmo de perseguição possam, em muitos casos presumíveis, não ter a aparência de ser apropriado para produzir um saldo de miséria no estado presente; talvez às vezes possa ter a aparência contrária".

§ 8. A Doutrina desenvolvida e sistematizada de Shaftesbury

Butler não tem certeza de que qualquer autor tenha planejado afirmar essa coincidência completa entre Virtude e Benevolência sobre as quais ele discute nas passagens supracitadas; mas ele considera que "alguns de grande e distinto mérito se expressaram de uma maneira que pode ocasionar um pouco de perigo a leitores desatentos" de cair no engano terrível do qual ele alerta.

Hutcheson (1694-1747).

Provavelmente nós podemos assumir que Shaftesbury seja um dos autores aqui referidos; quase certamente podemos assumir que outro é Hutcheson, que em seu *Inquiry Concerning the Original of our Ideas of Virtue* definitivamente identificou a virtude com a benevolência. A identificação está ligeiramente qualificada na obra publicada postumamente de Hutcheson, *System of Moral Philosophy* (1755); na qual a visão geral de Shaftesbury é completamente desenvolvida, com várias distinções psicológicas novas, incluindo a separação entre benevolência tranquila – como também, segundo Butler, "amor próprio tranquilo" – das paixões "turbulentas", egoístas ou sociais. Hutcheson também segue Butler ao salientar a "função reguladora e controladora" do sentido moral; mas ainda considera "afeições amáveis"[113] como os objetos principais de aprovação moral – as afeições "tranquilas" e "extensas" que são preferidas às turbulentas e estreitas. A disposição mais excelente, ele assegura, que "naturalmente obtém a mais alta aprovação" *ou* é a "benevolência tranquila, estável, universal a todos" pela qual o homem é determinado a "desejar a mais elevada felicidade do maior sistema possível de seres sensíveis", *ou* o desejo e amor de excelência moral, que no homem é inseparável da benevolência universal que ela aprova em primeiro lugar. Estes dois princípios não podem entrar em conflito, e, portanto, não há nenhuma necessidade prática de determinar qual é o mais elevado: Hutcheson está disposto a tratá-los como coordenados. Somente em um sentido secundário se deve aprovação a certas "habilidades e disposições imediatamente conectadas com afeições virtuosas", como candura, veracidade, fortaleza, sentido de honra; enquanto em um grau inferior ainda estão colocadas as ciências e as artes juntamente com habilidades e dons corporais; na verdade, a aprovação que nós damos a estes não é estritamente moral, mas se refere ao "sentido de decência ou dignidade", que (assim como o sentido de honra) deve ser distinguido do sentido moral. O amor próprio tranquilo, Hutcheson considera em si mesmo não como um objeto de aprovação ou desaprovação

---

[113] Butler, por outro lado, define o objeto da faculdade moral como "ações" – inclusive intenções e tendências para agir – distintas de meros sentimentos passivos, até onde estão fora de nosso poder.

moral; as ações que fluem somente do amor próprio e ainda comprovam não ter falta de benevolência, não tendo efeitos danosos em outros, parecem perfeitamente indiferentes em um sentido moral: ao mesmo tempo ele entra em uma análise cuidadosa dos elementos da felicidade,[114] para mostrar que uma verdadeira consideração pelo interesse privado sempre coincide com o sentido moral e com a benevolência. Assim, ao manter a "harmonia" de Shaftesbury entre o bem público e o privado, Hutcheson é ainda mais cuidadoso ao estabelecer o estrito desinteresse das afeições benevolentes. Shaftesbury, de maneira conclusiva, tinha mostrado que estas não eram egoístas no sentido vulgar; mas a mesma ênfase que ele põe no prazer inseparável do exercício delas sugere uma teoria egoísta sutil que ele não exclui de maneira expressa, porque pode se dizer que essa "recompensa intrínseca" constitui o motivo real do homem benevolente. A isto Hutcheson responde que, sem dúvida, o deleite primoroso da emoção do amor é um motivo para sustentá-lo e desenvolvê-lo; mas esse prazer não pode ser obtido diretamente, não mais que outros prazeres, simplesmente o desejando; ele só pode ser buscado pelo processo indireto de cultivar e favorecer o desejo desinteressado pelo bem dos outros, que assim se mostra ser distinto do desejo pelo prazer da benevolência. Ele alude ao fato de que a iminência da morte frequentemente intensifica ao invés de diminuir o desejo de um homem pelo bem-estar daqueles aos quais ele ama, como uma experiência crucial que prova o desinteresse do amor; acrescentando, como evidência confirmatória, que a compaixão e admiração geralmente sentida pelo autossacrifício depende da crença, que é algo diferente da autoprocura refinada.

Resta considerar como, a partir da doutrina de que a afeição é o próprio objeto de aprovação, nós devemos deduzir as regras morais ou "leis naturais" que prescrevem ou proíbem atos externos. É óbvio que todas as ações que tendem à benevolência geral merecem nossa mais alta aprovação se feitas a partir da benevolência desinteressada; mas como, se elas não são feitas desse modo? Ao responder essa pergunta, Hutcheson se serve de uma distinção escolástica entre a bondade "material" e "formal". "Uma ação", diz ele, "é

---

[114] Vale notar que a definição expressa de Hutcheson do objeto do amor próprio inclui a "perfeição" assim como a "felicidade"; mas no funcionamento de seu sistema ele considera o bem privado exclusivamente como felicidade ou prazer.

materialmente boa quando na realidade tende ao interesse do sistema, até onde nós podemos julgar sua tendência, ou ao bem de alguma parte consistente com a do sistema, quaisquer que sejam as afeições do agente. Uma ação é *formalmente* boa quando flui da boa afeição em uma justa proporção". No centro desta distinção, Hutcheson converte-se do ponto de vista de Shaftesbury para o do utilitarismo tardio. Quanto à bondade "material" das ações, ele adota explícita e irrestritamente a fórmula depois tomada como fundamental por Bentham; assegurando que "esta ação é melhor ao que obtém a maior felicidade pelos maiores números e a pior ao que de uma maneira semelhante causa miséria". Consequentemente, seu tratamento dos direitos e deveres externos, embora decididamente inferior em clareza metódica e precisão, não difere fundamentalmente do de Paley ou Bentham; ele apenas põe maior ênfase na tendência imediata das ações à felicidade dos indivíduos e mais frequentemente se refere de um modo meramente adicional ou restritivo as suas tendências em relação à felicidade geral. É possível notar, também, que ele ainda aceita o "pacto social" como o modo natural de constituir o governo e considera as obrigações dos sujeitos à obediência civil como normalmente dependente de um contrato não formalmente expresso; embora ele seja cuidadoso ao declarar que o consentimento não é absolutamente necessário ao justo estabelecimento do governo beneficente, nem à fonte de uma obrigação irrevogável para obedecer a um governo pernicioso.

§ 9. Sentimentos morais e simpatia. Hume (1711-1776)

Outro passo importante ao utilitarismo político foi dado por Hume. Ele admite que "se nós seguirmos a linha do governo até sua origem primeira nos bosques e desertos", nós devemos reconhecer que "nada mais que o próprio consentimento dos homens poderia, no princípio, associá-los", e "sujeitar multidões ao comando de um só". Contudo, o atual dever de submissão ao governo não pode estar baseado nesse acordo antigo entre selvagens: e a história mostra que quase todos os governos históricos "originalmente, ou foram fundados pela usurpação, ou pela conquista, ou por ambas", e "que nos poucos casos em que o consentimento pode parecer ter acontecido foi em geral tão irregular, tão limitado ou tão misturado com a fraude ou com a violência que não pode ter grande autoridade". Sem dúvida, os antigos governos estabelecidos são em geral apoiados pelo consentimento voluntário dos governados; mas estes não imaginam que o seu consentimento concede um título ou que eles sejam livres para impedi-lo: "jamais se alegou como desculpa a um rebelde que o primeiro ato que ele executasse, depois que passasse anos de discrição, seria mobilizar-se para uma guerra contra o soberano do estado". A fidelidade ao pacto não pode, portanto, ser a base real do dever de submissão ao governo como é em geral reconhecido; e se ainda for frisado que ela é, não obstante, a base *correta*, Hume responde que "tanto a submissão quanto a fidelidade se colocam precisamente sobre o mesmo fundamento, a saber, os interesses e necessidades aparentes da sociedade humana", de forma que "nós não ganhamos nada solucionando um no outro": nosso senso de obrigação para com ambos é semelhantemente fundado em uma percepção de sua utilidade suprema à sociedade. É nessa derivação do sentido de obrigação moral que repousa a diferença fundamental entre a doutrina ética de Hutcheson e a de Hume.[115] A primeira, ao

---

[115] A visão ética de Hume foi exposta pela primeira vez em seu *Treatise on Human Nature* (1739); mas a declaração final dela se encontra em sua *Inquiry into the Principles of Morals* (1751). Como o primeiro *Tratado* foi expressamente repudiado por seu autor, eu, na maior parte, limitei-me ao trabalho posterior que, na opinião do próprio Hume, era, de todos os seus escritos, "incomparavelmente o melhor". Em relação, porém, ao dever de submissão ao governo pareceu desejável completá-lo pelo *Essay of the Original Contract*, publicado em 1752. Eu considero, também, que a visão de Hume sobre a origem da Justiça não pode ser entendida facilmente apenas a partir do tratado posterior. No *Treatise on Human Nature* ele concorda amplamente com Hobbes sobre a conexão original da Justiça com o autointeresse, e afirma, como Hobbes, que suas obrigações são condicionais sobre a existência de uma ordem social do interesse do indivíduo manter. Onde ele se separa de Hobbes é, primeiramente, sobre a questão da *origem* desta ordem estabelecida – ele trata o "estado de natureza" de Hobbes como uma ficção filosófica, afirmando que a observância da Justiça não deve se referir a um pacto expresso, mas a uma convenção gradualmente atingida semelhante em tipo àquela pela qual a Linguagem e a Aceitação devem ser concebidas para passarem a existir. Em segundo lugar, distinguindo a "obrigação moral" da justiça, ou o "sentimento de certo e errado" em atos justos e injustos, do motivo do egoísmo que originalmente deu início à observância das regras de justiça, ele refere o primeiro à Simpatia, que torna a injustiça desagradável a nós mesmos quando for muito improvável afetar nossos interesses; e ele considera esta simpatia como um suplemento necessário ao egoísmo em uma sociedade grande e numerosa. Na *Inquiry*, a derivação original da Justiça do Egoísmo é mantida em segundo plano; mas um leitor atencioso perceberá que Hume não a descartou. Ele indubitavelmente chega a dar mais importância à

aceitar a tendência à felicidade como o critério de "bondade material", tinha aderido à visão de Shaftesbury de que as disposições, não os resultados da ação, eram o objeto próprio da aprovação moral; ao mesmo tempo, ao dar à benevolência o primeiro lugar em seu relato do mérito pessoal, ele escapou do paradoxo de tratá-la como a única virtude, e acrescentou uma sucessão bastante indefinida e inexplicada de qualidades – veracidade, fortaleza, atividade, indústria, sagacidade –, imediatamente aprovadas em vários graus pelo "senso moral" ou o "senso de dignidade". Isto naturalmente sugeriu a uma mente como a de Hume, ansiosa por aplicar o método experimental à psicologia, o problema de reduzir a algum princípio comum as aprovações dadas a estes elementos diferentes do mérito pessoal. Hume negou enfaticamente – como Cudworth, Clarke e outros tinham sustentado – que apenas a Razão poderia fornecer tal princípio. Uma "razão ou julgamento muito precisos" é, sem dúvida, muitas vezes requisito para nos instruir adequadamente na tendência perniciosa ou útil das qualidades ou ações: mas a razão "sozinha não é suficiente para produzir uma culpa ou aprovação moral". A essência de um crime, ele argumenta, nunca consiste em qualquer relação descoberta pela razão: por exemplo, quando nós condenamos a ingratidão, não é a mera "contrariedade" entre o bem e o mal que está na base de nossa desaprovação; de qualquer maneira nós devemos igualmente desaprovar a retribuição do bem pelo mal. Quando, depois de averiguar pela razão as circunstâncias e consequências de qualquer ato, a mente passa a uma decisão moral sobre ele, ela não continua a descobrir qualquer novo fato ou relação: o que acontece é que, da contemplação das circunstâncias e relações já conhecidas, a mente tem uma sensação de estima ou desprezo, aprovação ou culpa: da mesma maneira que a beleza natural, embora dependa da proporção, relação e posição das partes, "não está em quaisquer das partes ou membros" do objeto bonito, mas "resulta do todo" quando apresentado a uma mente inteligente, dotada com a sensibilidade refinada requerida.

---

operação da simpatia: no entanto, ele ainda considera a esfera da justiça limitada por sua relação indireta com o egoísmo – por exemplo, ele diz expressamente que nós não devemos, propriamente falando, ficar debaixo de qualquer restrição da justiça com respeito a seres racionais que eram tão mais fracos do que nós mesmos e que nós não tínhamos nenhum motivo para temer o ressentimento deles.

Que tipo de sentimento, então, é a raiz real da aprovação moral? Filósofos se empenharam para encontrar esta raiz de maneira completa no amor próprio. Mas essa visão, Hume assevera, é fácil de contestar por "experiências cruciais" no jogo de nossos sentimentos morais: assim "nós frequentemente concedemos louvor a ações virtuosas executadas em épocas muito distantes e países longínquos", e "uma ação de bravura executada por um adversário merece nossa aprovação", embora "suas consequências possam ser reconhecidas como prejudiciais ao nosso interesse particular". Em resumo, um sentimento de solidariedade com a felicidade e miséria de outros deve ser admitido como um "princípio na natureza humana, além do qual nós não podemos esperar encontrar qualquer princípio mais geral"; e esta compaixão fornece uma explicação completa da aprovação dada às qualidades diferentes que compõem nossa noção comum de mérito pessoal. Hume se esforça para estabelecer isso indutivamente por uma pesquisa das qualidades, geralmente louvadas como virtudes, que ele acha sempre serem úteis ou imediatamente agradáveis ou para o próprio agente virtuoso ou para outros. Ele sustenta que as "reflexões sobre o interesse público e a utilidade" são "a fonte *exclusiva* da aprovação moral paga à fidelidade, justiça, veracidade e integridade", e outras virtudes importantes, assim como a fundação exclusiva do dever de submissão: tendo dificuldades para mostrar, no caso principal da Justiça, que a obrigação de suas regras depende completamente do equilíbrio real dos impulsos na natureza humana e "o estado particular e condição na qual são colocados os homens". Porque "contrário a qualquer circunstância considerável a condição dos homens: produz abundância extrema ou necessidade extrema; implanta no seio humano moderação e humanidade perfeitas ou avidez e malícia perfeitas, tornando a justiça totalmente inútil, desse modo destrói totalmente sua essência, e suspende sua obrigação para com a humanidade". Semelhantemente, "se nós examinamos as leis particulares pelas quais a justiça é dirigida e propriamente determinada", nós descobriremos que a utilidade pública é sua única base e justificação. "Por exemplo, quem não vê que tudo que é produzido ou melhorado pela arte ou indústria de um homem deve ser assegurado para sempre a ele, para dar encorajamento a tais hábitos e realizações *úteis*? Que a propriedade também deve passar às crianças e parentes, pelo mesmo propósito *útil*? Que pode ser alienado por consentimento, para criar este comércio e relacionamento que são tão *benéficos* à sociedade humana? e que todos os contratos e promessas devem ser cuidadosamente cumpridos, para assegurar a confiança e certeza mútuas, pelas quais o interesse geral da humanidade é tão promovido? Na verdade, se esta consideração for omitida do relato, "nada pode parecer mais caprichoso, antinatural e até mesmo supersticioso do que tudo ou a maior parte das leis de justiça ou de propriedade". De fato, as regras particulares realmente às vezes são arbitrárias; porque às vezes quando os interesses da sociedade requererem alguma regra, eles não determinam que regra particular deveria ser afirmada: "neste caso, as analogias mais leves são asseguradas, para evitar esta indiferença e ambiguidade que seriam a fonte de dissensão perpétua". Semelhantemente – e de nenhum outro modo –, podemos justificar as variações que encontramos nas leis civis "que estendem, contêm, modificam e alteram as regras da justiça natural, de acordo com a conveniência particular de cada comunidade". Hume admite que uma dúvida pode surgir a respeito de sua teoria do fato inegável de que nós culpamos a injustiça quando nós não estamos "conscientes de qualquer reflexão imediata sobre as consequências perniciosas disto": mas considera que isso pode ser explicado como um efeito da "educação e hábitos adquiridos". Ele também observa que, em alguns casos, "por associações de ideias" as regras gerais pelas quais nós elogiamos e culpamos se "estendem para além do princípio" de utilidade, de onde eles surgem primeiro.[116]

Mas embora a utilidade, na visão de Hume, seja a fundação exclusiva de várias virtudes importantes e a fonte de uma parte considerável do mérito designado a outros, ela não é a única base dos sentimentos morais.[117] Existem outras qualidades mentais, como a alegria, a cortesia e a modéstia, que "sem qualquer utilidade ou tendência para outro bem, encantam o observador e

---

[116] Entretanto, é notável que Hume dê muito menos ênfase a esta explicação por "associações de ideias" em seu último tratado e não no primeiro.

[117] Escritores que representam Hume como "fazendo da utilidade o padrão de certo e errado" parecem não ter observado que Hume jamais emprega o termo "utilidade" no sentido mais amplo de "tendência à felicidade", que em geral foi anexada a ela na discussão ética desde Paley e Bentham. Ele sempre o emprega no sentido mais estrito de "tendência ao bem *ulterior*"; distinguindo o "útil" do "imediatamente agradável", como ainda é distinguido no discurso ordinário.

incitam sua aprovação, por sua simpatia com o prazer imediato que eles oferecem ou a cada pessoa possuída por eles ou por outros. Mesmo tão eminentemente "útil" uma qualidade como a Benevolência é, em parte, aprovada por sua amabilidade imediata; como é mostrado pelo "modo amável de culpa" na qual nós dizemos que uma pessoa é "muito boa" quando ela "leva sua atenção para outros além dos próprios limites. Como a benevolência é, nesse caso, o oposto de útil, nós não podemos deixar de censurar: mas sua "ternura dedicada dessa maneira agarra o coração" que nós censuramos de maneira que "no fundo sugere mais estima que muitos panegíricos.[118] Além disso, a utilidade que é uma fonte de aprovação não precisa necessariamente ser de utilidade pública; na verdade a parte mais sutil e original do argumento de Hume para sua teoria geral é aquela que trata das qualidades elogiadas como imediatamente úteis ao seu possuidor. O homem mais cínico do mundo, diz ele, com qualquer "incredulidade obstinada" que possa repudiar a virtude como uma pretensão oca, na verdade não pode recusar sua aprovação à "discrição, precaução, iniciativa, indústria, frugalidade, economia, bom senso, prudência e discernimento; nem mesmo à temperança, sobriedade, paciência, perseverança, consideração, segredo, ordem, insinuação, atitude, presença de espírito, rapidez de concepção e facilidade de expressão". É evidente que o mérito dessas qualidades aos nossos olhos deve-se principalmente à nossa percepção de sua tendência a servir os interesses da pessoa possuída por eles, de forma que o cínico ao elogiá-los está na verdade demonstrando a compaixão altruísta que ele duvida existir.

Até aqui a faculdade moral foi considerada como contemplativa e não ativa; e este, na verdade, é o ponto de vista do qual Hume principalmente a admite. Ele não tenta, como Hutcheson, desenvolver um esquema de deveres externos; nem determinar o grau em valor moral das diferentes qualidades que o sentimento moral aprova. Podemos observar, também, que sobre a questão do desinteresse, estritamente falando, de conduta virtuosa

---

[118] É notável que a simpatia manifestada nesta "culpa amável" seja concebida por Hume como simpatia com o sentimento benevolente do agente e não com o prazer imediato concedido ao objeto da benevolência. Uma análise mais penetrante desse fenômeno poderia tê-lo conduzido à visão, posteriormente aceita por Adam Smith, de que nesses casos a simpatia do espectador pelo agente benevolente é antes simpatia por seu impulso ativo e não pelo prazer que sua emoção benevolente lhe proporciona.

o ponto de vista de Hume não parece muito claro. É notável que em seu primeiro tratado ele negue a própria existência, em seres humanos comuns, da "benevolência tranquila, estável e universal" que Hutcheson trata normalmente como o motivo supremo. "Em geral, pode ser afirmado que não há nenhuma paixão nas mentes humanas como o amor à humanidade, meramente como tal, independentemente das qualidades pessoais ou serviços ou da relação para consigo mesmo;[119] a benevolência pública, portanto, ou uma consideração pelos interesses da humanidade, não pode ser o motivo original à Justiça. Ele também não retrata expressamente esta visão em seu último tratado; mas fala da aprovação moral como derivada da "humanidade e benevolência" e reconhece expressamente, conforme Butler, que há um elemento estritamente desinteressado em nossos impulsos benevolentes (como também na fome, na sede, no amor ao reconhecimento e outras paixões). Por outro lado, ele não parece pensar que o sentimento moral ou "gosto" possa "se tornar um motivo à ação", exceto enquanto "causa prazer ou dor, e por meio disso constitui felicidade ou miséria". É difícil tornar estas visões bastante consistentes; mas de qualquer modo Hume sustenta enfaticamente – como deveríamos esperar – que a "*razão* não é motivo à ação", exceto até onde ela "dirige o impulso recebido do apetite ou inclinação"; e ele definitivamente não reconhece – pelo menos em seu último tratado – nenhuma "obrigação" para com a virtude, a não ser a do interesse ou felicidade do agente. Ele, porém, tenta mostrar, de um modo sumário, que todos os deveres que sua teoria da moral recomenda são também "o verdadeiro interesse do indivíduo" – que leva em conta a importância da "reflexão pacífica sobre a própria conduta" para sua felicidade.

Mas mesmo se nós considerarmos a consciência moral somente como um tipo particular de emoção aprazível, há uma questão óbvia sugerida pela teoria de Hume, à qual ele não fornece nenhuma resposta adequada. Se a essência do "gosto moral" é a compaixão pelo prazer de outros, por que este sentimento específico não é excitado por outras coisas além da virtude que tende a causar tal prazer? Neste ponto Hume se contenta com a observação insatisfatória de que "há inúmeros grupos de paixões

---

[119] *Treatise on Human Nature*, Part II § I.

e sentimentos, dos quais os seres racionais são, pela constituição original da natureza, os únicos objetos próprios. Além disso, a incerteza de sua própria concepção de aprovação moral é mostrada pela lista de qualidades "úteis e agradáveis" que ele considera merecedora de aprovação; na qual os dons meramente intelectuais estão indiscriminadamente misturados com as excelências propriamente morais.[120] Portanto, é natural que ele deixe a qualidade específica de sentimentos morais como um fato que ainda precise de explicação. Uma solução original e engenhosa deste problema foi oferecida por seu amigo e contemporâneo Adam Smith, em sua *Theory of Moral Sentiments* (1759).

Adam Smith (1723-1790)

Adam Smith, como Hume, admite a compaixão como o elemento último no qual os sentimentos morais podem ser analisados, e afirma que não há nenhuma base para assumir um "sentido moral" peculiar: ele também não discute a realidade ou importância daquele prazer compreensivo nos efeitos felizes da virtude, sobre os quais Hume pôs ênfase. Ele acredita até mesmo que "depois de exame mais rígido, descobrir-se-á" ser "universalmente o caso" que "nenhuma qualidade da mente é aprovada como virtuosa, mas são úteis ou agradáveis para a própria pessoa ou para outros". Mas ao reconhecer que a "Natureza tão felizmente ajustou nossos sentimentos de aprovação à conveniência tanto do indivíduo quanto da sociedade", ele assegura ainda que estes sentimentos não surgem "original e essencialmente" de qualquer percepção de utilidade; embora sem dúvida tal percepção "os aumente e os estimule" – e, nos casos importantes de "prudência, justiça e benevolência", nosso sentido dos efeitos agradáveis da virtude constitui "sempre uma considerável e frequentemente a maior parte de nossa aprovação". Ainda que

---

[120] Veja a lista de qualidades úteis ao seu possuidor, citada na p. 210. Nas primeiras edições da *Inquiry*, Hume expressamente incluiu todas as qualidades aprovadas sob a noção geral de "virtude". Em edições posteriores ele evitou esta ênfase sobre o uso substituindo ou acrescentando "mérito" em várias passagens – permitindo que algumas das qualidades louváveis que ele menciona fossem chamadas de "talentos", mas ainda sustentando que "há pouca distinção feita em nossa estima interna" de "virtudes" e "talentos".

"pareça impossível que nós não tenhamos nenhuma outra razão para elogiar um homem do que aquela pela qual nós elogiamos um armário; e descobrir-se-á no exame que a utilidade de qualquer disposição da mente raramente é a primeira base de aprovação e que o sentimento de aprovação sempre envolve nisto um sentido de retidão bastante distinto da percepção de utilidade".

Este sentido de retidão, então, é o elemento mais essencial e universal de nossos julgamentos morais. Primeiro, estes julgamentos são transmitidos ao caráter e conduta dos outros; e neste caso o sentido de retidão, em sua forma mais simples, surge da simpatia direta ou sentimento de solidariedade pelas paixões dos outros, que um espectador sente ao se imaginar na situação deles.[121] A consciência de um acordo sentimental com outro ser humano sempre é aprazível, mesmo quando o sentimento que incita a compaixão – e, por conseguinte, o próprio sentimento condolente, até onde reproduz isto – é doloroso: e o sentido de tal acordo é a essência do que nós chamamos "aprovação" do sentimento e das expressões e ações nas quais entra em vigor. "Aprovar as paixões de outros como satisfatórias aos seus objetos é a mesma coisa que se simpatizar com eles,... o homem cuja compaixão entra em sintonia com minha aflição não pode senão admitir a racionalidade de minha tristeza". Semelhantemente, um espectador desaprova uma paixão como excessiva quando ela é apresentada em um grau ao qual sua compaixão não pode alcançar; e como defeituosa – embora isto seja menos comum – quando parece não atingir o objetivo do que estaria de acordo com a imaginação solidária do espectador. À objeção óbvia de que nós aprovamos frequentemente sem nos solidarizar, responde-se que em tais casos nós estamos conscientes de que deveríamos nos solidarizar se estivéssemos em uma condição normal e déssemos a devida atenção ao assunto; da mesma maneira que podemos aprovar um gracejo e o riso da companhia, mesmo quando nós mesmos não rimos, por estarmos em um humor sério; porque nós somos sensíveis de que na maioria das ocasiões deveríamos nos unir a

---

[121] Esta simpatia Adam Smith trata como um fato original da natureza humana devido a um jogo espontâneo de imaginação. Ele observa intensamente que nós somos levados assim às vezes a sentir por outro uma emoção que não tem nenhuma contraparte em seu próprio sentimento: como quando nós temos pena de loucos que são perfeitamente joviais e alegres e nos compadecemos do morto por ser posto numa "sepultura fria", uma presa para a corrupção.

tal riso. Será notado que o "ponto de decoro" é situado de maneira diferente em paixões diferentes, como às vezes o excesso ou às vezes a falta é mais desagradável ao espectador.

Para obter o acordo do sentimento que de fato desejamos, muitas vezes se exige algum esforço tanto da parte do espectador para penetrar nos sentimentos da pessoa especialmente interessada, quanto também da parte da pessoa especialmente interessada em "derrubar suas emoções" – ou pelo menos suas expressões exteriores – às quais "o espectador pode acompanhar". Para pessoas que apresentam este esforço em um grau que surpreende tanto quanto agrada, nós atribuímos as "virtudes terríveis e respeitáveis da autonegação e do autogoverno; enquanto a "virtude amável da humanidade" consiste naquele grau de compaixão "que surpreende por sua primorosa e inesperada delicadeza e ternura. No caso, porém, desta virtude amável, o espectador não se compadece somente com a emoção da pessoa humana, mas com (1) o prazer que a humanidade dá a seu objeto, e (2) a gratidão que incita.

É a esta última operação de simpatia que se deve nosso senso de *mérito* em ações virtuosas. Nós atribuímos mérito a um ato ou um agente quando isto ou ele parecem ser "o próprio e aprovado objeto de gratidão"; quer dizer, quando nós, como "espectadores indiferentes", nos simpatizamos com a gratidão que o ato incita – ou normalmente incitaria nas pessoas beneficiadas por isto. Mas nós não nos simpatizamos cordialmente com a gratidão, a menos que também nos simpatizemos com os motivos da ação que a incita: consequentemente, o senso de mérito "parece ser um sentimento composto, formado de duas emoções distintas", (1) uma simpatia direta pelos sentimentos do agente, e (2) uma simpatia indireta com a gratidão daqueles que recebem o benefício das suas ações – sendo este último o elemento predominante. Semelhantemente o senso de demérito é formado de uma antipatia direta aos sentimentos do malfeitor e uma simpatia indireta ao ressentimento do sofredor. Esta indignação simpatizante, que nos impele a aprovar e exigir o castigo de um dano feito a outro, é o componente primário do que nós chamamos senso de justiça; reflexões sobre a importância de tal castigo para a preservação da ordem social são apenas uma fonte secundária e suplementar deste sentimento.

Até aqui nós temos considerado a origem e o fundamento de nossos julgamentos relativos aos sentimentos e à conduta de outros. Quando, porém, tais julgamentos são transmitidos em nossa própria conduta, uma complicação adicional do elemento fundamental é exigida para explicá-los. No processo de consciência eu "me divido como que em duas pessoas", e me empenho para entrar nos sentimentos de um espectador imaginário que observa minha conduta. Espectadores reais são suscetíveis de louvar e culpar injustamente a partir do conhecimento incompleto de nossas ações e motivos; mas a estima e a admiração erradamente concedidas proporcionam uma satisfação muito incompleta e superficial; e quando elas são erradamente recusadas, nós obtemos conforto real ao apelar a um "suposto espectador bem informado e imparcial". Assim um desejo de ser "louvável" é desenvolvido, distinto de nosso desejo por louvor; e semelhantemente um medo de culpabilidade distinto do medo de culpa. Será observado, no entanto, que nossa sensibilidade para a culpa equivocada é normalmente maior do que nossa capacidade de derivar a satisfação do louvor equivocado; em parte porque nós sabemos que uma confissão honesta destruiria o louvor equivocado, enquanto nós não temos nenhum meio semelhante de nos livrar da culpa equivocada: consequentemente, neste último caso, o espectador ideal, o "homem dentro do peito", parece às vezes ser "surpreendido e confundido pela violência e clamor do homem sem culpa". Por outro lado, deveria ser reconhecido que "o homem dentro do peito exige frequentemente ser despertado e lembrado do seu dever pela presença do espectador real"; e quando o espectador real próximo for indulgente e parcial, enquanto os imparciais estiverem a distância, a retidão de sentimentos morais estará pronta para ser corrompida. Consequentemente veremos o baixo estado da moralidade internacional e da moralidade da guerra de partidos, quando comparadas com a moralidade particular comum.

Além disso, o relato do "homem dentro do peito" é suscetível de ser pervertido da verdade pela influência interna da paixão e autoconsideração, como também pelas opiniões do "homem destituído". Mas contra esta autodecepção um remédio valioso foi provido pela Natureza nas "regras gerais da moralidade"; que não devem ser consideradas como intuições originais, mas como "fundadas, no final das contas, na experiência do que, em exemplos particulares, nossas faculdades morais, nosso senso natural de mérito e retidão, aprovam ou desaprovam". Respeito por estas regras gerais é o que é chamado corretamente de senso de dever; e sem este respeito "não há nenhum homem cuja conduta pode ser mais dependente", devido às "desigualdades de humor às quais todos os homens estão sujeitos". Na verdade, Adam Smith chega a ponto de dizer que este respeito pelas regras gerais "é o único princípio pelo qual a massa da humanidade é capaz de dirigir suas ações; mas é um pouco difícil reconciliar isto com sua teoria geral – especialmente como, no caso da maioria das virtudes, se diz que as regras gerais são "em muitos aspectos tão soltas e imprecisas", que nossa conduta antes fosse dirigida "por certo gosto" do que através de máximas precisas. No entanto, ele afirma que as regras de Justiça são "precisas no mais alto grau", de forma que elas "determinam com a maior exatidão qualquer ação externa que a justiça requeira". Ele também toma o cuidado de assegurar que as regras gerais de moralidade devam "ser justamente consideradas como as leis da Deidade", e que a voz do "homem dentro do peito, o suposto espectador imparcial", se nós a escutarmos com "atenção diligente e reverente", "nunca nos enganará": mas não se pode dizer que sua teoria proporcione qualquer argumento convincente para estas conclusões.[122]

§ 10. *Sentimentos Morais compostos por Associação*

As teorias de Hume e Adam Smith tomadas em conjunto antecipam, a um ponto importante, as explicações da origem dos sentimentos morais que foram mais recentemente atuais na escola utilitarista. Mas ambos erram ao subestimar a complexidade dos sentimentos morais, e em não reconhecerem que, por mais que estes sentimentos possam ter originado, eles são agora, quando examinados introspectivamente, diferentes da mera simpatia pelos sentimentos e impulsos de outros; eles são combinações que não podem ser diretamente analisadas no simples elemento da simpatia, mas complicados e combinados.

---

[122] É especialmente difícil reconciliar estas declarações com o que Adam Smith diz em outro lugar acerca das variações dos sentimentos morais de época para época e de país para país, e da influência destrutiva exercida sobre os "bens morais" por meio de usos particulares.

Hartley (1705-1757)

Neste aspecto tanto os métodos de explicação de Hume quanto de Adam Smith se comparam desfavoravelmente com o de Hartley, cujas *Observations on Man* (1749) surgem antes da *Inquiry* de Hume. A importância de Hartley está principalmente em sua aplicação original e abrangente das leis de associação de ideias com a explicação de todas as nossas emoções mais complexas e refinadas; ele mostra de maneira elaborada como, pelos efeitos repetidos e combinados de tal associação, os prazeres e dores da "(1) imaginação, da (2) ambição, do (3) autointeresse, da (4) simpatia, da (5) afeição para com Deus e do (6) senso moral" se desenvolvem a partir dos prazeres e dores elementares da sensação. Na verdade, ele não foi o primeiro entre os escritores ingleses a chamar atenção à importância de associação ao modificar os fenômenos mentais; alguns de seus efeitos mais notáveis foram percebidos por Locke e sua operação se tornou um ponto essencial na doutrina metafísica de Hume; que também se referiu ligeiramente ao princípio em seu relato de justiça e outras virtudes "artificiais". E alguns anos antes, Gay[123] tinha sustentado, admitindo a prova de Hutcheson sobre o desinteresse presente dos impulsos morais e benevolentes, que estes (como os desejos do conhecimento ou da fama, o prazer de ler, caçar e plantar etc.) se derivavam do amor próprio pelo "poder de associação". Mas uma aplicação completa e sistemática do princípio à psicologia ética encontra-se primeiro na obra de Hartley; ele também foi definitivamente o primeiro a conceber a associação como produzindo, em vez de mera coesão de fenômenos mentais, uma combinação semiquímica deles em um composto aparentemente diferente de seus elementos. Sua teoria é principalmente fisiológica e presume a completa correspondência entre mente e corpo; ele explica como "pequenas vibrações combinadas" na "substância medular" se formam a partir das vibrações originais que surgem no órgão do sentido; e como, correspondentemente, a repetição de sensações, simultaneamente ou em sucessão imediata, tende a produzir grupos combinados das "miniaturas" ou rastros dos sentimentos originais, que assim se fundem em emoções e ideias realmente complexas

---

[123] Em um ensaio à tradução da Lei da *Origin of Evil* de King (1731).

mas aparentemente simples. Cada uma das seis classes de prazeres e dores supracitadas é tanto posterior quanto mais complexa do que aquelas que a precedem na lista, devendo-se isto à operação combinada das classes precedentes; consequentemente, os prazeres do senso moral, sendo os últimos, são, de todos, os mais complexos. No primeiro estágio de seu crescimento eles consistem principalmente de associações agradáveis ou desagradáveis da linguagem que as crianças ouvem, aplicadas, respectivamente, às virtudes e aos vícios; com estes são gradualmente misturados rastros das satisfações (não morais) derivadas por um homem de suas próprias virtudes e das de outros. Sociabilidade e benevolência, quando desenvolvidas, aumentam sua cota; e uma contribuição adicional é fornecida pela satisfação estética derivada da "grande conveniência de todas as virtudes umas com as outras e para com a beleza, ordem e perfeição do mundo". Além disso, das esperanças continuamente sentidas de recompensas daqui por diante pela execução do dever, o prazer ideal tende a se conectar com a noção de dever sem qualquer lembrança expressa destas esperanças; e finalmente, a emoção religiosa acrescenta outro elemento à "ideia e consciência agradáveis gerais e misturadas" que surgem em nós quando refletimos sobre nossas próprias afeições ou ações. Uma mistura semelhante de dores provoca o senso de culpa e ansiedade que surge quando nós refletimos sobre nossos vícios.

O sensacionalismo de Hartley, no entanto, está muito longe de levá-lo a exaltar os prazeres corpóreos; na verdade, o fato de que eles sejam, em sua visão, o fundamento de todo o restante, é considerado por ele como um argumento para sua inferioridade; visto que "o que é anterior na ordem da natureza sempre é menos perfeito e importante que aquilo que é posterior". Semelhantemente, a inferioridade dos prazeres da imaginação, incitada pelas belezas da arte e da natureza e pelas ciências, é discutida a partir do fato de que eles são "em geral o primeiro de nossos prazeres intelectuais" e "manifestamente inclinados a gerar e a aumentar as ordens mais elevadas". Em geral, ele conclui que ninguém que almeja a sua própria e maior felicidade deveria fazer dos prazeres sensíveis ou os da imaginação ou ambição um objeto supremo; uma medida mais plena daqueles prazeres inferiores é atingida se a busca a eles for subordinada aos preceitos da simpatia, devoção e ao senso moral. Até aqui o argumento em favor da religião e da moralidade parece descansar francamente em uma base egoísta. Mas Hartley também sustenta que para transformar o egoísmo racional em um objeto primário de perseguição, este tenderia a desanimar e extinguir os prazeres mais elevados do amor a Deus e ao nosso próximo: sua própria função no desenvolvimento humano é nos fazer produzir em nós mesmos as disposições da Benevolência, da Devoção e do Senso Moral. Consequentemente, nosso objetivo ideal – ainda que provavelmente inacessível nesta vida – deveria ser levar esta subordinação do egoísmo cada vez mais adiante até nós chegarmos à "autoaniquilação perfeita e ao puro amor de Deus"; para que o amor próprio racional possa receber sua satisfação mais completa por sua própria extinção. Porque os prazeres da simpatia, afeição religiosa e o senso moral, distintos dos tipos inferiores, podem ser buscados sem perigo de excesso e sem conflito mútuo. A Devoção e a Benevolência Racional apoiam mutuamente uma à outra: deve ser a vontade de um ser infinitamente benevolente que nós devamos cultivar a "benevolência ilimitada e universal"; por outro lado, a "benevolência nunca pode ser livre da parcialidade e egoísmo até que nós tomemos nossa posição na Natureza Divina e vejamos tudo daquele lugar": além disso, os prazeres da simpatia são "aprovados e obrigados completamente" pelo senso moral, do qual eles são uma fonte importante.

Até aqui a doutrina prática de Hartley parece coincidir amplamente com a de Shaftesbury ou Hutcheson; e ele diz expressamente que a "benevolência que é uma busca primária", segue aquilo que nós devemos "dirigir a cada ação para produzir a maior felicidade e a menor miséria em nosso poder"; esta é a "regra de comportamento social que a benevolência ilimitada e universal recomenda. Mas não obstante sua aceitação sem hesitação desta regra, Hartley está longe de antecipar o método do utilitarismo posterior. Devido às dificuldades e perplexidades que acompanham o cálculo das consequências de nossas ações, nós devemos, pensa ele, em grande parte substituir por esta regra geral várias outras menos gerais: como (além de obediência às Escrituras) considerar nosso próprio senso moral e o dos outros, e aos nossos "movimentos naturais de benevolência e simpatia"; preferência de pessoas em relações próximas a estranhos e de pessoas benevolentes e religiosas para com o restante da humanidade; consideração pela veracidade e obediência ao magistrado civil. Estas regras subordinadas são principalmente para nos orientar em atos deliberados; enquanto em emergências súbitas, que excluem a deliberação, os sentimentos morais deveriam ser nossos guias. Mas Hartley não deixa claro que método de decisão será aplicado quando uma das duas ou mais destas máximas entrarem em conflito, como é à primeira vista provável que ocorra; ele apenas sugere vagamente que elas sejam "moderadas e contidas", para "influenciar e interpretar" uma à outra: nem faz sua derivação do senso moral parecer proporcionar bases adequadas para aquela confiança em suas expressões que ele parece sentir.

Psicologia e Ética

Em geral nós temos que dizer que, embora Hartley seja obviamente sério em sua tentativa de determinar a regra da vida, o vigor sistemático que ainda dá um interesse à sua psicologia, apesar de seus defeitos de estilo e tratamento, não é aplicado por ele à questão do critério ou padrão de conduta correta; neste ponto sua exposição é obscurecida por um otimismo vago e raso que o impede de enfrentar as dificuldades do problema. Uma inferioridade um tanto semelhante foi notada no trabalho de Adam Smith, quando ele passa da análise psicológica à construção ética. Deveria parecer que a energia intelectual deste período do pensamento ético inglês tivesse uma tendência geral a tomar um caminho psicológico em vez de um estritamente ético. No caso de Hume, na verdade, a absorção da ética em psicologia é às vezes tão completa a ponto de levá-lo a um uso confuso da linguagem; assim, em uma ou duas passagens, ele insiste com ênfase aparente sobre a "realidade das distinções morais"; mas um exame mais próximo mostra que ele não quer dizer nada mais por isso que a existência real dos gostos e repúdios que os seres humanos sentem pelas qualidades uns dos outros. O fato é, que entre as observações e análises dos sentimentos que se tornaram proeminentes na linha do pensamento ético iniciadas por Shaftesbury, as questões fundamentais "o que é certo?" e "por quê?" tenderam a ficar um pouco em segundo plano – não sem manifesto perigo para a moralidade. Porque a força obrigatória das regras morais se torna evanescente se nós admitimos – como até mesmo Hutcheson parece pouco disposto a fazer – que o "sentido" delas pode naturalmente variar de homem para homem como faz o paladar; e é somente outro modo de apresentar a doutrina de Hume, de que a razão não está relacionada com os fins da ação, dizer que a mera existência de um sentimento moral não é em si mesma motivo para obedecê-lo. Uma reação, de uma forma ou de outra, contra a tendência de dissolver a ética em psicologia era inevitável; e era óbvio que esta reação poderia acontecer em qualquer uma das duas linhas de pensamento, que, tendo sido pacificamente aliadas em Clarke e Cumberland, tinham que se tornar distintamente opostas uma à outra em Butler e Hutcheson. Ela podia ou recair sobre os princípios morais em geral aceitos, e afirmar sua validez objetiva, se empenhar para as apresentar como um conjunto coerente e completo das verdades éticas últimas; ou poderia levar a utilidade ou inclinação ao prazer, ao qual Hume tinha recorrido para a origem dos sentimentos morais como um padrão último pelo qual estes sentimentos poderiam ser julgados e corrigidos. O primeiro é a linha adotada com o acordo significativo por Price, Reid, Stewart e outros membros da escola Intuicional, ainda representada entre nós por escritores capazes; o último método, com consideravelmente mais divergência de visão e tratamento, foi empregado independentemente e quase simultaneamente por Paley e Bentham tanto na ética quanto na política, e está na atualidade vigente sob o nome de Utilitarismo.

§ 11. Intuicionismo tardio. Price (1723-1791)

A *Review of the Chief Questions and Difficulties of Morals* de Price foi publicada em 1757, dois anos antes do tratado de Adam Smith. Ao considerar as ideias morais como derivadas da "intuição da verdade ou discernimento imediato da natureza das coisas pelo entendimento", Price reaviva a visão geral de Cudworth e Clarke; mas com várias diferenças específicas que são importantes notar, como eles encontram sua explicação no desenvolvimento interveniente do pensamento ético, o qual nós temos sido forçados a considerar. Em primeiro lugar, sua concepção de "certo" e "errado" como "ideias únicas" incapazes de definição ou análise – as noções de "certo", "justo", "dever", "obediência", "obrigação", sendo coincidentes ou idênticas – pelo menos evita as confusões nas quais Clarke e Wollaston tinham sido levados a pressionar a analogia entre a verdade ética e matemática ou física. Em segundo lugar, o elemento emocional da consciência moral, no qual a atenção tinha sido concentrada por Shaftesbury e seus seguidores, é distintamente reconhecido daqui em diante como acompanhando a intuição intelectual, embora seja cuidadosamente subordinado a isto. Enquanto certo e errado, na visão de Price, são "qualidades objetivas reais" das ações, "beleza e deformidade" morais são ideias subjetivas; representando sentimentos que são em parte os efeitos necessários das percepções de certo e errado em seres racionais, em parte devido a uma suscetibilidade emocional de "sentido implantado" ou que varia. Assim, tanto a razão quanto o sentido ou instinto cooperam no impulso à conduta virtuosa, embora o elemento racional seja primário e supremo. Além disso, Price segue Butler distinguindo expressamente a percepção de mérito e demérito nos agentes, como outro acompanhamento da percepção de certo e errado em suas ações; aquela cognição, porém, é apenas uma espécie peculiar desta, porque perceber o mérito em qualquer um é perceber que é certo recompensá-lo. Ele é cauteloso – como Reid também é –, ao declarar que o mérito do agente depende completamente da intenção ou "retidão formal" de seu ato; um homem não é censurável pelo mal involuntário, embora possa naturalmente ser culpado por qualquer negligência teimosa que o fez ser ignorante de seu dever real. Quando voltamos à questão principal da virtude, nós descobrimos que Price, em comparação com More ou Clarke, é decididamente mais indulgente ao aceitar e declarar seus primeiros princípios éticos; principalmente por causa da nova oposição à visão de Shaftesbury e Hutcheson, pelo qual sua posição controversa é complicada. O que Price está interessado de maneira especial em mostrar é a existência de princípios morais últimos *além* do princípio de benevolência universal. Não que ele repudie a obrigação deste último princípio ou do princípio de amor próprio racional: pelo contrário, ele tem dificuldades em apresentar a evidência tanto de um quanto de outro. "Não há nada", diz ele, "do que nós inegavelmente temos uma percepção mais intuitiva de que é "certo procurar e promover a felicidade, seja para nós mesmos ou para outros". Mas ele concorda com Butler de que gratidão, veracidade, cumprimento de promessas e justiça são independentemente obrigatórios a sua inclinação para a felicidade: e – se esforçando, o que a precaução de Butler tinha evitado, por desenvolver nossa consciência moral destes deveres em um corpo de verdade expressa intuitivamente apreendido – ele é conduzido pela dificuldade da tarefa a apelar ao Senso Comum em lugar da Razão como o juiz da evidência moral. Assim, ao manter a obrigação de veracidade, ele não busca exatamente mostrar a autoevidência da proposição abstrata de que "verdade deveria ser dita"; ele afirma antes, por uma referência indutiva à opinião moral comum, que "nós não podemos evitar pronunciar que há uma retidão intrínseca na sinceridade". Semelhantemente expondo a justiça – "esta parte da virtude que considera a propriedade" –, ele parece preparado a aceitar *en bloc* como verdades jurídicas últimas os princípios tradicionais da jurisprudência romana, que cita o direito de propriedade à "primeira posse, labor, sucessão e doação". Assim, meio inconscientemente, ele antecipa, no campo da ética, a mudança geral no método filosófico que nós associamos com o nome de Reid – o fundador da Filosofia do Senso Comum. Em resumo, Price, ao escrever depois da demonstração de Shaftesbury e Butler sobre a realidade dos impulsos desinteressados na natureza humana, é mais ousado e mais claro que Cudworth ou Clarke ao insistir que as ações corretas devem ser escolhidas porque elas são corretas a agentes virtuosos – chegando mesmo a ponto de estabelecer que um ato perca seu valor moral na proporção em que é produzido a partir da inclinação natural.

§ 12. Reid (1710-1796)

Sobre este último ponto, Reid, em seus *Essays on the Active Powers of the Human Mind* (1788), exprime uma conclusão mais em harmonia com o senso comum, sustentando apenas que "nenhum ato pode ser moralmente bom se a consideração pelo que é certo não tiver *alguma* influência". Isto se deve em parte ao fato de que a psicologia moral de Reid é desenvolvida, mais distintamente que a de Price, nas linhas estabelecidas por Butler. Com Butler ele reconhece como fundamental a distinção entre (1) princípios racionais e dominantes da ação e (2) impulsos não racionais que precisam de direção; ao mesmo tempo afirma que os segundos, até onde eles são naturais, têm uma esfera legítima de operação, que tende ao bem do indivíduo e da sociedade e são na verdade suplementos indispensáveis aos princípios racionais em seres como os homens. Entre estas fontes não racionais de ação ele distingue entre

(1) instintos e hábitos "mecânicos" que operam "sem vontade, intenção ou pensamento" e aqueles (2) "princípios animais[124]" que "operam sobre a vontade e intenção mas não supõem qualquer exercício de julgamento ou argumento" na determinação dos fins para os quais eles impelem. Os princípios animais originais no homem, ele classifica, com mais precisão do que Butler, como (*a*) Apetites – distinguidos como sendo "periódicos e acompanhados por uma sensação intranquila"; (*b*) Desejos (no sentido mais estrito), do qual os principais são o desejo de poder ou superioridade, o desejo por estima e o desejo por conhecimento; e (*c*) Afeições ou emoções dirigidas para pessoas, tanto benevolentes quanto malévolas. As características comuns das afeições benevolentes são a emoção agradável e o desejo pelo bem de seus objetos; semelhantemente, as afeições malévolas envolvem "aflição e inquietude" junto a um desejo de magoar; contudo, Reid segue Butler ao reconhecer a legitimidade e utilidade tanto do ressentimento repentino e deliberado dentro de sua esfera própria, quanto de todos os outros impulsos originais e naturais. "Desejos adquiridos", por outro lado, "são em geral não apenas desejos inúteis, mas danosos e até mesmo infames". Reid segue Butler novamente em sua aceitação daquela dualidade de princípios que governam o que nós percebemos como um ponto cardeal na doutrina de Butler. Ele considera o "respeito pelo próprio bem em geral" (o amor próprio de Butler) e o "senso de dever" (a consciência de Butler) como dois princípios racionais essencialmente distintos e coordenados, embora naturalmente muitas vezes compreendidos em um só termo, Razão. Ele tem dificuldade para explicar e estabelecer a racionalidade do primeiro princípio; em oposição à doutrina de Hume de que não faz parte da função da razão determinar os fins que nós deveríamos procurar, ou a preferência devida a um fim e não a outro. Ele frisa que a noção de "bem[125] em geral" é aquela que somente um ser racional pode formar, e que o

---

[124] O termo é singular e infeliz, visto que é feito para incluir afeições como piedade, espírito público e "estima pelo sábio e bom": mas não temos nenhum fundamento para atribuir aos brutos.

[125] Deve-se observar que considerando que Price e Stewart (de acordo com Butler) identificam o objeto do amor-próprio com a felicidade ou o prazer, Reid concebe este "bem" mais vagamente como incluindo a perfeição *e* a felicidade; embora ele às vezes use o "bem" e a felicidade como termos conversíveis, e parece praticamente ter o segundo em vista em tudo aquilo que ele diz a respeito do amor-próprio.

envolve enquanto faz abstração dos objetos de todos os desejos particulares e comparação entre passado e futuro com os sentimentos atuais; e sustenta que é uma contradição supor que um ser racional tenha a noção de seu Bem em Geral sem um desejo por ele e que tal desejo tem que regular naturalmente todos os apetites particulares e paixões. Não pode ser subordinado razoavelmente mesmo à faculdade moral; na realidade, um homem que acredita que a virtude é contrária à sua felicidade em geral – que na verdade não pode ser o caso em um mundo moralmente governado – está reduzido ao "miserável dilema se é melhor ser um tolo ou um patife". Quanto à faculdade moral em si, a declaração de Reid coincide na maior parte com a de Price; ela é tanto intelectual quanto ativa, não somente ao perceber a "retidão" ou a "obrigação moral" de ações (que Reid concebe como uma relação simples e difícil de analisar entre ato e agente), mas também que impele a vontade ao cumprimento do que é visto como certo. Os dois pensadores asseguram que esta percepção de certo e errado nas ações é acompanhada por uma percepção do mérito e demérito nos agentes e também por uma emoção específica; mas ao passo que Price concebe esta emoção principalmente como prazer ou dor, análoga à produzida na mente pela beleza ou deformidade física, Reid a considera principalmente como afeição benevolente, estima e simpatia (ou os seus opostos), para o agente virtuoso (ou vicioso). Esta "boa vontade aprazível", quando o julgamento moral relaciona-se com as próprias ações de um homem, se torna "o testemunho de uma consciência – a mais pura e a mais valiosa de todas as alegrias humanas". Reid é cauteloso ao observar que a faculdade moral não é "inata" exceto em germe; ela tem necessidade de "educação, treinamento, exercício (para os quais a sociedade é indispensável) e hábito", para capacitá-la a atingir a verdade moral. Ele não relaciona o objeto de Price ao seu que é chamado de "senso moral", contanto que nós entendamos por este uma fonte não somente de sentimentos ou noções, mas de "verdades últimas". Aqui ele negligencia a pergunta importante se as premissas do raciocínio moral são julgamentos universais ou individuais; em relação aos quais o uso do termo "senso" parece antes sugerir a segunda alternativa. Na verdade, ele parece estar indeciso sobre esta questão; visto que ele representa em geral o método ético como dedutivo, também fala do "julgamento original de que esta ação é certa e aquela errada".

A verdade é que a construção de um método científico sobre ética é uma questão de pouca importância prática para Reid; porque ele assegura que, "para saber o que é certo e o que é errado na conduta humana, nós precisamos apenas ouvir aos ditames da consciência quando a mente estiver calma e serena.[126] Consequentemente, embora ofereça uma lista dos primeiros princípios, por dedução, da qual as opiniões morais comuns dos homens podem ser confirmadas, ele não a apresenta com qualquer reivindicação à completude. Além das máximas relativas à virtude em geral, – como (1) que há o certo e o errado na conduta, mas (2) apenas na conduta voluntária e que nós devemos (3) nos esforçar para aprender nosso dever e (4) nos fortalecer contra as tentações de divergir disto –, Reid formula cinco axiomas fundamentais.[127] O primeiro destes é meramente o princípio do amor próprio racional, "que nós deveríamos preferir um bem maior a um menor, embora mais distante, e um mal menor a um maior" – a menção do que parece bastante incompatível com a distinta separação de Reid da "faculdade moral" do "amor-próprio". A terceira é a regra geral de benevolência declarada na fórmula estoica, um pouco vaga, de que "ninguém nasce somente para si". O quarto, além disso, é o princípio meramente formal de que "certo e errado devem ser o mesmo em todas as circunstâncias", que pertence igualmente a todos os sistemas da moralidade objetiva; enquanto o quinto prescreve o dever religioso de "reverência ou submissão a Deus". Assim, o único princípio que parece mesmo oferecer orientação definida sobre o dever social é o segundo: de "que até onde a intenção da natureza aparece na constituição do homem, nós deveríamos agir de acordo com ela"; mas a inutilidade[128] disto para propósitos dedutivos se torna manifesta assim que nós tentamos aplicá-la à prática.

---

[126] Ele, porém, reconhece expressamente que a consciência de um indivíduo pode errar e afirma que neste caso ele é moralmente certo ao agir conforme seu julgamento errôneo.

[127] *Essays on the Active Powers*, V cap. i.

[128] Por exemplo, Reid propõe aplicar este princípio em favor da monogamia, argumentando a partir da proporção de machos e fêmeas nascidos; sem explicar por que, se a intenção da natureza consequentemente deduzida exclui a poligamia ocasional, ela também não exclui o celibato ocasional.

É óbvio que estas máximas, tomadas em conjunto, nos levarão a um passo de sistematizar os ditames da consciência de um homem sincero. Sua deficiência não é materialmente suplementada por uma discussão sobre Justiça que Reid acrescenta em um capítulo subsequente.[129] Ele argumenta com vigor contra Hume (1) que tipos diferentes de danos aos quais a Justiça se opõe – danos contrários à pessoa ou à família, restrição da liberdade, ataques à reputação e inadimplência – são considerados intuitivamente como violações dos direitos naturais, sem referência consciente ao bem público; e (2) que embora o direito de propriedade não seja "inato mas adquirido", ele é uma consequência necessária do direito natural à vida – que sugere um direito aos meios de vida – e do direito natural à liberdade – que sugere um direito aos frutos do trabalho inocente. Mas ele não faz nenhum esforço para apresentar axiomas claros e precisos de Justiça, pelos quais a determinação destes direitos em casos concretos pode ser decidida sem referência à utilidade pública como um padrão último.

§ 13. Dulgard Stewart (1753-1828)

Uma incompletude semelhante na declaração de princípios éticos encontra-se – pelo menos, no campo do dever[130] social, se nós nos voltamos ao trabalho do discípulo mais influente de Reid, Dugald Stewart, cuja *Philosophy of the Active and Moral Powers of Man* (1828) contém o ponto de vista geral de Butler e Reid, e até certa medida o de Price – exposto com mais plenitude e precisão sistemáticas, com mais graça e acabamento de estilo e com algumas melhorias secundárias em psicologia moral, mas sem quaisquer acréscimos ou modificações originais importantes.[131] Ele enfatiza a obrigação da

---

[129] L.c., c. v.

[130] Stewart classifica os deveres sob três tópicos – deveres que respeitam a Deidade, deveres que respeitam nossos semelhantes e deveres que respeitam a nós mesmos. Sob o terceiro tópico ele discute principalmente as fontes internas e as condições da felicidade; especialmente a influência sobre a felicidade de temperamento, opiniões, imaginação e hábitos.

[131] Entre estes pode ser notado que Stewart corrige Reid, por um lado, ao distinguir a emulação ou o desejo de superioridade do desejo de poder e, por outro, da afeição malévola da inveja com que às vezes é acompanhado. Reid parece ter confundido isto

justiça como distinta da benevolência. Contudo, ao definir a justiça, ele não vai além da noção geral de imparcialidade, que precisa igualmente encontrar um lugar em qualquer sistema ético que estabeleça as regras morais de aplicação universal, quer sobre o utilitário quer sobre qualquer outro princípio. Posteriormente, sem dúvida, ao distinguir a "integridade ou honestidade" como um ramo da justiça, ele estabelece o axioma moral de "que o trabalhador tem direito ao fruto de seu próprio trabalho" como o princípio sobre o qual se fundam direitos completos de propriedade; sustentando que a ocupação por si só apenas conferiria um direito passageiro de posse durante o uso. Mas os únicos outros princípios que ele discute são a veracidade e fidelidade às promessas; e ao tratar destes o que ele principalmente objetiva na exibição é que há na mente humana, independentemente de cálculos de utilidade, um amor natural e instintivo à verdade, um impulso natural à sinceridade em nossas comunicações mútuas e correspondentemente uma fé natural no testemunho e uma expectativa natural de que as promessas serão mantidas; e que há "algo agradável e amável" na veracidade e uma injustiça reconhecida na má fé, que se abstrai de toda consideração a consequências ulteriores. Ele não tenta declarar, em qualquer dos casos, um princípio que é logo manifestado e absolutamente obrigatório e suficientemente preciso para dar orientação prática.[132]

Em geral, então, deve ser dito que nem Reid nem Stewart oferecem mais que uma contribuição muito escassa e experimental àquela ciência ética pela qual, como eles afirmam, as regras recebidas da moralidade podem ser ra-

---

alternadamente com um ou outro destes dois impulsos distintos. Ele, também, é mais definido e consistente que Reid em conceber como "felicidade" aquele "bem em geral" do indivíduo que ele considera como o objeto do "princípio de ação racional e dominante", que ele consente, com Butler, chamar de amor-próprio – embora ele ofereça alguma crítica justa ao termo. Também seu relato da faculdade moral é, no estilo e tratamento, decididamente superior ao de Reid: não é, na verdade, penetrante ou profundo; mas é uma tentativa lúcida, abrangente e judiciosa de reunir os elementos de verdade nas visões de escritores precedentes, inclusive Shaftesbury e Adam Smith, em uma declaração harmoniosa e coerente dos resultados de reflexão imparcial sobre a consciência moral.

[132] Stewart parece ter sido em parte influenciado por um desejo de evitar os "tópicos vulgares da moralidade prática"; mas é difícil ver como uma ciência ética que descansa sobre o senso comum como as de Reid e de Stewart pode afetar constantemente este desprezo digno de particulares.

cionalmente deduzidas dos princípios primeiros e autoevidentes. Uma tentativa mais ambiciosa, mas dificilmente mais próspera, na mesma direção foi feita por Whewell em seus *Elements of Morality* (1846).

Whewell (1794-1866)

A visão moral geral de Whewell difere-se das de seus antecessores escoceses principalmente em um ponto onde nós podemos localizar a influência de Kant – a saber, em sua rejeição do amor-próprio como um princípio racional independente e dominante, e sua consequente recusa em admitir a felicidade, à parte do dever, como um fim razoável para o indivíduo. A razão moral, assim deixada em supremacia exclusiva, é representada como enunciando cinco princípios últimos – os da benevolência, da justiça, da verdade, da pureza e da ordem. Forçando um pouco, estes podem corresponder às cinco divisões principais de *Jus*: a saber, a segurança pessoal – sendo a benevolência oposta à má vontade que geralmente causa danos pessoais –, a propriedade, o contrato, o matrimônio e o governo; enquanto o primeiro, o segundo e o quarto princípios regulam respectivamente as três classes principais de motivos humanos – afeições, desejos mentais e apetites. Assim, a lista, com o acréscimo de dois princípios gerais, a "seriedade" e o "propósito moral", tem certo ar de perfeição sistemática. Quando, porém, olhamos mais de perto, nós descobrimos que o princípio de ordem ou obediência ao governo não tem seriamente a pretensão de sugerir o absolutismo político que parece expressar e que o senso comum inglês de maneira enfática repudia; enquanto a fórmula de justiça é determinada na proposição tautológica ou perfeitamente indefinida de "que todo homem deveria ter a sua própria justiça". Na verdade, Whewell explica que esta última fórmula deve ser interpretada na prática pela lei positiva, embora ele incongruamente fale como se provesse um padrão para julgar as leis como certas ou erradas. Além disso, o princípio de pureza, "de que as partes mais baixas de nossa natureza deveriam ser sujeitas às mais altas", só particulariza esta supremacia da razão sobre os impulsos racionais sensíveis que está envolvida na própria noção de moralidade racional como aplicada a um ser cujos impulsos são suscetíveis a divergir do dever racional. Assim, em resumo, se nós pedimos uma intuição fundamental, clara e definida, distinta da consideração pela felicidade, nós realmente não encontramos nada na doutrina de Whewell exceto a única regra de veracidade (incluindo a fidelidade às promessas); e até mesmo desta o caráter axiomático se torna evanescente em uma inspeção mais íntima, porque não se sustenta que a regra seja na prática inapta, mas apenas que é praticamente indesejável formular suas qualificações.

Não está no plano deste trabalho entrar em controvérsia com os escritores que ainda vivem, que sustentam uma doutrina de intuições morais que, falando em linhas gerais, possam adotar a doutrina de Butler e Reid. Mas é preciso, penso eu, que se admita que a doutrina da escola intuicional, voltanto à metade do século XIX, se desenvolveu com menos cuidado e consistência do que se esperava, em sua declaração dos axiomas fundamentais ou premissas intuitivamente conhecidas do raciocínio moral.

Controvérsia entre as Escolas Intuicional e Utilitarista

E se a controvérsia que esta escola teve com o utilitarismo de Paley e Bentham tivesse se voltado principalmente para a determinação da questão do dever, haveria pouca dúvida de que teria sido feito o mais sério e sistemático esforço para definir, de maneira precisa e completa, os princípios e o método sobre os quais nós devemos argumentar dedutivamente a conclusões práticas.[133] Mas, de fato, a diferença entre intuicionistas e utilitaristas sobre o método de determinar os particulares do código moral foi complicada por uma discordância mais fundamental sobre o próprio significado de "obrigação moral". Esta Paley e Bentham (de acordo com Locke) interpretaram como sendo meramente o efeito sobre a vontade dos prazeres previdentes ou dores relacionadas à observância ou violação das regras morais; ao mesmo tempo que afirmam com Hutcheson que a "felicidade geral" é o objetivo e

---

[133] Nós podemos observar que alguns escritores recentes, que geralmente seriam incluídos nesta escola, evitam de modos diferentes a dificuldade de construir um código de conduta externa: por exemplo, o Dr. Martineau considera que a intuição moral não está, em princípio, relacionada a atos externos, mas com a excelência comparativa de motivos contraditórios; outros afirmam que o que é percebido intuitivamente é a retidão ou a iniquidade de atos individuais – uma visão que obviamente torna o raciocínio ético praticamente supérfluo.

padrão final destas regras, eles se empenharam em tornar a noção de felicidade geral clara e precisa, definindo-a para consistir em "excesso de prazer sobre a dor" – prazeres e dores que são considerados como "não diferindo em nada senão continuação ou intensidade". A doutrina deles ganhou um ar atraente de simplicidade usando assim uma única noção aparentemente clara – o prazer e sua quantidade negativa de dor – para responder tanto as questões fundamentais de moral, "O que é certo?", quanto "Por que eu deveria fazer isto?" Mas visto que não há nenhuma conexão lógica entre as respostas que chegaram assim a ser consideradas como uma doutrina, esta unidade e simplicidade aparentes, na verdade, ocultou as discordâncias fundamentais e causou não pouca confusão ao debate ético recente.

§ 14. Utilitarismo

A originalidade – tal como se apresenta – do sistema de Paley (como também do de Bentham) está em seu método de elaborar detalhes e não em seus princípios de construção.

Tucker

Paley reconhece expressamente suas obrigações à obra original e sugestiva, embora difusa e caprichosa, de Abraham Tucker (*Light of Natureza Pursued*, 1768-74). Neste tratado nós encontramos a "satisfação própria de todo homem" – ou, mais estritamente, o "prospecto ou expectativa de satisfação"–, "a fonte que aciona todos os seus motivos", relacionada com o "bem geral, a raiz da qual todas as nossas normas de conduta e sentimentos de honra são provenientes, por meio da teologia natural que demonstra a "bondade e generosidade do autor da natureza". Tucker reconhece que novas inclinações surgem por "tradução", isto é, que nós adquirimos uma simpatia pelas coisas por elas terem, com frequência, promovido outros desejos; em particular, que os "sensos morais" são formados assim, e também a benevolência, que ele concebe como um "prazer de beneficiar", nos incitando a executar boas tarefas porque nós gostamos delas. Mas é verdade, pensa ele, que a própria felicidade de um homem

– no sentido de um agregado de prazeres e satisfações – é o fim último de suas ações; e ele é cauteloso ao explicar que a satisfação ou prazer é "o mesmo em tipo, por mais que possa variar em grau... se um homem está contente em ouvir música, ver paisagens, provar iguarias, executar ações louváveis ou fazer reflexões agradáveis, e que, além disso, pelo "bem geral" ele quer dizer "quantidade de felicidade", à qual "todo prazer que nós fazemos ao nosso próximo é um acréscimo". Aqui temos todas as características principais do utilitarismo de Paley: (1) estimativa puramente quantitativa de prazer; (2) critério de regras morais, inclinação ao prazer geral; (3) motivo universal, prazer privado; (4) conexão entre motivo e regras, a Vontade de um ser onipotente e benevolente. Há, porém, na ligação teológica de Tucker entre felicidade privada e geral, uma ingenuidade peculiar, que o senso comum de Paley evitou. Ele afirma que os homens que não têm livre-arbítrio na verdade não o merecem; por essa razão, a equidade divina tem por fim que distribuir a felicidade em partes iguais para todos; por essa razão, eu tenho no final das contas que aumentar minha própria felicidade mais pela conduta que acrescenta, muito, ao fundo geral que a Providência administra.

Mas, de fato, um esboço simples da visão ética de Paley pode ser encontrada mais de uma geração antes nas seguintes passagens da dissertação de Gay anteposta à tradução de Law da *Origin of Evil* de King (1731): "A ideia de virtude é a conformidade a uma regra de vida, que dirige as ações de todas as criaturas racionais com respeito à felicidade uns dos outros; à qual cada um está sempre obrigado... Obrigação é a necessidade de fazer ou omitir algo para ser feliz... Obrigação plena e completa, que se estenderá a todos os casos, só pode ser aquela que surge da autoridade de Deus... A vontade de Deus [até onde orienta o comportamento a outros] é a regra imediata ou critério de virtude... mas é evidente a partir da natureza de Deus que Ele não poderia ter outro desígnio ao criar a humanidade do que a felicidade desta; e é por essa razão que Ele deseja a felicidade da humanidade; e é por essa razão que meu comportamento até onde pode ser um meio à felicidade da humanidade deveria ser este; para que a felicidade da humanidade pudesse ser chamada de o critério de virtude outrora removido".

Paley (1743-1805)

Contudo, a primeira construção de um sistema completo e tolerável nesta base se encontra nos *Principles of Moral and Political Philosophy* (1785) de Paley. Ele começa por definir que "obrigação" significa o ser "compelido por um motivo violento que é o resultado da ordem de outro"; no caso de obrigação moral a ordem procede de Deus e o motivo está na expectativa de ser recompensado e punido depois desta vida. As ordens de Deus devem ser averiguadass "a partir das Escrituras e da luz da natureza combinadas. Paley, no entanto, afirma que as Escrituras foram concedidas menos para ensinar a moralidade do que ilustrá-la por meio do exemplo e obrigá-la por novas sanções e maior certeza; e que a luz da natureza torna claro que Deus deseja a felicidade das Suas criaturas. Consequentemente, seu método ao decidir questões morais é principalmente o de calcular a tendência das ações para promover ou diminuir a felicidade geral. Para encontrar as objeções óbvias para este método, baseado na felicidade imediata causada por crimes admitidos (como bater na cabeça de um patife ridículo), ele enfatiza a necessidade de regras gerais em qualquer tipo de legislação;[134] embora, ao frisar a importância de formar e manter hábitos bons, ele em parte evite a dificuldade de calcular as consequências de ações particulares. Desse modo, o método utilitarista está livre das tendências subversivas que Butler e outros tinham discernido nele; como usado por Paley, ele meramente explica a moral atual e as distinções jurídicas, apresenta a base óbvia de conveniência que apoia a maioria das regras recebidas da lei e da moralidade e fornece uma solução simples, em harmonia com o senso comum, de algumas questões casuísticas desconcertantes. Assim, por exemplo, "direitos naturais" se tornam direitos dos quais a observância geral seria útil independentemente da instituição do governo civil; enquanto distintos dos não menos obrigatórios "direitos adventícios", pois a utilidade destes depende desta instituição. Propriedade privada é, neste sentido, "natural", a partir de suas óbvias vantagens ao encorajar o trabalho, a habilidade, o cuidado preservativo; embora os di-

---

[134] Deve-se levar em conta que a aplicação de Paley deste argumento seja um pouco racional e livre, e não distingue suficientemente as consequências de um único ato de homicídio benéfico a partir das consequências de uma permissão geral para cometer tais atos.

reitos atuais de propriedade dependam da utilidade geral de se conformar à lei do lugar pela qual eles são determinados. Além disso, muitas perplexidades são resolvidas, desse modo, com respeito aos deveres de veracidade e boa fé, para evitar a falta de exatidão jesuítica não menos do que dúvidas supersticiosas, baseando a obrigação de tais deveres nas utilidades – geral e particular – de satisfazer expectativas deliberadamente produzidas. Assim, também, a base geral utilitarista da moralidade sexual estabelecida é eficazmente exposta. Entretanto, nós observamos que o método de Paley está muitas vezes relacionado com raciocínios que pertencem a uma maneira de pensar estrangeira e mais antiga; como quando ele apoia a reivindicação dos pobres à caridade se referindo à intenção da humanidade "quando eles concordaram com uma separação do fundo comum", ou quando ele deduz que a monogamia é uma parte do desígnio divino dos números iguais entre machos e fêmeas nascidos. Em outros casos sua declaração de considerações utilitaristas é fragmentária e não metódica e tende a se degenerar em livre exortação sobre tópicos muito triviais.

§ 15. *Bentham e sua Escola (1748-1842)*

Em unidade, consistência e eficácia de método, o utilitarismo de Bentham apresenta uma superioridade evidente sobre o de Paley. Do começo ao fim ele considera as ações apenas em relação a suas consequências aprazíveis e dolorosas, esperadas ou reais; e ele reconhece plenamente a necessidade da humanidade de um registro abrangente e sistemático destas consequências, livre das influências da opinião moral comum, como expressas nos termos "eulogístico" e "dislogístico" de uso comum. E visto que os efeitos pelos quais somente ele estima a conduta são empiricamente determináveis – sendo que tais prazeres e dores como a maioria dos homens sente e todos podem observar ser sentidos –, toda conclusão política ou moral feita pelo método de Bentham está aberta em cada ponto ao teste de experiência prática. Todo mundo, pensa Bentham, pode dizer que valor ele dá aos prazeres da alimentação, do sexo, dos sentidos em geral, da riqueza, do poder, da curiosidade, da simpatia, da antipatia (malevolência), da benevolência dos indivíduos ou da sociedade, enfim, e às dores correspondentes, assim como os sofrimentos do trabalho e desordens orgânicas;[135] e ele pode muito bem imaginar a taxa à qual eles são avaliados por outros; portanto, se for concedido uma vez que todas as ações sejam determinadas pelos prazeres e dores, e devam ser julgadas pelo mesmo padrão, tanto a arte da legislação quanto da conduta privada estão aparentemente resolvidas em uma base empírica ampla, simples e clara. Se nós temos que investigar a tendência boa ou ruim de um ato, devemos "começar com qualquer pessoa daquelas cujos interesses parecem imediatamente afetados por ela, e, em primeiro lugar, levar em consideração o valor de cada prazer distinguível ou dor que parecem ser produzidos por ele; nós devemos considerar tanto a intensidade quanto a duração destes sentimentos e também a certeza e incerteza deles,[136] mas não considerar toda suposta diferença de qualidade como distinta da intensidade; por que "a quantidade de prazer é igual e uma brincadeira é algo tão bom quanto uma poesia". Nós devemos, então, considerar a "fecundidade" e "pureza" destes efeitos primários; quer dizer, sua tendência a serem seguidos por sentimentos do mesmo tipo e sua tendência a não serem seguidos por um tipo oposto: em seguida, se nós somamos os valores de todos os prazeres e dores assim examinados, o equilíbrio do lado do prazer ou da dor nos dará o bem total ou a tendência ruim do ato com respeito ao indivíduo particular selecionado. Então devemos repetir o processo a respeito de todo outro indivíduo "cujos interesses parecem estar relacionados"; e assim chegaremos ao bem geral ou tendência ruim do ato. Na verdade, Bentham não espera que "este processo seja estrita e previamente buscado para todo julgamento moral"; mas ele assegura que "sempre pode ser mantido em vista", e que quanto mais nós nos aproximamos dele, tanto mais exato se tornará nosso raciocínio ético.

Imagine agora que foi assim determinado que a ação, em qualquer circunstância, seria a melhor em sua tendência: nós temos que começar a indagar

---

[135] Esta lista fornece doze dentre as quatorze classes nas quais Bentham organiza as fontes de ação, omitindo a sanção religiosa (mencionada posteriormente), e os prazeres e dores do egoísmo, que inclui todas as outras classes exceto a compaixão e a antipatia.

[136] Bentham acrescenta "proximidade ou distanciamento"; mas não posso supor que ele queira dizer que ao momento de um prazer afete seu valor racionalmente estimado, exceto até onde o aumento de distanciamento necessariamente envolve certo aumento de incerteza.

quais motivos um homem tem para fazer isto. Para obter uma resposta instrutiva para esta questão, temos que classificar os prazeres e as dores de um ponto de vista diferente, "no caráter de causas ou meios eficientes"; ou usar o nome principal de Bentham para eles nesta relação, como "sanções"[137] das normas de conduta às quais elas incitam os homens a se conformarem. De fato os homens são induzidos a obedecerem a regras úteis pela expectativa de prazeres e dores para si mesmos ou (1) do curso ordinário da natureza "não modificados de propósito pela interposição de alguma vontade", humana ou divina, ou (2) da ação de juízes ou magistrados designados para executar a vontade do soberano, ou (3) da ação de pessoas de sorte na comunidade, "de acordo com a disposição espontânea de cada homem"; quer dizer, segundo a terminologia de Bentham, pela sanção "física", "política" e "moral[138] ou popular". A estas ele acrescenta a "sanção religiosa", isto é, as dores e prazeres que devem ser esperados da "mão imediata de um ser superior invisível"; e à primeira vista o reconhecimento destas consequências supramundanas podem parecer erguer o sistema de Bentham daquela base plana e palpável da experiência mundana que constitui sua reivindicação especial a nossa atenção. Mas a verdade é que ele não leva a sério as esperanças e receios religiosos, exceto como motivos que operam de fato sobre as mentes humanas, que portanto admitem ser observados e mensurados como quaisquer outros motivos. Ele não faz uso próprio da vontade de um ser onipotente e benevolente como meio de conectar logicamente indivíduo e felicidade geral. Indubitavelmente ele, desse modo, simplifica seu sistema

---

[137] Bentham usa este termo para incluir prazeres e dores; mas deve-se observar que Austin e (eu acredito) toda a escola de juristas que o seguiram restringem o termo às dores – estes sendo o tipo de motivos com que o legislador e juiz estão quase exclusivamente interessados.

[138] Na primeira classificação das sanções de Bentham – nos *Principles of Morals and Legislation* – ele expressamente não reconhece os prazeres e as dores dos sentimentos morais. De acordo com sua definição eles poderiam ser incluídos sob o tópico das sanções "físicas"; mas nós provavelmente podemos deduzir que ele considerava estes sentimentos – quando, por um lado, separava da consideração pela reputação e suas consequências e, por outro, da esperança de recompensa e do temor de castigo no futuro – como um fator comparativamente sem importância no equilíbrio dos motivos comuns. Não obstante, em uma carta posterior a Dumont (1821) ele parece se referir separadamente ao que em geral são chamados sentimentos morais como "sanções solidárias e não solidárias". Cf. *Princ. of Mor. and Leg.* (*Works*, vol. i.), p. 14, nota.

e evita as conclusões discutíveis da natureza e das Escrituras nas quais a posição de Paley está envolvida; mas este ganho é avidamente perseguido. Porque surge imediatamente a questão: de que maneira as sanções das regras morais que conduzirão a maioria à felicidade geral que os homens devem observar se mostram ser sempre adequadas no caso de todos os indivíduos cuja observância é requerida? A esta questão Bentham em nenhum lugar tenta dar uma resposta completa nos tratados que publicou. No primeiro livro ele admite expressamente que "o único interesse ao qual um homem está a todo tempo certo de encontrar os motivos adequados para consultar é o seu", e não continua a afirmar que um conhecimento mais completo das consequências sempre lhe mostraria motivos adequados para objetivar a felicidade geral. E em muitas partes de sua vasta obra, na área da teoria legislativa e constitucional, ele parece antes assumir que os interesses de alguns homens estarão continuamente em conflito com os de seus companheiros, a menos que nós alteremos o equilíbrio do cáculo prudencial por um reajuste cuidadoso das penalidades: mas obviamente nesta hipótese não pode ser sustentado que um homem sempre ganhará sua própria e maior felicidade ao "maximizar" a felicidade geral, até que a reforma legislativa e constitucional tenha sido aperfeiçoada. Talvez possamos supor que Bentham, em seu primeiro período, tenha afirmado que, como um filantropo prático, não era sua ocupação enfatizar o conflito ocasional e parcial que acontece entre a felicidade particular e a geral no atual estado imperfeito da organização do mundo; mas antes convencer eficazmente os homens a que amplitude a felicidade deles é realmente promovida por aquilo que conduz à felicidade geral; mostrar quanto a honestidade normalmente é a melhor política, quanto os serviços voluntários aos outros são um investimento lucrativo em um tipo de banco da boa vontade, quão errôneo em todos os sentidos é a estimativa de dores e prazeres pelas quais os atos de homens na prática egoístas e viciosos são determinados.[139] Contudo, na *Deontology* publicada por Bowring a partir dos manuscritos de Bentham depois de sua morte, assume-se distintamente que, na vida humana atual como empiricamente conhecida, a conduta que mais tende à felicidade geral *sempre* coincide com

---

[139] Estes tópicos são proeminentes na *Deontology*.

aquilo que mais contribui para a felicidade do agente; e que o "vício pode ser definido como um erro de cálculo das oportunidades" de um ponto de vista puramente mundano. E parece provável que isto deve ser aceito como a verdadeira doutrina de Bentham, em seus últimos dias; visto que ele certamente afirmava que o fim constantemente próprio da ação por parte de todo indivíduo no momento da ação é a sua real e maior felicidade, daquele momento ao fim da vida, sem retratar sua aceitação inapta da "maior felicidade do maior número" como um "padrão claro, mas verdadeiro para tudo que é certo e errado no campo da moral";[140] e a suposição há pouco mencionada é exigida para reconciliar estas duas convicções, se a base empírica na qual todo seu raciocínio procede é mantida. Mas visto que é no mínimo muito difícil, nas condições atuais da sociedade humana, dar prova empírica adequada desta harmonia universal de interesses, não é surpreendente que vários dos discípulos de Bentham tenham se empenhado em evitar este modo de suprir a lacuna em seu sistema. Uma seção da escola, representada por John Austin, aparentemente voltou à posição de Paley e tratou a moralidade[141] utilitarista como um código de legislação divina; outros, com Grote, estavam contentes em diminuir a severidade das reivindicações feita pela "felicidade geral" sobre o indivíduo e considerar o dever utilitarista como praticamente limitado pela reciprocidade; enquanto do lado oposto, uma subordinação inapta da felicidade privada à felicidade geral foi defendida por J. S. Mill que provavelmente fez mais que qualquer outro membro da escola para difundir e popularizar o utilitarismo tanto na ética quanto na política.

§ 16. J. S. Mill (1806-1873)

A maneira, no entanto, pela qual Mill, em seu breve tratado sobre o *Utilitarismo* (1861), se empenha para induzir o indivíduo a tomar a felicidade geral como o seu fim último, é um pouco complicada e desconcertante. Para começar: ele afirma – ao lado de Hume e Bentham – que "questões

---

[140] Veja Bentham's *Works*. vol. x (*Life*), pp. 560, 561 e 579.

[141] Seria preciso observar que Austin, segundo Bentham, ordinariamente usa o termo "moral" para conotar o que ele mais distintamente chama "moralidade positiva", o código de regras apoiado pela opinião comum em qualquer sociedade.

de fins últimos não admitem prova, no sentido geral do termo"; ele pensa, porém, que "podem ser apresentadas considerações capazes de determinar o intelecto para dar seu consentimento à doutrina". As considerações que ele apresenta de fato (no c. iv) em resumo são estas: (1) O que todo homem deseja é prazer (ou ausência de dor[142]) para si mesmo, e ele sempre deseja isto em proporção à magnitude do prazer; (2) a única prova possível de que qualquer coisa é desejável é que as pessoas realmente a desejam; (3) a felicidade de cada pessoa é, portanto, desejável ou um bem para ela mesma; (4) a felicidade geral é, portanto, um bem ao agrupamento de todas as pessoas. Se o agrupamento pudesse executar um ato realmente coletivo de volição, estas considerações poderiam talvez induzi-lo a objetivar, nesta volição, a felicidade geral; mas elas não parecem aptas a convencer um indivíduo de que ele deveria reunir a maior quantidade de felicidade" – em vez da maior quantidade de sua própria felicidade – como "regra diretiva" padrão e suprema de sua conduta privada. Para fazer justiça a Mill, ele não parece confiar em tais argumentos para este propósito; porque, quando ele expressamente levanta a questão (no c. iii) "Qual é a fonte da obrigação" da moralidade utilitarista? sua resposta consiste inteiramente em uma declaração de "sanções", no sentido de Bentham – isto é, de prazeres privados a serem obtidos e dores a serem evitadas pelo agente que almeja a felicidade geral. Em sua análise desses motivos, porém, ele põe ênfase especial em uma sanção da qual Bentham deixou de considerar: o "sentimento de unidade com os semelhantes", que faz disso um "desejo natural" de um indivíduo de "natureza moral corretamente cultivada" de que seus objetivos estejam em harmonia com os deles. Este sentimento, diz ele, é "na maioria dos indivíduos inferior em força aos sentimentos egoístas deles e, frequentemente, está completamente ausente"; mas se apresenta às mentes daqueles que o têm "como um atributo que não seria bom eles ficarem sem"; e "esta convicção é a última sanção da moralidade da felicidade maior". Ao afirmar que os indivíduos que têm este sentimento estão convencidos de que não "seria bom para eles ficarem sem isso", Mill não quer dizer exatamente que eles estão convencidos de que sempre atingem sua própria felicidade na proporção em que eles

---

[142] Por economia, é bastante conveniente quando se discute o Utilitarismo se referir expressa e somente ao prazer – sendo a dor entendida como a quantidade negativa de prazer.

promovem a felicidade geral; pelo contrário, ele afirma frequentemente que no atual "estado imperfeito da organização do mundo" um homem muitas vezes pode e "serve melhor a felicidade de outros por meio de seu próprio e absoluto sacrifício". Mas ele considera que a "capacidade consciente de fazer sem felicidade fornece o melhor prospecto de realização de que a felicidade como tal é atingível"; pois ela eleva a pessoa acima das oportunidades da vida e a liberta do excesso de ansiedade com relação a seus males.

Esta mistura curiosa de elementos estoicos e epicuristas – epicurismo que fornece a definição do bem do indivíduo e o humor estoico que é encontrado para dar o melhor prospecto de atingi-la – pode estar relacionada com outra posição que Mill sustenta em oposição a Bentham: o reconhecimento de diferenças de qualidade em prazeres distintos e a anulação de diferenças de quantidade. Este reconhecimento de qualidade tem alguma eficácia ao reconciliar o senso comum à adoção de Prazer como um critério de Dever; mas a vantagem é alcançada à custa de consistência: visto que é difícil ver em que sentido um homem que, de dois prazeres alternativos, escolhe o menos agradável com base em sua superioridade em qualidade, pode-se afirmar receber "*maior*" felicidade ou prazer conforme seu padrão de preferência. Mas mesmo depois da introdução desse elemento estranho, não é possível dizer que o utilitarismo de Mill inclua uma prova adequada de que as pessoas de todas as naturezas e temperamentos obterão a melhor oportunidade de felicidade privada nesta vida determinando sempre objetivar a felicidade geral; na verdade, ele apenas tenta ou professa fornecer tal prova.

Em geral, talvez fosse agora geralmente admitido que enquanto a demanda por sanções adequadas é algo que o utilitarismo de Bentham ou Mill não pode legitimamente repelir como irrelevante, contudo, é algo que não pode se encontrar completamente sem se abandonar sua base puramente empírica. No entanto, pode ser ressaltado que há vários modos nos quais um sistema utilitarista de moralidade pode ser usado, sem decidir se as sanções anexas a ele sempre são adequadas. (1) Pode ser apresentado como orientação prática a todos que escolhem "bem geral" como seu fim último, se eles fazem assim por razões religiosas, quer pela predominância em suas mentes de simpatia imparcial, quer porque suas consciências agem em harmonia com princípios utilitaristas ou por qualquer combinação destas ou qualquer outra razão;

ou (2) pode ser oferecido como um código a ser obedecido não de maneira absoluta, mas só até onde a coincidência de interesse privado e geral pode em todo caso se considerar ter alcance; ou, além disso, (3) pode ser proposto como um padrão pelo qual os homens podem razoavelmente concordar em louvar e culpar a conduta de outros, ainda que eles nem sempre possam achar conveniente agir sobre isso por si mesmos. Nós podemos considerar a moralidade como um tipo de legislação suplementar, apoiado pela opinião pública, à qual nós podemos esperar que o público, quando devidamente esclarecido, se ajuste de acordo com o interesse público.

Do último ponto de vista mencionado surge uma nova questão sobre a relação da felicidade privada com a geral que deve ser distinguida, cuidadosamente, daquela que nós temos considerado. Admitindo que a promoção de felicidade geral é o fim último da moralidade, até que ponto devem o moralista e o educador almejar fazer da benevolência o motivo conscientemente predominante na ação do indivíduo; até que ponto ele deveria buscar desenvolver os impulsos cujo objeto direto é a felicidade de outros à custa de impulsos que podem ser chamados em linhas gerais de "egoístas" – isto é, impulsos que objetivam à satisfação pessoal de maneira diferente que pela felicidade de outros? Sobre essa questão a visão de Bentham é caracteristicamente expressa na afirmação de que "nada como alimento bastará senão afeição e autorrespeito"; embora "a benevolência como sobremesa seja um acréscimo muito valioso". O ensino de Mill – sob a influência, como será notado agora, de Comte, com quem, no entanto, ele discorda materialmente – afirma o equilíbrio de maneira diferente e mais delicada, entre o "egoísmo" e o "altruísmo" práticos. Por um lado, Mill[143] sustenta que o espírito público desinteressado deveria ser o motivo proeminente no desempenho de toda obra socialmente útil e que até mesmo preceitos higiênicos deveriam ser recomendados, não principalmente por razões de prudência, mas porque "ao desperdiçar nossa saúde nós nos tornamos incapazes de servir a nossos semelhantes". Por outro lado, ele considera que a "vida não é tão rica em alegrias para que ela possa preceder o cultivo de todos aqueles que se dedicam às [chamadas] propensões egoístas"; e que a função da *censura*

---

[143] Os pontos de vista resumidos neste parágrafo se encontram em parte no ensaio de Mill *Auguste Comte and Positivism* (Parte II) e em parte em seu ensaio *On Liberty*.

moral – como distinta do *louvor* moral – deveria ser restrita à prevenção da conduta que positivamente prejudica a outros ou impede a busca deles pela própria felicidade ou viola compromissos expressa ou tacitamente empreendidos pelo agente. Ao mesmo tempo ele estende a noção de "empreendimento tácito" para incluir "todos estes ofícios bons e positivos e serviços desinteressados como a melhoria moral da humanidade tornou habitual", desse modo, estabelecendo um padrão que em uma sociedade propícia tende continuamente a crescer de maneira mais exigente. O resultado desta doutrina sobre os limites da censura legítima é que ela não deveria ser empregada para a promoção da felicidade da pessoa censurada; a "coação moral da opinião pública" é, na visão de Mill, uma forma de interferência social que a sociedade só terá como justificativa usá-la para sua própria proteção. Mill admite que o dano que uma pessoa causa a si mesma pode afetar seriamente as que estão relacionadas com ela por simpatia ou interesse, e, em um grau menor, por extensão à sociedade: contudo, ele afirma que esta "inconveniência é algo que a sociedade pode suportar pelo bem maior da liberdade humana", exceto onde há "um dano definido, ou risco definido de dano, quer a um indivíduo quer ao público". Por exemplo, nós não devemos censurar um cidadão comum somente por estar bêbado; mas se a intemperança o incapacita de pagar suas dívidas ou sustentar sua família, ele se torna censurável; e um policial se torna censurável se estiver bêbado durante o serviço.

Associacionismo

Mas embora Mill afirme que os sentimentos morais devam ser deliberada e cuidadosamente regulados, da maneira há pouco descrita, de forma que sua operação possa ser tão útil quanto possível à felicidade geral, ele simplesmente não identifica sentimentos morais com a simpatia ou benevolência racional; pelo contrário, ele considera que "a mente não está em um estado compatível com a utilidade, a menos que ela ame a virtude como uma coisa desejável em si mesma" sem referência consciente à sua utilidade. Esse amor à virtude Mill afirma ser, de certo modo, natural, embora não um fato último e inexplicável da natureza humana: ele explica isto pela "lei de associação" de sentimentos e ideias, que, como vimos, Hartley foi o primeiro a aplicar de maneira abrangente em uma teoria psico-física do desenvolvimento de fenômenos mentais.[144] Essa lei, na visão de Mill, opera de dois modos que é importante distinguir. Em primeiro lugar a virtude, originalmente avaliada apenas como inclinada para o prazer não moral ou como protegida das dores morais, passa pela influência de associação a ser uma fonte imediata de prazer e da dor do remorso se suas regras são violadas; portanto, é para a mente moralmente desenvolvida, um objeto de desejo para si mesma. Até aqui, o desempenho de atos virtuosos é apenas um modo particular de buscar o próprio e maior prazer. Mas Mill afirma, a seguir, que a tendência adquirida para conduta virtuosa pode se tornar tão forte que o hábito de desejá-la pode continuar, "mesmo quando a recompensa que o homem virtuoso recebe da consciência por fazer o bem for algo apenas equivalente aos sofrimentos que ele suporta ou os desejos a que ele pode ter que renunciar". É deste modo que o herói ou o mártir chega voluntariamente a fazer um "sacrifício absoluto de sua própria felicidade" para promover a felicidade de outros; ele não pode *desejar* nada exceto em proporção ao que é agradável antecipadamente, mas ele pode por hábito *desejar* o que é em geral desagradável – pela operação da mesma lei pela qual o avaro busca primeiro o dinheiro como um meio de conforto, mas termina sacrificando o conforto pelo dinheiro. Os sentimentos morais que no final das contas adquirem esta força são, na perspectiva de Mill, como na de Hartley, derivados de "elementos muito numerosos e complexos", tão misturados entre si que o sentimento resultante na maioria dos casos é "muito distinto da soma de seus elementos". A origem deles, em qualquer indivíduo comum, sem nenhuma dúvida, é, em parte, artificial; como eles são em parte devidos ao que o Sr. Bain chama "a educação da consciência sob o governo ou autoridade", que é suscetível a ser desencaminhada, de forma que os impulsos morais gerados por isto às vezes são absurdos e nocivos. Entretanto, os sentimentos de origem meramente artificial tendem a se render, enquanto a cultura intelectual progride,

---

[144] A importância deste princípio J. S. Mill aprendeu de seu pai, James Mill, que em sua *Analisys of the Human Mind* desenvolveu com muito vigor e clareza uma visão fundamentalmente semelhante a de Hartley, mas não sobrecarregado pelas rudezas da fisiologia de Hartley.

à "força dissolvente da análise": mas até onde os sentimentos morais estão em harmonia com as regras utilitaristas eles são assistidos contra esta análise corrosiva pela influência permanente da fonte natural da qual eles, em parte, emergiram – os "sentimentos sociais da humanidade"; que são em si mesmos compostos de (1) simpatia para com os prazeres e dores de outros, e (2) hábitos de consultar o bem-estar de outros a partir de uma consciência de necessidade mútua e implicação de interesses. Mill (de acordo com Adam Smith) explica o sentimento peculiar relacionado com nossas noções de justiça e injustiça como ressentimento essencialmente moralizado pela simpatia aumentada e pelo egoísmo inteligente; o que nós queremos dizer por injustiça é o dano causado a um indivíduo designável por uma brecha de certa regra pela qual nós desejamos que o infrator seja castigado, tanto por causa da pessoa prejudicada quanto por causa da sociedade em geral, inclusive a nós mesmos. Uma visão da origem dos sentimentos morais, em linhas gerais semelhante à de Mill, é sustentada pelo Sr. Bain, o principal representante vivo [na época] da Associational Psicology e por outros escritores da mesma escola. A combinação de antecedentes é dada de maneira um pouco diferente por diferentes pensadores – o Sr. Bain, em particular, enfatiza de modo especial a operação da simpatia puramente desinteressada;[145] – mas geralmente eles concordam em representar o processo de combinação como aqueles que fariam as inclinações de qualquer indivíduo normal se harmonizar no todo com os interesses gerais da comunidade da qual ele é membro: de forma que a consciência do homem sincero possa, sobre princípios utilitaristas, ser considerada um guia útil embora não infalível para a conduta, especialmente onde os cálculos utilitaristas são difíceis e incertos.[146]

---

[145] O Sr. Bain considera que esta operação de simpatia é um caso especial da "tendência de cada ideia a se expressar em ações", para se tornar uma realidade, não com um intuito de atrair o prazer ou afastar a dor, mas de uma inclinação independente da mente.

[146] Uma forma interessante da teoria Associacionista da origem dos sentimentos morais encontra-se nos *Data of Ethics* (§§ 44-47) do Sr. Herbert Spencer. Na visão do Sr. Spencer, "a característica essencial na consciência moral" é o controle dos "sentimentos mais simples e menos ideais pelos mais complexos e mais ideais". Mas esta também é uma característica principal de outras restrições não adequadamente denominadas morais; e só gradualmente é que a restrição propriamente moral é "diferenciada", no curso da evolução, destas outras restrições. Os impulsos dos homens selvagens são primeiramente restringidos por um vago temor à ira de outros selvagens, vivos e mortos

§ 17. Controvérsias Éticas Atuais

A validez geral desta explicação Associacional da consciência é, no entanto, ainda um assunto discutível. Tem sido persistentemente negado por escritores da escola intuicional, que (ao contrário de Hartley) normalmente pensaram que esta derivação de sentimentos morais a partir de sentimentos mais primitivos seria prejudicial à autoridade dos primeiros.

Associação e Evolução

O principal argumento deles contra esta derivação foi baseado no primeiro período ao qual estes sentimentos são manifestados pelas crianças, que quase nunca, frisam eles, dão tempo para a associação produzir os efeitos designados a ele. Este argumento foi satisfeito em tempos recentes pela aplicação à mente de uma teoria fisiológica da hereditariedade de acordo com a qual mudanças produzidas na mente ou no cérebro de um dos pais, por associação de ideias ou de outra maneira, tendem a ser herdadas por seus descendentes; de forma que o desenvolvimento do sentido moral ou qualquer outra faculdade ou suscetibilidade do homem existente pode ser hipoteticamente remontado à vida pré-histórica da raça humana sem qualquer mudança na maneira de derivação imaginada. No momento, porém, essa visão de hereditariedade normalmente é afirmada junto à teoria da seleção

---

– os mortos considerados como a crença em fantasmas evoluídos –; além destes existem temores gradualmente evoluídos em distinção como o temor aos castigos judiciais, o temor à vingança Divina e o temor à reprovação social. É a partir das restrições geradas por estes temores que a noção de "obrigação" moral foi originalmente derivada: como os resultados temidos nestes casos, embora "mais incidentais do que necessários", são mais fácil de conceber vividamente do que o dano "natural necessário" executado por ações ruins, a representação dos quais é a própria fonte de sentimento e restrição estritamente morais. Esta última, consequentemente, se desenvolve mais lentamente que as restrições emanadas de autoridades políticas, religiosas e sociais, e sob as condições de união social que só estas outras restrições poderiam manter: embora tendo assim desenvolvido ela vem a ser bastante independente, em experiência consciente, dessas outras restrições. O Sr. Spencer acrescenta que o "elemento de coer-citividade", envolvido na restrição estritamente moral de sua associação com as restrições políticas, religiosas e sociais, tende a enfraquecer enquanto o "motivo moral se torna distinto e predominante". Assim "o sentido de dever ou obrigação moral é transitório e diminuirá tão rápido quanto aumenta a moralização.

natural de Darwin; de acordo com a qual tipos diferentes de coisas vivas no curso de uma série de gerações chegam gradualmente a ser dotados de órgãos, faculdades e hábitos que tendem à preservação, ou do indivíduo, ou das espécies sob as condições de vida na qual está situado. Essa teoria introduz na história dos sentimentos morais um novo fator zoológico; o qual, embora de nenhuma maneira irreconciliável com a antiga teoria psicológica de sua formação pela junção de sentimentos mais primitivos ainda deve ser concebido como controlando e modificando os efeitos das leis de associação pelo favorecimento da existência de sentimentos que tendem à preservação da vida humana e impedindo a existência daqueles que têm uma tendência oposta.

Ética Evolucional

No entanto, a visão de evolução biológica que recentemente se tornou prevalecente por causa da aceitação difundida da teoria darwiniana tem tido efeitos sobre o pensamento ético de um tipo ainda mais fundamental. Ela não tendia meramente a modificar a explicação Associacional do desenvolvimento de sentimentos morais, mas também a afastar o critério e o método de Bentham para determinar as tendências boas e ruins das ações; em primeiro lugar, substituindo pelo "equilíbrio do prazer sobre a dor" uma concepção biológica mais objetiva – como a "preservação da sociedade humana" ou da "raça humana", ou, ainda mais geralmente, a "quantidade de vida" – como o fim pela inclinação à qual as ações e atributos devem ser estimados; e, em segundo lugar, substituindo pelo raciocínio utilitarista empírico uma tentativa de deduzir as regras morais das leis biológicas ou sociológicas. Este último procedimento às vezes é chamado "estabelecimento da moralidade sobre uma base científica".

O fim que, nesta dedução, fornece o critério "científico" de regras morais é, como tenho sugerido, um pouco diferentemente definido por diferentes pensadores da escola Evolucionária; mas há uma diferença mais fundamental na visão deles quanto à relação deste fim objetivo com a felicidade. Alguns escritores Evolucionistas parecem considerar a felicidade ou o prazer como um mero acompanhamento – cientificamente não importante – daquela preservação ou expansão de vida, que é considerada como o fim último real.

O Sr. Herbert Spencer, no entanto, o professor mais influente de Ética Evolucionária, repudia esse ponto de vista. Na verdade, ele afirma que uma pesquisa da "conduta universal" – isto é, das ações de seres animados de todos os tipos – nos mostra a "quantidade de vida, medida em amplitude[147] como também em extensão", como o fim ao qual tais ações tendem a ser cada vez mais ajustadas enquanto tem continuidade o desenvolvimento da vida; mas ele considera que a conduta que tende à preservação da vida só é boa – e geralmente se julga que é assim – na hipótese de que a vida é assistida por um "excesso de sentimento agradável". Ele não afirma expressamente que a vida seja na verdade sempre tão assistida; contudo, parece afirmar que, para propósitos éticos, ações que se inclinam à máxima quantidade de vida e ações que se inclinam à máxima quantidade de sentimento agradável podem ser levadas a coincidir. Sua prontidão em assumir essa coincidência talvez se deva ao fato de que ele não concebe um sistema ético como interessado principalmente com a conduta dos seres humanos atuais: sua ocupação primária é "formular a conduta normal em uma sociedade ideal" – uma sociedade tão ideal que nela a conduta normal produzirá "em toda parte prazer genuíno não proveniente da dor". Na visão do Sr. Spencer somente a conduta da qual os efeitos são desse modo genuínos pode ser chamada "absolutamente correta"; "a conduta que tem qualquer concomitante de dor ou qualquer consequência dolorosa está parcialmente errada": e como a Ciência Ética é principalmente "um sistema de verdades que expressam o absolutamente correto" é óbvio que tais verdades não podem se relacionar diretamente com as ações de homens reais. Os raciocínios da "Ética Absoluta", portanto, estão relacionados com as "relações necessárias da averiguação" entre as ações e suas consequências e "deduzindo dos princípios necessários ao que a conduta deve ser prejudicial e ao que a conduta deve ser benéfica" em uma sociedade ideal. Quando essa dedução tiver sido executada ela pertencerá a um modo inferior de raciocínio que o Sr. Spencer distingue como "Ética Relativa", para estabelecer de uma maneira empírica e aproximada até que ponto as regras da Ética Absoluta devem ser consideradas como aplicáveis aos seres humanos aqui e agora.

---

[147] Por diferenças de *amplitude* o Sr. Spencer quer dizer diferenças nas "quantidades de mudança" que seres vivos diferentes sofrem ao mesmo tempo.

Eu não tenho informação de que qualquer outro escritor que trata da Ética, do "ponto de vista da evolução", tenha adotado a doutrina do Sr. Spencer sobre as relações da Ética Absoluta e Relativa. Mas há outros escritores – de quem o Sr. Leslie Stephen[148] pode ser considerado como representante – que, aceitando a felicidade como o fim último de conduta razoável, rejeita o método de Bentham de determinar empiricamente a inclinação das ações para este fim; e considera que um "critério mais científico" de moralidade é obtido ao se investigar sua inclinação à "eficiência" do organismo social – eficiência, isto é, com a finalidade de sua própria preservação. Comparando isso com a visão utilitarista mais antiga, é importante não exagerar a discordância. Provavelmente não há nenhum moralista de qualquer escola que negue a importância fundamental de regras e hábitos que tendem à preservação da sociedade; certamente não há nenhum utilitarista – nem sendo um pessimista – que não considere a obtenção desse resultado como a função mais indispensável da moralidade, de um ponto de vista utilitarista, e sua função principal nos primeiros estágios do desenvolvimento moral, quando viver era uma tarefa difícil para as comunidades humanas. Portanto, a questão primordial em debate é se devemos considerar a preservação como o único fim; se nós devemos ficar contentes com o mero assegurar da existência para a humanidade em geral, ao invés de buscar tornar a existência segura e mais desejável – se, em resumo, a noção de "Bem-estar" deve ser reduzida a "Estar com a promessa de ser futuro". Se essa questão fosse resolvida com a afirmativa ela poderia se discutir então até que ponto a condição presente do conhecimento sociológico deve tornar a "inclinação à preservação do organismo social" um critério completamente aplicável à reconstrução científica da moralidade.[149]

---

[148] Em sua *Science of Ethics* (1882).

[149] A extensão à qual a Sociologia deve ser considerada como já constituída é um ponto sobre o qual deveria parecer ser diferença considerável de opinião entre os Evolucionistas. O Sr. Spencer a considera como suficientemente estabelecida e capaz definitivamente de predizer uma sociedade ideal no futuro remoto. O Sr. Stephen, por outro lado, declara que no momento a Sociologia "consiste em nada mais que uma coleção de suposições inverificáveis e vagas generalidades, disfarçada sob um aparato mais ou menos pretensioso de terminologia semicientífica".

Otimismo e Pessimismo

Não é fácil dizer até que ponto a visão mais ou menos otimista da relação da Vida com a Felicidade, que parece uma parte essencial tanto do sistema ético do Sr. Spencer quanto do Sr. Stephen, é compartilhada pelo número crescente de estudantes que estão se dedicando à investigação biológica e sociológica. A opinião dominante, no entanto, parece ser que a vida, normalmente e em geral, é assistida pelo contrapeso do prazer sobre a dor. A justeza desta opinião, no entanto, é discutida de vez em quando por argumentos cautelosos – em parte sob a influência da filosofia pessimista da Alemanha da qual posteriormente será dado um breve relato. Os pontos que os pessimistas enfatizam são principalmente (1) a dificuldade do estado de desejo e do desejo insatisfeito que ainda é um elemento essencial e permeado do processo vital; (2) a intensidade indefinidamente maior da dor, especialmente dor orgânica, quando comparada com o prazer; e – em relação aos seres humanos em particular – (3) o aborrecimento do trabalho exigido pela maioria para assegurar até mesmo o grau imperfeito de proteção contra a doença e a dor que é atingido no momento. Uma conclusão dogmática, sobre essas ou outras bases, de que a vida humana é em geral mais dolorosa do que aprazível, talvez seja rara na Inglaterra; mas é uma opinião difundida que a média de felicidade atingida pelas massas, mesmo em comunidades civilizadas, é deploravelmente baixa e que o objetivo presente da filantropia deveria ser, antes, melhorar a qualidade da vida humana e não aumentar sua quantidade.

Transcendentalismo

As controvérsias que há pouco indiquei resumidamente entre utilitaristas empíricos, hedonistas evolucionistas ou simplesmente evolucionistas, são na maior parte conduzidas sobre a base de um acordo geral que considera a vida humana como sendo essencialmente uma parte do todo maior que é a vida animal e como algo do qual a bondade ou a maldade devem ser estimadas em princípios aplicáveis – pelo menos em algum grau – a este todo maior. Esta base, no entanto, é repudiada enfaticamente por uma escola de pensamento que se tornou proeminente em tempos recentes; a qual afirma que o bem do homem como um ser racional depende essencialmente da autoconsciência que distingue a vida humana da existência meramente sensível dos animais. As fontes alemãs das quais esta visão principalmente se derivou serão brevemente descritas em uma seção posterior; em sua fase inglesa a doutrina encontrou sua expressão mais elaborada e importante nos *Prolegomena to Ethics* de Green.

T. H. Green (1836-1882)

De acordo com Green o fim ou bem de todo homem é a realização das faculdades de seu ser como um dos muitos sujeitos, "espíritos" ou "pessoas", autoconscientes em quem a mente divina una – o sujeito supremo e uno sugerido na existência do mundo – parcialmente se reproduz. Cada espírito ou pessoa, consciente do eu como uma inteligência combinante, necessariamente tem conhecimento de si como algo distinto do mundo da natureza que sua inteligência combinante constitui: sua existência, embora em um aspecto seja uma parte desta natureza, não é meramente natural; consequentemente, seus objetivos e suas atividades não são explicáveis por leis naturais. Como ele é em si mesmo distinto da natureza, assim sua verdadeira autossatisfação ou bem não podem ser achados na satisfação dos desejos e desejos devidos ao seu organismo animal, nem, na verdade, em qualquer série concebível de prazeres que perecem no prazer: seu verdadeiro bem deve ser permanente, enquanto o eu é o que o satisfaz; e deve ser percebido em uma vida social de pessoas autoconscientes. Uma descrição completamente definida disto ainda não pode ser dada, visto que nós não podemos saber o que são as faculdades do homem senão a partir de sua realização, porque até agora é somente parcial: mas uma determinação parcial disto será encontrada no código moral estabelecido, que – embora não seja considerado absoluto e indiscutivelmente válido – ainda é incondicionalmente obrigatório contra qualquer impulso contraditório a não ser pelo desejo para o melhor na conduta, que é a fonte do aprimoramento moral. O único bem incondicional é a boa vontade; e "quando perguntamos a nós mesmos o que são as formas essenciais nas quais a vontade pelo verdadeiro bem (que é a vontade de ser bom) tem que aparecer", nossa resposta deve "seguir as linhas da classificação grega de virtudes". Contudo, nossa concepção não deve ser restringida à virtude no sentido moderno; tem que incluir a "arte e a ciência" como também as "virtudes especificamente morais"; a boa vontade é "a vontade de saber o que é verdadeiro, fazer o que é belo, suportar a dor e o temor, resistir às seduções do prazer, no interesse de alguma forma de sociedade humana". Finalmente, já sabemos que "a ideia de um bem verdadeiro não admite a distinção entre o bem para si mesmo e o bem para outros", e que não deve ser buscado em "objetos que admitem ser rivalizados" – a maneira como isto é exatamente reconciliado com a inclusão na noção da "realização de capacidades científicas e artísticas" não é claramente explicada.

§ 18. Livre-arbítrio

No relato que fiz neste capítulo sobre o desenvolvimento do pensamento ético inglês de Hobbes até o presente, deixei até aqui de tratar dos pontos de vista afirmados por diversos moralistas sobre a questão do Livre-arbítrio. O motivo de minha omissão é que, em muitos dos escritores nos quais estou interessado, essa questão difícil e obscura ou não é discutida ou é tratada de maneira a minimizar sua importância ética; e este último modo de tratamento é consoante com minha própria visão. Para explicar esta negligência comparativa aos leitores que podem estar dispostos a levar em conta uma visão diferente é necessário distinguir três significados nos quais a "liberdade" é atribuída à vontade ou "eu interior" de um ser humano – a saber, (1) o poder geral de escolher entre alternativas diferentes de ação sem um motivo ou contra a força resultante de motivos contraditórios; (2) o poder de escolha entre as iniciativas da razão e as dos apetites (ou outros impulsos não racionais) quando estes entram em conflito com a razão; (3) a simples qualidade de agir racionalmente apesar dos impulsos contraditórios, porém fortes, o *non posse peccare* dos teólogos medievais. É óbvio que "liberdade", nesse terceiro sentido, é algo bastante distinto de liberdade no primeiro ou no segundo sentidos; e, na verdade, é mais um estado ideal segundo o qual o agente moral deveria aspirar do que uma propriedade que se diz que o humano apresenta. Além disso, no primeiro sentido, como distinto do segundo, a afirmação de "liberdade" parece não ter nenhuma importância ética, exceto na medida em que introduz uma incerteza geral em todas as nossas conclusões com respeito à conduta humana. Mesmo no segundo sentido não parece que a liberdade de uma vontade humana possa ser um elemento a ser considerado ao se examinar o que é certo ou melhor para ele fazer (posto que naturalmente as convicções mais claras do dever serão infrutíferas se um homem não tiver autocontrole suficiente que o permita agir sobre elas); é melhor quando nós perguntamos se é justo castigar alguém pela má ação já que parece importante saber se ele poderia ter agido de outra maneira. Mas de fato a importância vinculada a essa conexão do Livre-arbítrio com a Justiça retributiva tem sido mais teológica do que estritamente ética, pelo menos durante uma boa parte do período com o qual nós estamos preocupados: de forma que, apesar da proeminência dada à questão nas controvérsias dos teólogos protestantes do século XVII, não parece que os moralistas ingleses de Hobbes a Hume ressaltassem algo sobre a relação do Livre-arbítrio, quer ao dever em geral quer à justiça em particular. Nem a doutrina de Hobbes, de que a deliberação seja uma mera alternação de desejos em competição – ação voluntária imediatamente resultante do "apetite último" –, nem o não menos decidido Determinismo de Locke, que afirmava que a vontade sempre é movida pela maior intranquilidade presente, pareceu aos dois autores requerer uma reconciliação com a crença na responsabilidade humana. Mesmo no sistema de Clarke, no qual o Indeterminismo sem dúvida é uma noção primordial, sua importância é mais metafísica do que ética; a visão de Clarke resume-se na particularidade aparentemente arbitrária da constituição do universo físico que na verdade só é explicável pela referência ao Livre-arbítrio criativo. Na discussão ética entre Shaftesbury e os moralistas "Sentimentais" em geral, essa questão naturalmente deixa de ser considerada; e o cauteloso Butler tenta excluir até onde possível suas perplexidades da filosofia da prática. No entanto, a posição da questão tornou-se materialmente diferente sob a influência da reação importante, iniciada por Reid, contra toda maneira de filosofar que conduzia finalmente a Hume.

Reid sobre o Livre-arbítrio

A crença do Livre-arbítrio não só ocupou um lugar proeminente entre as convicções do Senso Comum que, na visão da escola escocesa, era tarefa da filosofia definir e defender; também foi afirmado em geral por essa escola ser um ponto absolutamente essencial da doutrina ética e inseparavelmente conectado com o julgamento do bom e mau merecimento, que eles sustentavam ser um elemento essencial da consciência moral. Na realidade, os dois argumentos principais com os quais Reid conta para provar o Livre-arbítrio são a consciência universal de poder ativo e a consciência universal de responsabilidade. Em primeiro lugar, frisa Reid, "nós temos uma convicção natural de que agimos livremente tão antiga, universal e necessária, que ela deve ser resultado de nossa constituição"; de forma que a suposição de sua falácia é "desonroso ao nosso Criador e concede fundamento ao ceticismo universal". A força desse argumento pareceria ser reduzida pela admissão de Reid de que é natural a nações rudes acreditar que o sol, a lua, o mar e os ventos têm poder ativo, considerando que o progresso da filosofia mostra que eles estão mortos e inativos: mas a visão de Reid é que a noção universal de atividade tem que achar aplicação própria em algum lugar, enquanto a reflexão mostra que só pode ser corretamente aplicável ao Livre-arbítrio humano – um agente assim chamado cujos atos são as consequências necessárias das causas que expõem sua volição, na realidade, não é um agente. Esta frase "os atos são determinados pelo motivo mais forte" é, responde ele, uma proposição incapaz de qualquer prova que não contorna a questão: se nós medimos a força de um motivo pelo efeito que realmente tem sobre a volição, sem dúvida é fácil mostrar que o motivo mais forte sempre prevalece; mas então nós assumimos o mesmo ponto em debate. Por outro lado, se tomamos nosso critério da consciência do agente e medimos a força de um motivo pela dificuldade sentida de resistir a ele, então é preciso se admitir que às vezes os impulsos para a ação são resistidos com sucesso, mesmo quando o agente sente que é mais fácil se render que resistir. De fato, a competição eticamente importante dos motivos é aquela que acontece quando um "motivo animal", que como *sentido* é mais forte, impele em uma direção e um motivo "mais forte aos olhos da razão" indica o caminho oposto; isto é, quando nós temos uma convicção de que é nosso dever ou nosso interesse resistir ao apetite ou à paixão, embora mais esforço seja exigido para resistir do que se render. Neste conflito, embora a carne às vezes prevaleça contra o espírito, nem sempre prevalece; liberdade moral, portanto, é a experiência de poder que nos mostra que possuímos *ou* a ação conforme nosso julgamento sobre o que é melhor *ou* a obediência ao impulso sentido como o mais forte.

Uma relação semelhante entre os motivos racionais e animais está incluída, de acordo com Reid, tanto em nossa noção geral de responsabilidade quanto nos graus variados de responsabilidade reconhecidos em julgamentos morais comuns. Um motivo irresistível geralmente é admitido para afastar a culpa; ninguém é culpado por se render à necessidade ou pensa merecer castigo pelo que não estava em seu poder evitar. Além disso, nós geralmente julgamos que a criminalidade de atos prejudiciais é materialmente diminuída por serem executadas sob a influência de dor ou temor violentos ou mesmo da paixão; e neste reconhecimento dos limites do poder de agir do homem na resistência ao sentimento, também se reconhece implicitamente a realidade da livre atuação dentro destes limites. Por quê se todas as ações são igualmente necessárias, se um homem que trai um segredo de Estado por um suborno é "tão compelido por um motivo irresistível" quanto um homem que o trai na estante, por que haveria tão profunda diferença em nossos julgamentos dos dois casos?

Desde o tempo de Reid a Liberdade da Vontade, penso eu, tem sido normalmente sustentada por moralistas intuicionais e em geral em bases muito semelhantes a essas que acabei de resumir: exceto até onde sob a influência de Kant – que opera diretamente, ou como transmitida por Sir William Hamilton e outros – o argumento da "consciência de poder" foi abandonado, na verdade, por conduzir a uma antinomia ou um conflito de incompreensibilidades opostas e toda ênfase recaiu no argumento da consciência de dever e mérito.

Ética Determinista

Por outro lado, moralistas utilitaristas normalmente têm sido Deterministas; e além de frisar a dificuldade de reconciliar o Livre-arbítrio com a universalidade da causação como entendida por todos os estudantes de ciência física – uma dificuldade que o progresso da ciência tem de esclarecer com força crescente e contínua –, eles normalmente tentaram rejeitar o argumento da responsabilidade e do mérito oferecendo um significado um tanto novo a estes termos atuais. O julgamento comum do demérito, de acordo com o Determinista utilitarista, é apenas a expressão de ressentimento natural moralizada pela simpatia e pelo autorrespeito esclarecido: tal ressentimento e o castigo ao qual ele induz são a resposta própria e razoável ao dano voluntário – por menos livre que o causador do dano possa ter sido – se, como se admite, eles tendem a evitar dano semelhante no futuro.[150] Ele reconhece que em certo sentido "deve" sugere "pode" e que somente o que estava "em poder de um homem" age e que não se devem aos próprios sujeitos castigo ou condenação moral; mas ele explica que "pode" e "em seu poder" sugere apenas a ausência de todos os obstáculos insuperáveis exceto a falta de motivo suficiente; é justo em tais casos, ele frisa, que o castigo e a expressão de desgosto moral sejam exigidos para prover os motivos necessários para a conduta correta. Ele não acha nenhuma dificuldade no fato de que os atos sejam geralmente julgados ser menos culpáveis se realizados sob a influência de violento temor ou desejo: porque, como Bentham ressalta, a disposição manifestada em tais atos causa menos alarme para o futuro do que se o motivo tivesse sido mais leve. O Determinista, no entanto, não admite que os julgamentos atuais de culpabilidade, até onde eles influenciam a prática, sejam realmente consoantes com a doutrina do Livre-arbítrio; e na verdade parece inegável que nós, em geral, concordemos em punir a negligência que causou sério prejuízo sem exigir a prova que era o resultado, direta ou indiretamente, de descuido intencional do dever; e que nós não consideramos a rebelião ou o assassinato menos merecidamente punível, porque eles foram incitados pelo patriotismo desinteressado, embora com certeza nós consideremos menos o demérito deles.

---

[150] Entretanto, dever-se-ia observar que alguns Deterministas trataram de maneira diferente o argumento de que a necessidade anula o demérito. Eles admitiram que o castigo só pode ser legítimo se é benéfico à pessoa castigada; ou eles afirmaram que o único uso legítimo da força é conter força ilegítima.

§ 19. Influência Francesa sobre a Ética Inglesa

Até aqui eu segui o curso da especulação ética inglesa sem colocá-la em relação com o pensamento europeu temporário sobre o mesmo assunto. Este curso me pareceu mais conveniente, porque na realidade quase todos os sistemas descritos, de Hobbes para trás, têm sido de desenvolvimento essencialmente nativo, mostrando apenas alguns vestígios de influência estrangeira. Nós podemos observar que a ética é o único campo no qual isso acontece. A física e a psicologia de Descartes foram muito estudadas na Inglaterra e o seu sistema metafísico certamente foi o antecedente mais importante ao de Locke; mas Descartes quase não se envolveu com a ética. Além disso, a controvérsia que Clarke teve com a doutrina de Spinoza, e depois pessoalmente com Leibnitz, ficou completamente limitada ao âmbito da metafísica. A França católica era uma escola para os ingleses em muitos assuntos, mas não em moral; o grande conflito entre Jansenistas e Jesuítas não recebeu, entre nós, ingleses, a devida atenção. Somente na última parte do século XVIII é que o sinal da filosofia revolucionária francesa começa a se manifestar deste lado do Canal; e mesmo então sua influência não é muito marcante na área do pensamento ético. É verdade que a ousada e fervorosa exaltação da natureza de Rousseau à custa da civilização, seu elogio à ignorância feliz, às maneiras transparentes e às virtudes simples do homem inculto contrastado com o produto artificial, acabado e corrupto da sociedade moderna, teve efeito considerável na Inglaterra como também na França: e sua proclamação eloquente da soberania inalienável do povo como o princípio da única ordem política justa e legítima concedeu ajuda poderosa ao desenvolvimento da velha teoria inglesa do pacto social em uma direção revolucionária. Contudo, é interessante observar como até mesmo os escritores ingleses da segunda metade do século XVIII, que foram poderosamente afetados pelo movimento de especulação política francesa, se mantiveram perto das antigas linhas do pensamento inglês ao colocarem a fundação ética sobre o que eles propunham construir a nova ordem social de liberdade racional e igualitária: quer, como Price, eles pertencessem à escola intuicional, quer, como Priestley e Godwin, eles aceitassem a maior felicidade como o critério último de moralidade. Somente na derivação do Benthamismo nós descobrimos que um elemento importante é proporcionado pelos trabalhos de um escritor francês, Helvetius; como o próprio Bentham estava bem consciente.[151]

Helvetius (1715-1771)

Foi de Helvetius que ele aprendeu que os homens que são universal e somente governados pelo amor próprio, os chamados juízos morais, na verdade são os julgamentos comuns de qualquer sociedade quanto aos seus interesses comuns; que é, portanto, fútil, por um lado, propor qualquer padrão de virtude a não ser o de inclinação à felicidade geral e, por outro lado, inútil apenas dissertar aos homens sobre o dever e repreendê-los pelo vício; que a função exata do moralista é, antes, apresentar a coincidência entre virtude e felicidade privada; que, consequentemente, embora a natureza tenha limitado os interesses dos homens de muitas formas e a educação ao desenvolver a simpatia e o hábito de auxílio mútuo possa estender em muito a relação, no entanto, o moralista mais eficaz é o legislador, que, agindo sobre o amor próprio por sanções legais, pode modelar a conduta humana como quiser. Essas poucas e simples doutrinas fornecem o pano de fundo da obra infatigável e duradoura de Bentham.

Comte (1798-1857)

Além disso, no Benthamismo modificado de J. S. Mill, a influência de um pensador francês, Auguste Comte (*Philosophie Positive*, 1829-42, e *Système de Politique Positive*, 1851-54), aparece como o principal elemento modificador. Essa influência, até onde afetou a moral como distinta da especulação política, foi exercida principalmente pela concepção geral de progresso humano, que, na visão de Comte, consiste na preponderância sempre crescente dos atributos distintamente humanos sobre os puramente animais, os sentimentos sociais são qualificados como os mais altos entre os atributos humanos

---

[151] É possível observar que a doutrina política de Bentham se tornou pela primeira vez extensamente conhecida pela paráfrase francesa de Dumont; e que uma certa porção dela – que se relaciona com os *Principles of the Civil Code* – jamais foi dada ao mundo sob qualquer outra forma.

e o mais alto de todos, o estágio mais universalizado da afeição humana, a devoção para com a humanidade como um todo. Consequentemente, é o desenvolvimento da benevolência no homem e do hábito de "viver para os outros" que Comte toma como o objetivo último e padrão de prática e não o mero aumento de felicidade. Na verdade, ele afirma que os dois são inseparáveis e que quanto mais *altruísticos* os sentimentos de qualquer homem e os hábitos de ação possam ser feitos, tanto maior será a felicidade desfrutada por si próprio como também pelos outros. Mas ele não se aborrece seriamente em discutir com o egoísmo ou pesar cuidadosamente a quantia de felicidade que em geral poderia ser atingida pela satisfação das tendências egoístas devidamente reguladas; uma autodevoção suprema e inquestionável na qual todos os cálculos pessoais são suprimidos é uma característica essencial do seu ideal moral. Tal visão é quase diametralmente oposta à concepção de Bentham a respeito da existência humana normal; o mais novo utilitarismo de Mill representa um esforço para achar o caminho mediano correto entre o dois extremos.

É preciso observar que, na visão de Comte, a devoção à humanidade é princípio não meramente de moralidade mas de religião; isto é, não deveria apenas ser praticamente predominante, mas deveria ser manifestado e sustentado pelas formas de expressão regulares e em parte simbólicas, privadas e públicas. Contudo, esse lado do sistema de Comte e os detalhes de sua reconstrução ideal de sociedade, na qual essa religião desempenha um papel importante, têm tido pouca influência quer na Inglaterra quer em outros lugares. Por outro lado, seu ensino sobre o tema do método científico – especialmente sobre o método da Sociologia ou Ciência Social, que ele acreditava ter construído, e do qual tem uma reivindicação legítima de ser considerado como o principal fundador – tem tido um efeito profundo e duradouro sobre o pensamento ético inglês. No utilitarismo de Paley e Bentham as próprias normas de conduta, morais e jurídicas, são determinadas ao se comparar as consequências imaginárias de modos diferentes de regulamento nos homens e mulheres, concebidos como espécimes de um tipo substancialmente uniforme e imutável. É verdade que Bentham reconhece expressamente as influências variadas de clima, raça, religião e governo, como considerações que são importantes para o legislador levar em conta; mas sua própria obra de construção social era quase completamente independente de tais considerações e sua escola em geral parece ter sido convencida de sua competência para resolver as questões éticas e políticas mais importantes para os seres humanos de todas as idades e países, sem levar em conta diferenças históricas. Mas na concepção Comtiana de ciência social, da qual a ética e a política são a aplicação prática, o conhecimento das leis da evolução da sociedade é de importância fundamental e continuamente crescente; a humanidade é considerada como tendo atravessado uma série de estágios, em cada um dos quais um agregado um pouco diferente de leis e instituições, costumes e hábitos é normal e apropriado. Assim, o homem atual é um ser que só pode ser entendido por um conhecimento de sua história passada; e qualquer esforço de construir para ele um ideal moral e político, por método puramente abstrato e não histórico, deve necessariamente ser fútil; quaisquer modificações que podem a qualquer momento ser desejáveis em lei positiva e moralidade só podem ser determinadas pela ajuda da "dinâmica social". Essa visão estende-se para além dos limites da escola ou seita especial de Comte, e, na verdade, parece ser muito amplamente aceita entre as pessoas cultas de nossos dias.

§ 20. Influência Alemã sobre a Ética Inglesa

A influência da filosofia alemã – assim como da francesa – sobre o pensamento ético inglês, relativamente falando, não teve importância até um período recente. Na verdade, no século XVII, o tratado de Puffendorf sobre a *Law of Nature*, no qual a visão geral de Grotius foi reafirmada com modificações – em parte projetada para efetuar um acordo com a nova doutrina de Hobbes –, parece ter sido muito lido em Oxford e em outros lugares. O próprio Locke o inclui entre os livros necessários para a educação completa de um cavalheiro. No entanto, os ingleses desconheceram quase que por completo o desenvolvimento subsequente da teoria da conduta na Alemanha; até mesmo o longo e dominante sistema de Wolff (*f.* 1754), imponente em sua construção elaborada e completa, quase não era conhecido por nossos escritores mais bem informados. Parece que nem a maior fama nem o gênio mais grandioso de Kant instigaram os moralistas ingleses ao estudo cuidadoso de seu sistema ético, enquanto não se espalhou antes pelo mundo por aproximadamente cinquenta anos.[152] Sua doutrina ética fundamental, porém, foi logo e avidamente abraçada por um dos mais notáveis e interessantes dentre os líderes do pensamento inglês na primeira parte do século XIX – o poeta e filósofo Coleridge. Posteriormente, nós encontramos traços distintos da influência kantiana em Whewell e outros escritores da escola intuicional; mas o interesse contínuo e crescente que os ingleses mostraram pela produção da mente alemã durante os últimos quarenta anos do século XIX levaram as obras de Kant a serem tão amplamente conhecidas que o presente trabalho ficaria claramente incompleto sem uma exposição de suas doutrinas éticas.

Kant (1724-1804)

O moralista inglês com quem Kant tem mais afinidade é Price; na realidade, o kantismo, no pensamento ético da Europa moderna, tem um lugar um pouco análogo ao ocupado pelo ensino de Price e Reid entre os ingleses. Kant, como esses pensadores, afirma que o homem como ser racional está incondicionalmente obrigado a se conformar a certa regra de direito ou "imperativo categórico" da razão. Como Price, ele afirma que uma ação não é boa a menos que realizada por um bom motivo, e que esse motivo deve ser essencialmente diferente de qualquer tipo de inclinação natural; dever, para ser dever, precisa ser executado por causa do dever. E ele afirma, com mais sutileza que Price ou Reid, que ainda que um ato virtuoso seja sem dúvida agradável ao agente virtuoso e qualquer violação do dever seja dolorosa, este prazer moral (ou dor) não pode ser estritamente o motivo para o ato, porque em vez de preceder ele sucede o reconhecimento de nossa

---

[152] Os tratados éticos mais valiosos de Kant, o *Grundlegung zur Metaphysik der Sitten*, e o *Kritik der praktischen Vernunft*, foram respectivamente publicados em 1785 e 1788. Em 1830 Sir James Mackintosh publicou na *Encyclopaedia Britannica* sua *Dissertação sobre o Progresso da Filosofia Ética*: e a linguagem na qual esse escritor talentoso fala da doutrina ética de Kant indica que ela ainda não tinha encontrado sua maneira adequada mesmo entre os ingleses cultos e inteligentes. Em 1836 a tradução do Sr. Semple, dos principais escritos éticos de Kant, deu início a um novo período de mais familiaridade.

obrigação ao cumpri-lo.[153] Como Price, ele afirma que a retidão da intenção e o motivo não só é uma condição indispensável ou elemento da retidão de uma ação, mas de fato o único determinante de seu valor moral; mas com mais consistência filosófica ele tira a conclusão – com a qual o moralista inglês parece jamais ter sonhado – de que não pode haver princípios racionais separados para determinar a retidão "material" da conduta, como distinta de sua retidão "formal"; e, portanto, que toda regra de dever, até onde é universalmente obrigatória, precisa admitir que é apresentada como aplicações de um princípio geral de que o dever deveria ser cumprido por causa do próprio dever. A demonstração exigida é obtida da seguinte maneira: Kant ressalta que os ditames da razão devem necessariamente ser endereçados a todos os seres racionais; consequentemente, minha intenção não pode estar correta a menos que eu esteja preparado a aceitar os princípios que eu desejaria ver aplicados como lei universal. Desse modo, nós alcançamos a regra fundamental ou imperativa, "Aja apenas segundo a máxima que você gostaria de ver transformada em lei universal"; e isto, Kant afirma, proporcionará um critério suficiente para determinar todos os deveres particulares, visto que, "se observarmos nosso estado de espírito no momento de qualquer transgressão ao dever, descobriremos que nós, na verdade, não desejamos que nossa máxima seja uma lei universal... nosso desejo é que o oposto permaneça como lei universal, nós só assumimos a liberdade de fazer uma exceção em nosso próprio favor ou apenas uma vez somente em favor de uma inclinação passageira. A regra exclui a conduta errada com dois graus de severidade. Alguns tipos de imoralidade – como fazer promessas com a intenção de não cumpri-las – nós não podemos nem mesmo conceber como universalizadas; assim que cada um se julgue livre

---

[153] Muito singularmente, o escritor inglês que mais se aproxima de Kant neste ponto é o utilitarista Godwin, em sua *Political Justice*. Para Godwin, a razão é o próprio motivo aos atos que tendem à felicidade geral: a razão me mostra que a felicidade de muitos outros homens é mais valiosa que a minha; e a percepção desta verdade me causa pelo menos *certa* tendência a preferir a primeira à segunda. E supondo que seja respondido que o motivo é na verdade a intranquilidade moral envolvida na escolha da alternativa egoísta, Godwin responde que esta intranquilidade, embora um "passo constante" no processo de volição, é meramente um passo "acidental" – "eu sinto dor na negligência de um ato de benevolência, porque eu considero que a benevolência seja a conduta que me convém adotar".

para quebrar suas promessas ninguém se preocupará com as promessas que lhes foram feitas. Outras máximas, como a de deixar as pessoas aflitas para arranjarem-se por si mesmas, nós podemos facilmente conceber como sendo leis universais, mas não podemos sem contradição desejar que elas sejam tais; porque quando nós mesmos estamos angustiados, não podemos ajudar desejando que outros nos ajudem.

Outra peculiaridade importante da doutrina de Kant é seu desenvolvimento da conexão entre dever e Livre-arbítrio. Ele afirma que é por meio de nossa consciência moral que nós obtemos uma crença racional de que somos livres; no conhecimento de que eu deveria fazer o que é certo porque é certo e não porque eu gosto, sugere-se que esta volição puramente racional seja possível; que minha ação pode ser determinada, não "mecanicamente", pela operação necessária dos estímulos naturais de sentimentos aprazíveis e dolorosos, mas conforme as leis de meu eu verdadeiro e racional. Desse modo, a realização da razão, ou das vontades humanas até onde racionais, se apresenta como o fim absoluto do dever; e nós conseguimos, como uma nova forma da regra prática fundamental, "agir de maneira a tratar a humanidade, tanto em tua pessoa quanto na de qualquer outro, sempre como um fim e nunca apenas como um meio". Também podemos observar que a noção de liberdade relaciona a ética com a jurisprudência de uma maneira simples e notável. O objetivo fundamental da jurisprudência é realizar a liberdade externa pela remoção dos obstáculos impostos a cada ação livre pelas interferências de outras vontades. Por outro lado, a ética está preocupada com a realização da liberdade interna[154] pela perseguição resoluta de fins racionais em oposição àqueles de inclinação natural. Se nós perguntarmos o que precisamente são os fins da razão – querendo dizer por "fim" um resultado que é buscado como sendo produzido pela ação – a proposição de Kant de que

---

[154] No texto procurei contornar a dificuldade que encontro ao explicar esta parte da doutrina de Kant de maneira distinta e consistente; mas talvez eu deva explicar francamente que sua concepção de Livre-arbítrio me parece conter uma confusão entre duas noções de liberdade destacadas no § 18 – (1) a Liberdade que só é realizada na conduta correta, quando a razão com sucesso resiste às seduções do apetite ou paixão, e (2) a Liberdade para escolher entre o certo e o errado que é realizada igualmente em ambas as escolhas. É a Liberdade neste último sentido, não no anterior, que os Libertários consideraram em geral como inseparavelmente conectada com a responsabilidade moral.

"todos os seres racionais são fins em si mesmos para todo ser racional" quase não dá uma resposta clara. Poderia ser interpretado como significando que o resultado a ser buscado na prática é simplesmente o desenvolvimento da racionalidade de todos os seres racionais – como os homens – a quem nós encontramos como sendo ainda imperfeitamente racionais. Mas essa não é a visão de Kant. Na verdade, ele afirma que cada homem deveria objetivar tornar-se o instrumento mais perfeito possível de razão, cultivando tanto suas faculdades naturais quanto sua disposição moral; mas ele nega expressamente que a perfeição de outros possa ser semelhantemente prescrita como um fim para cada um. É, diz ele, "uma contradição me considerar em dever limitado para promover a perfeição de outro; porque é apenas nisto que consiste a perfeição de outro homem como uma pessoa, a saber, que ele é capaz *por si mesmo* de estabelecer diante de si seu próprio fim de acordo com suas próprias noções de dever; e é uma contradição fazer disto um dever para eu fazer algo que nenhum outro senão ele mesmo pode fazer". Em que sentido prático, portanto, devo eu tornar outros seres racionais meus fins? A resposta de Kant é o que cada um deve objetivar, no caso de outros, não a Perfeição, mas a Felicidade: é preciso ajudar outros na obtenção desses fins puramente subjetivos que são determinados para cada um, não pela razão, mas pela inclinação natural. Porque, frisa Kant, "os fins de qualquer sujeito que é um fim em si mesmo, deveriam até onde possível também ser meus fins, se a concepção dele como um fim em si é ter seu pleno efeito comigo". Em outro lugar ele explica que buscar a própria felicidade não pode ser prescrito como um dever porque é um fim ao qual todo homem é impelido inevitavelmente por meio da inclinação natural: mas isto apenas porque cada um inevitavelmente deseja sua própria felicidade, e, portanto, deseja que outros o ajudem em tempos de necessidade. Ele está limitado a fazer da felicidade de outros seu fim ético, visto que não pode exigir *moralmente* a ajuda de outros sem aceitar a obrigação de ajudá-los em caso semelhante. A exclusão da felicidade privada dos fins aos quais é um dever objetivar, à primeira vista, contrasta notavelmente com a visão de Butler e de Reid, de que o homem, como um ser racional, está debaixo de uma "manifesta obrigação" de buscar seu próprio interesse. A diferença, no entanto, não é tão grande como parece; visto que em seu relato do *summum bonum* ou Bem

Supremo, Kant reconhece por implicação a racionalidade da consideração do indivíduo por sua felicidade particular: na visão de Kant, não é só a felicidade apenas que um amor próprio verdadeiramente razoável busca, mas a felicidade sob a condição de ser moralmente merecedor dela. Embora o dever deva ser cumprido por causa do dever e não como um meio para a felicidade do agente, não obstante, Kant afirma, não poderíamos fazer isso racionalmente se nós não esperássemos atingir assim a felicidade: visto que o bem supremo para o homem[155] não é a virtude nem a felicidade somente, mas um mundo moral no qual a felicidade é devidamente proporcional ao mérito. E Kant afirma que nós estamos limitados pela razão a nos concebermos como necessariamente pertencentes a um mundo sob o governo de um sábio autor e regente; visto que sem este mundo, "as ideias gloriosas de moralidade seriam na verdade objetos de aplauso e admiração, mas não fontes de propósito e ação". Nós temos que postular uma ordem cósmica na qual a demanda por felicidade como merecimento pelo dever encontra satisfação: e isso envolve uma crença em Deus e num futuro. Mas a certeza desta crença só está em uma base ética. Porque, de acordo com a doutrina metafísica de Kant, o mundo da natureza, como cada um de nós conhece, é um mero complexo de impressões sobre a sensibilidade humana, combinada em um mundo de objetos de possível experiência pela inteligência autoconsciente que o concebe; consequentemente, não podemos ter nenhum conhecimento, como não podemos ter nenhuma experiência, das coisas como elas são em si mesmas. Assim, embora cada um de nós, por sua consciência moral, se sabe pertencer a um mundo suprassensível, nada sabemos da natureza deste mundo; sabemos *que* somos mais que um mero fenômeno, mas não *o que* somos. Consequentemente, embora eu possa ter uma certeza racional de que há um Deus e uma vida futura, minha certeza, de acordo com Kant, não está disponível para conhecimento especulativo: eu não conheço teoricamente estas crenças como verdades, mas eu as tenho que postular por prática, para cumprir racionalmente o que eu reconheço "categoricamente" ordenado pela Razão Prática.

---

[155] O bem absolutamente supremo é a união do bem perfeito ou vontade racional com a bem-aventurança perfeita, tanto na Existência Divina como concebida em geral.

Ética Pós-kantiana

Antes da morte de Kant (1804) suas obras começaram a ser lidas pelo pensador inglês que, por mais de uma geração, permaneceu como o principal representante em nossa ilha das tendências alemãs em matéria de pensamento filosófico.[156] Mas, no entanto, quando o estudo de Coleridge sobre Kant começou, o desenvolvimento rápido e notável da visão e método metafísicos, dos quais os três principais estágios são representados respectivamente por Fichte, Schelling e Hegel, já tinha alcançado seu segundo estágio; o Idealismo Subjetivo de Fichte tinha sido desenvolvido em uma série de tratados – e formalmente rejeitados por Kant – e a filosofia de Schelling reivindicava atenção mais séria de todos os estudantes de metafísica da Alemanha. Uma consequência disto foi que o Kant parcialmente assimilado por Coleridge era o Kant visto pela ótica de Schelling – um Kant no qual não se podia acreditar "não ter dito nada mais por seu *Noumenon* ou Coisa em si do que expressam suas meras palavras";[157] que, de fato, deve-se acreditar ter alcançado, por suas crenças práticas de dever e liberdade, que a compreensão especulativa da espiritualidade essencial da natureza humana que sua linguagem parecia repudiar. Entretanto, vista por seu lado metafísico, a influência alemã obscuramente comunicada à mente inglesa por Coleridge era mais pós-kantiana do que kantiana, o mesmo não se pode dizer de seu lado estritamente ético. O único elemento alemão discernível nas expressões éticas fragmentárias de Coleridge é puramente kantiano;[158] eu não tenho conhecimento de que qualquer rastro possa ser achado em outro lugar, quanto ao pensamento ético inglês, das doutrinas peculiares a Fichte ou Schelling

---

[156] Esta visão de Coleridge é notavelmente mostrada em um ensaio sobre ele mesmo de J. S. Mill (1840), no qual frases como "Coleridge e os alemães", ou "a doutrina germano-Coleridgiana", ocorrem repetidamente.

[157] Veja, Coleridge, *Biographia Literaria*, vol. i, pp. 145, 146.

[158] Assim no *Friend*, vol. i. p. 340 (originalmente publicado em 1809), ele oferece uma adesão inadequada à doutrina fundamental de Kant: "Portanto aja para que possas ser capaz, sem envolver qualquer contradição, de desejar que a máxima de tua conduta seja a lei de todos os Seres inteligentes – é o único princípio universal e suficiente e guia da moralidade".

ou de qualquer escritor alemão pós-kantiano, até que a influência de Hegel se tornasse manifesta no terceiro quarto do século XIX.[159]

Hegel (1770-1831)

A doutrina ética de Hegel (exposta principalmente na *Philosophy des Rechts*, 1821) mostra uma grande afinidade, e também um contraste notável, com a de Kant. Ele afirma, com Kant, que o dever ou boa conduta consiste na realização consciente da livre vontade racional, que é essencialmente o mesmo em todos os seres racionais. Mas na visão de Kant o conteúdo universal dessa vontade só é dado na condição formal de "só agir enquanto se puder desejar que todos ajam", que deve ser subjetivamente aplicado por todo agente racional à sua própria volição; considerando que Hegel concebe a vontade universal como objetivamente apresentada a cada homem nas leis, instituições, e moralidade habitual da comunidade da qual ele é um membro. Assim, em seu ponto de vista, não somente as inclinações naturais aos prazeres, ou os desejos pela felicidade egoísta, exigem ser moralmente resistidos; mas até mesmo a sugestão da consciência do indivíduo, o impulso para fazer o que lhe parece certo, entra em conflito com o senso comum de sua comunidade. É verdade que Hegel considera o esforço consciente para realizar a própria concepção de bem como um estágio mais elevado de desenvolvimento moral que a mera conformidade às regras jurídicas propriamente estabelecidas, afirmando o contrato e concedendo castigo ao crime, no qual a vontade universal primeiro se expressa; visto que em tal conformidade essa vontade só é realizada acidentalmente pelo consentimento externo das vontades individuais, e não é essencialmente realizada em qualquer uma delas. Entretanto, ele afirma que esse esforço conscioso é autoenganoso e fútil, é até mesmo a mesma raiz do mal moral, a menos que atinja sua realização em harmonia com as relações sociais objetivas nas quais o indivíduo se encontra posto – a menos que o indivíduo reconheça como sua própria essência a substância ética apresentada a ele na família, na sociedade civil e finalmente no estado, a organização da qual é a manifestação mais alta da razão universal na esfera da prática.

---

[159] A manifestação da influência hegeliana pode ser tomada, eu suponho, a começar com a publicação do livro notável do Sr. J. H. Stirling, *Secret of Hegel* (1865).

O hegelianismo surge como um elemento distinto no pensamento ético inglês nesses dias; o transcendentalismo inglês descrito no § 17 pode ser caracterizado como kanto-hegeliano; mas a influência direta do sistema de Hegel é talvez menos importante em geral do que aquela indiretamente exercida pelo estímulo poderoso que deu ao estudo do desenvolvimento histórico do pensamento humano e da sociedade humana. De acordo com Hegel, a essência do universo é um processo de pensamento do abstrato para o concreto; e um entendimento correto desse processo fornece a chave para interpretar a evolução no tempo da filosofia europeia. Além disso, em sua visão, a história da humanidade é uma história do desenvolvimento necessário do espírito livre por meio das formas diferentes de organização política: a primeira sendo a da monarquia Oriental, na qual a liberdade só pertence ao monarca; a segunda, a das repúblicas greco-romanas, nas quais um corpo seleto de cidadãos livres é sustentado por uma base de escravidão; enquanto finalmente nas sociedades modernas, brotada da invasão teutônica do Império romano decadente, a liberdade é reconhecida como o direito natural de todos os membros da comunidade. O efeito das conferências (postumamente editadas) nas quais a Filosofia da História e a História da Filosofia de Hegel foram expostas se estendeu para além dos limites de sua escola especial; na verdade, a atual predominância do método histórico em todos os campos da teoria da prática não é pouco, devido à influência delas.

Pessimismo Alemão

Já foi observado[160] que, em antítese ao Otimismo Evolucionista de escritores como Spencer, uma visão pessimista da vida animal como um todo e da vida humana como seu desenvolvimento mais elevado se manifestou fracamente no pensamento inglês recente. Em antítese um pouco semelhante ao tipo diferente de Otimismo Evolucionista, que pertence ao Idealismo pós-kantiano em geral e ao sistema de Hegel em particular, está o pessimismo de Schopenhauer.

---

[160] Ver p. 238.

Schopenhauer (1788-1860)

Tomando de Kant a doutrina de que o mundo objetivo do qual nós temos experiência é construído completamente de elementos proporcionados pela sensibilidade humana, combinados de acordo com as leis da mente experimentadora, Schopenhauer diverge do Kantismo em sua concepção da Coisa-em-si, que impressiona nossa sensibilidade. Em sua visão, é a Vontade Una que é a essência íntima de cada coisa e da totalidade de coisas. Essa Vontade, por sua própria natureza, se esforça cegamente para se manifestar e se objetivar; as forças mecânicas e químicas do mundo inorgânico, as ações dos organismos vivos do mais baixo ao mais alto, apresentam diferentes estágios desta objetificação, que alcança seu grau mais alto em organismos dotados de cérebro e, portanto, que possuem consciência. Manifestada nos seres vivos, essa Vontade pode ser concebida de maneira mais definitiva como a Vontade ou esforço pela vida: esse impulso instintivo para a vida é a essência mais profunda de toda a natureza animal. Mas como esse esforço necessariamente sugere defeito e descontentamento com a condição presente, a vida que ele constitui e sustenta é essencialmente uma vida de sofrimento; até mesmo as satisfações passageiras pelas quais ela é variada, na verdade, são libertações da dor e não positivamente o bem. Esta miséria essencial da vida atinge seu máximo no homem, a manifestação mais avançada da Vontade; e necessariamente será aumentada pelo progresso intelectual, ainda que isso desenvolva o que Schopenhauer reconhecia como a mais pura satisfação humana – a contemplação serena da beleza. Nesse estado infeliz de coisas o dever que a filosofia mostra ao homem é claramente a negação ou negação da vontade; nisso se resume toda verdadeira moralidade. Nessa negação há dois estágios: o mais baixo é o atingido na virtude comum, que é essencialmente amor e simpatia que repousam em um reconhecimento da identidade real de qualquer eu com todos os outros; o homem virtuoso reprime e nega o egoísmo do qual brota toda injustiça, e que é a afirmação da vontade em um indivíduo que desrespeita agressivamente a manifestação da mesma vontade em outro. Mas a ação virtuosa ou simpática ainda não está livre do erro fundamental de afirmar a vontade de viver: a negação completa dessa vontade só é atingida pela automortificação ascética que se desvia completamente dos prazeres ilusórios da vida, reprimindo até o impulso que incita à propagação das espécies.

Hartmann

O argumento primário de Schopenhauer para o pessimismo – fundado, como nós vimos, em uma consideração da natureza essencial da Vontade – é confirmado, ele nos diz, pela observação cuidadosa da experiência humana. Mas a prova *a posteriori* da miséria da vida foi mais completamente desenvolvida por um escritor recente – E. von Hartmann – que, embora de considerável originalidade, pode ser considerado em linhas gerais como um discípulo de Schopenhauer e que concorda com este ao afirmar que a existência do mundo atual se deve a um ato irracional de vontade inconsciente.[161] Hartmann rejeita a doutrina de Schopenhauer de que *todo* o prazer é meramente alívio da dor: mas ele afirma que os prazeres que surgem da cessação das dores se sobrepõem grandemente acima dos prazeres não assim condicionados e são muito inferiores em intensidade às dores pelas quais eles são condicionados; que a fadiga dos nervos causada pela prolongação de qualquer tipo de sentimento tende a aumentar a angústia da dor e a diminuir a afabilidade do prazer; que a satisfação sempre é breve, enquanto o descontentamento é tão duradouro quanto o próprio desejo. Portanto, ao realizar uma pesquisa das principais direções do esforço humano, ele frisa que muitas emoções – como a inveja, o pesar, o remorso pelo passado, o ódio – são puramente ou quase puramente dolorosas; que muitos estágios da vida – como a saúde, a mocidade e a liberdade – são valiosos somente sugerindo a ausência de certas dores, enquanto outros – como o trabalho e o matrimônio – são reconhecidos como males escolhidos para evitar males maiores; que a procura comum por riquezas, poder, honra etc. é ilusória até onde os objetos buscados são concebidos como fins últimos; que muitos impulsos que conduzem à ação – fome, amor aos filhos, simpatia, ambição – causam ao agente claramente muito mais dor do que prazer, enquanto

---

[161] Hartmann, no entanto, distinto de Schopenhauer, concebe o "Inconsciente", que é a base última da existência, como sendo não meramente a Vontade Inconsciente, mas também a Inteligência Inconsciente.

muitos mais causam uma clara preponderância de dor em geral, levando em conta o sentimento dos pacientes como também dos agentes; que, finalmente, as únicas atividades que causam um excesso de prazer – o culto à arte e à ciência – são capazes de ser realmente desfrutadas por relativamente poucos e a essas poucas pessoas a inteligência superior lhes expõe especialmente a dor de outras fontes. Estas considerações conduzem Hartmann à "conclusão indubitável" de que a dor no mundo agora excede grandemente o prazer, não só em geral, mas no caso até mesmo dos indivíduos mais favorecidos. Ele então continua a afirmar que não há nenhum prospecto de melhoria material no futuro, mas antes de miséria aumentada: o progresso da ciência traz pouco ou nenhum prazer positivo e o aumento parcial na proteção contra a dor que a raça humana pode derivar disto será muito mais que excedido pela consciência aumentada da predominância da dor, devido ao desenvolvimento da inteligência e simpatia humanas. A conclusão prática de Hartmann é que deveríamos objetivar a negação da vontade de viver, não cada um por si, como recomendou Schopenhauer, mas universalmente, trabalhando para o fim do processo mundial e a aniquilação de toda a assim chamada existência.

CAPÍTULO V

ÉTICA MODERNA, EM ESPECIAL A INGLESA

(continuação)

Durante o último quarto do século XIX e o primeiro quarto do século XX houve uma continuação das formas éticas Idealistas, Naturalistas e Utilitárias. Mas houve ao mesmo tempo um movimento definido distante destes na medida em que eles decidiram basear a ética em metafísicas preconcebidas, teorias mal aplicadas da evolução e falsa psicologia. Foram feitas tentativas para achar a explicação completa do ético no sociológico. Tendências construtivas em ética trataram a moral como parte de um todo mais amplo de valores, o estudo geral dos quais constitui uma característica distintiva do recente avanço filosófico.

§ 1. Idealismo Absoluto

A ética Idealista de T. H. Green continuou a exercer grande influência, mas de muitos lados afirmou-se que seu raciocínio metafísico era estéril para propósitos éticos. Isto foi frisado pelo próprio Sidgwick, e Alfred Edward Taylor dirigiu a parte principal de sua crítica em *The Problem of Conduct* (1901) para livrar a teoria ética das pressuposições metafísicas com que Green a associou. Uma declaração distintiva de tipo Idealista de ética foi apresentada nos *Ethical Studies* (1876) de Francis Herbert Bradley, desenvolvida pela consideração do conceito de autorrealização e assim em suas implicações morais como distintas das metafísicas bastante aliadas com o ponto de vista de Green.

Bradley (1846-1924)

"O eu que nós tentamos realizar", escreveu Bradley, "é para nós um todo; não é uma mera coleção de estados". O eu inteiro está presente em seus estados e a autorrealização não está meramente desejarmos em certo estado ou estados. Se, portanto, realizar o eu for sempre realizar um todo, a questão para a ética é encontrar o verdadeiro todo, a realização do que realizará o verdadeiro eu. Ao considerar a natureza do conhecimento, Bradley se empenhou por mostrar que a mente humana não é meramente finita. Assim para ele "realizar-se" significa "ser um todo infinito". "Eu *sou* finito; eu sou tanto finito *quanto* infinito e é por isso que minha vida moral é um progresso perpétuo. Eu tenho que progredir porque eu tenho outro que deve ser e, no entanto, nunca sou totalmente e assim como eu sou, estou em um estado de contradição". O finito, o eu privado, não pode ser ou se tornar um todo a menos que se una a um todo: ele tem que se saber e se querer um membro de um todo. "O fim extremo com que a moralidade é identificada ou debaixo do qual está incluída não pode ser expresso de outro modo que pela autorrealização", só, porém, se por isso se quiser dizer realizando-se como membro autoconsciente de um todo infinito ao realizar este todo em si mesmo.

Mas se ele mesmo explicitamente toma consciência do fato ou não, Bradley não derivou a essência da moralidade da ideia de um todo infinito e até onde a ética está preocupada este tipo de exposição metafísica não é mais bem sucedida que a de Green. Ele teve que se voltar para algo mais imediato, mais empírico. Assim, passou abruptamente à ideia de que o todo no qual o eu deve se realizar como um membro autoconsciente é a comunidade social. A comunidade é a "ideia moral real". Eu devo me realizar em e por meio de "minha posição e seus deveres". O que um homem tem que fazer "depende de qual é o seu lugar, qual é a sua função e tudo aquilo que provém de sua posição no organismo". "Não há nada melhor que minha posição e seus deveres, nada mais alto, nem mais verdadeiramente belo". Isso é adequado para uma descrição e entendimento da moralidade? Em qualquer determinada comunidade na qual o eu individual possa ter sua posição e seus deveres é possível estar-se sujeito a julgamentos morais de aprovação e desaprovação. Além disso, as aspirações morais do indivíduo podem ser incluídas completamente em sua posição e deveres em uma comunidade? Bradley reconheceu essas dificuldades mas não seguiu até o fim em suas implicações, embora admitisse que nós "não podemos limitar um homem à sua posição e deveres". Ademais, ele percebeu que nós ainda podemos perguntar "qual é o todo mais alto no qual o indivíduo é uma função... e investiga se a comunidade é ou pode ser uma comunidade visível". "O conteúdo do eu ideal não está incluído em qualquer comunidade", *não* é "em resumo meramente o ideal de um ser social perfeito". Não obstante, em seu entusiasmo por sua concepção de minha posição e seus deveres, ele disse que a visão nos convida a dizer adeus às visões de moralidade sobre-humanas, às sociedades ideais e aos ideais práticos em geral.

No decurso de sua discussão Bradley não pôde se esquivar de fazer uma consideração da aparente oposição expressa por dois termos comuns da linguagem ética, a autorrealização e a abnegação. Parecia uma trivialidade da vida comum que o indivíduo, por vezes, fosse chamado a escolher entre o que parece, por um lado, ser para a realização de seu próprio eu e o que, por outro lado, parece ser a realização de um bem para outros, o sacrifício de seu próprio eu. Bradley tratou a oposição como apenas aparente. A abnegação é em si autorrealização. Passando da noção de autorrealização à concepção de realização de um todo infinito Bradley chega por fim ao uso do termo perfeição. Não há nada que isso lhe tenha sugerido além do todo como infinito: não há nada que justifique sua implicação específica de um organismo infinito de excelências do caráter em geral aprovado como qualidades morais. O todo infinito é como tal perfeito. Onde há perfeição, não há lugar para a moralidade que envolve luta contra o imperfeito. Portanto, de acordo com Bradley, o ponto de vista moral só se afirma dentro do processo histórico. Ao discutir a natureza do eu ele disse que o eu não é meramente finito: é infinito. É impossível não tirar a conclusão de que como uma realidade o eu já é perfeito e que a moralidade é ilusória.

Taylor (1865-1945)

Embora as visões posteriores de A. E. Taylor difiram fundamentalmente em certos aspectos dos de seu *Problem of Conduct*, este livro constituiu um comentário interessante na ocasião sobre os pontos de vista particulares de seu professor, Bradley. O método de Taylor era semelhante ao de Bradley em que ele se empenhava por mostrar que a moralidade está envolvida em contradição e como tal não pode ser um componente do real final. Mas enquanto Bradley aponta para a implicação da necessidade de imperfeição para a atividade moral, Taylor coloca sua ênfase principal em uma incongruência onde Bradley não admitia haver uma. Para Bradley a autorrealização e abnegação, o bem do eu e o bem da comunidade estavam, no final das contas, de acordo. Para Taylor elas pareceram, no final das contas, irreconciliáveis, e a moralidade, que indubitavelmente as envolve, é, assim, autocontraditória. Ele insistia que os sentimentos éticos primários de aprovação e desaprovação em sua forma mais simples não são egoístas nem altruístas. Uma gama inteira de aprovações tem estado envolvida, por um lado, em relação com o eu e sua cultura e, por outro, em relação com a sociedade e seu bem-estar. "Nem o egoísmo nem o altruísmo podem ser considerados como a base exclusiva da teoria moral sem mutilação dos fatos." Não obstante, parece contrário à evidência dizer que estes coincidem. "Em geral, ao fazer o melhor de nós mesmos, devemos também ao melhor de nossa força contribuir para a felicidade da sociedade. Mas o acordo está, afinal de contas, longe de ser absoluto e pode a qualquer momento ser perturbado por uma demanda extraordinariamente estrita de obediência de ambos os lados." A humanidade aprovou ambos os ideais de conduta, mas nunca os reconciliou. O princípio de "minha posição e seus deveres" não pode prover satisfação duradoura. Na realidade "não há uma única categoria mais alta e autoconsistente debaixo da qual podem se agrupar satisfatoriamente todos os vários fenômenos da vida moral.

§ 2º. Personalidade como a concepção central da Ética

Apesar da crítica à qual as concepções de autorrealização e de personalidade têm sido sujeitas, o conceito de personalidade se tornou amplamente aceito como central para a ética e para muitos que ainda permanece assim. Por exemplo, a *Ethica or the Ethics Reason* (1885) de Simon Laurie tem por tema central a autorrealização do eu racional pela liberdade; e a ideia principal do *Study of Ethical Principles* (1894) de James Seth é o da autorrealização da personalidade criativa livre. Theodore Lipps em *Die ethischen Grundfragen* (1899), a partir de um ponto de partida kantiano, sustentava que a personalidade moral é o único e último bem, o único valor incondicional. Mesmo o "valor de cada prazer está condicionado pelo valor da personalidade". A ética exige o que tem a forma de imperativos que são a expressão da consciência moral que é a natureza essencial do homem. Hermann Schwarz em *Ethik* (1896) e *Zur Grundlegung der Ethik* (1900) e outros que desenvolveram uma visão semelhante sobre a doutrina da liberdade humana. Max Wentscher em sua *Ethik* (1902-1905), com uma concepção metafísica de liberdade perfeita como a ideia central, frisou que somente a personalidade tem valor absoluto. "Se esforce pela expressão mais elevada de seu próprio e verdadeiro ser e pelas leis fundamentais e firmes de sua própria vontade livre e perfeita." "Faça uso mais amplo e mais enérgico desta atividade livre de seu próprio ser." E Franz Muller-Lyer fez uma conversão ética ativista para uma filosofia positivista com a ajuda dos conceitos aliados de personalidade perfeita e o estado perfeito.

Outra reflexão tem mostrado, no entanto, que a ideia de personalidade é muito complexa e indefinida e não pode ser assumida tão facilmente como o conceito ético central. A sugestão de que a personalidade é um resultado metafísico tem sido desafiada. A possibilidade de deduzir ideias éticas da concepção metafísica de personalidade foi negada. Os julgamentos morais ordinários incluem declarações que poderiam ser expressas formalmente: "Esta personalidade é boa", "esta personalidade é má". A mera posse de personalidade metafísica não pode ser considerada como a essência de valor moral. Pessoas moralmente aprovadas e pessoas moralmente desaprovadas são personalidades metafísicas no sentido subentendido. Julgamentos sobre a personalidade como um todo podem envolver algo mais e algo diferente do que julgamentos particulares sobre atos e disposições individuais. Contudo, normalmente os julgamentos morais sobre a personalidade dependem, em muito grande medida, destes julgamentos particulares. Um eu é julgado bom apenas na medida em que pode ser predicado de suas qualidades que são boas e de seus atos que são corretos, ou pelo menos que as qualidades são antes boas que más e os atos são mais corretos que errados. Além disso, a existência pessoal é um processo vivo com uma sucessão de experiências e é destas ou com alguma referência a estas que são feitos principalmente os julgamentos de valor. Consequentemente, poderia ser dito que nós temos que ver não tanto com a personalidade moral quanto com a vida moral e o valor moral.

§ 3º. Ética da Evolução

O descontentamento crescente com o Idealismo metafísico foi acompanhado pelo rápido progresso nas ciências naturais. Inspirado pelo sucesso em seus próprios campos, muitos pensadores continuaram a elaborar o que Sidgwick chamou Ética *Evolutional*. Todos os escritores modernos que tratam da ética admitem uma evolução da moralidade e da teoria moral: ética, em certo sentido, se constitui de éticas evolutivas. Mas o que pode ser chamado de "a ética de evolução", ou "ética *evolutional*", tem se imaginado provar que o curso da evolução biológica não proporciona simplesmente uma história de avanço moral, mas também um critério ou critérios para julgar as qualidades morais de seus conteúdos e tendências. Embora muitos dos primeiros expositores do Darwinismo adotassem este ponto de vista, houve exceções notáveis.

Huxley (1825-1895)

Thomas Henry Huxley em suas Romanes Lecture sobre a *Evolução e a Ética* (1893) contrastou os métodos da natureza com os métodos e objetivos da moralidade humana concluindo que a moralidade não envolve apenas seguir os métodos da natureza, mas se opor a eles. Nisso, porém, ele aceitou a atitude fundamental das visões atuais a respeito da moralidade.

Nietzsche (1844-1900)

Outra alternativa foi apresentada: rejeitar estas visões como errôneas. Esta alternativa foi recebida por Friedrich Nietzsche, segundo o qual as visões atuais da moralidade deveriam ser rejeitadas pelo que era em grande parte o oposto delas. A teoria da evolução aponta para a necessidade de uma "transvaloração de todos os valores". O fim ético é uma condição para além do humano como nós o conhecemos, o do super-homem ou além-do-homem, e o método, o do esforço, com a eliminação do fraco e a sobrevivência do forte. Tudo – como na moralidade atual – que promove a sobrevivência do fraco à custa do forte deve ser rejeitado como disgênico. A moralidade tradicional prevalecente, considerada por Nietzsche como a moralidade Cristã, foi retratada por ele como baseada na simpatia debilitante, humildade e submissão, na abnegação do forte por aqueles não merecedores de tal sacrifício. Essa é uma moralidade de escravo, em contraste com a moralidade de mestre que ele ensinou. A vontade moral é uma vontade de poder. É pertinente perguntar: para que fim? O poder deve ser usado para atingir que tipo de valor? Os escritos de Nietzsche manifestam grande incerteza e confusão acerca dessa questão. Embora incompatível com sua atitude geral, há algumas evidências de que o poder deve ser usado para fins sociais. Mas sua exposição tem características predominantemente hedonísticas; de que o poder é para o aumento do prazer do indivíduo que o possui.

Independentemente dessa suposição com relação ao fim moral para o homem, a noção de desenvolvimento de Nietzsche para "além do homem" é tão incapaz quanto "a vontade de poder" de nos dar qualquer concepção do caráter do bem para o homem. Sua ideia de poder é predominantemente a da força física. Contudo, é evidente que, não raro, o curso da evolução depende do triunfo do fisicamente fraco sobre o fisicamente forte por meio de uma superioridade de inteligência e pela cooperação social mais estreita. Nietzsche deu muito pouca importância à parte desempenhada na evolução pela coordenação e cooperação social dos indivíduos sobre o fundamento tão somente daquela moralidade social que os princípios das quais sua teoria consistentemente aplicada arruinaria. A extensão e importância desta cooperação foi descrita em detalhes por Peter Alexeevich, Príncipe Kropotkin, em *Mutual Aid: A Factor of Evolution* (1902), que conclui sua pesquisa dos fatos com a declaração de que "é especialmente no domínio da ética que a importância dominante do princípio de ajuda mútua aparece por completo. Parece bastante evidente que esta ajuda mútua é o fundamento real de nossas concepções éticas.

Sorley e Schurman

A ética da evolução foi criticamente examinada por William Ritchie Sorley em sua *Ethics of Naturalism* (1885) e *Recent Tendencies in Ethics* (1904) e por Jacob Gould Schurman em *The Ethical Import of Darwinism* (1888). A teoria da evolução, especialmente como aplicada à moralidade, sugere a questão da natureza do fim ao qual tende o processo. O problema é se o processo de evolução no passado e no presente pode, em si, nos assegurar da natureza do fim. A maioria dos defensores da ética da evolução considera o fim da conduta humana como o prazer. Pode este ponto de vista do fim como prazer justificar-se diante da razão e da consciência moral do homem como o ideal de conduta moral? O processo de evolução leva a este fim e faz a conduta que objetiva o prazer sempre promover a evolução? De fato, diz Sorley, "a influência da seleção natural não evitou ações danosas para a vida do ser acompanhado por sensações agradáveis". Nem sempre é possível que o desenvolvimento da vida tenha sua importância principal no aumento de prazer. De acordo com Schurman: a biologia Darwiniana não proporciona nenhum material para demonstrar que o que traz prazer é idêntico ao que dá força para sobreviver ou ao que é útil na luta pela vida. O modo peculiar da declaração, de que o equilíbrio[162] social é o objetivo de conduta ou deveria ser o objetivo de conduta, nos leva não mais a uma solução do problema da ética, porque "deve ser assumido que a ordem social é boa antes que nós possamos dizer que a bondade da conduta consiste na adaptação a ou equilíbrio com ela".

Os conceitos de evolução biológica não nos falam ou explicam tanto quanto eles supõem. A seleção natural é um processo de eliminação de variações inúteis, não uma forma de seleção racional. Mas o homem age intencionalmente e com ele a seleção é frequentemente subjetiva devido a motivos internos. Em outras palavras, as ações do homem são em grande parte propositais,

---
[162] Como em *Moral Order and Progress* (1889) de Samuel Alexander.

que possuem algum fim em vista. Não há somente autopreservação, mas o que pode ser denominado autodesenvolvimento. Enquanto o primeiro pode envolver adaptação ao ambiente, o segundo frequentemente envolve adaptação do ambiente. "Por qual padrão podemos medir o desenvolvimento?"

Spencer (1820-1903)

Herbert Spencer afirmava que a "quantidade de vida", levando a amplitude como também a extensão em consideração, é o fim último da "conduta universal". Reconhecendo, no entanto, que a qualidade de vida deve ser levada em conta, ele passou, sem justificação, da "quantidade de vida" à "quantidade de prazer". Em defesa de sua teoria ele deveria ter mostrado a coincidência da "quantidade de vida" e a "quantidade de prazer".

No reino da biologia as ideias de esforço pela existência e de seleção natural tenderam inicialmente a se referir de maneira preponderante ao conflito entre os indivíduos, mas no decurso do tempo mais reconhecimento foi dado à pactualidade dos grupos. Os fatos de solidariedade de grupo têm uma posição importante na ética da evolução. De acordo com Sorley: se o conflito é entre indivíduo e indivíduo o que sobrevive pode ser considerado como tendo experimentado o prazer da sobrevivência. Mas também há o conflito entre grupos, e quanto mais compacto é o grupo – outras coisas que são iguais – tanto maior chance de sucesso tem sobre o grupo que é menos compacto. Para que o grupo possa ser compacto, os desejos e prazeres dos indivíduos têm que ser frequentemente subordinados ou suprimidos. Portanto, não é diretamente evidente que a sobrevivência do grupo coincida com o prazer ou o maior prazer dos indivíduos. A ética da evolução, desse modo, deparou com a questão da coincidência ou de outro modo do bem-estar do indivíduo e do grupo social. Atenção foi dirigida cada vez mais ao bem-estar do grupo social. As virtudes foram justificadas como socialmente úteis. Os evolucionistas, diz Schurman, sustentavam que "porque virtude é socialmente útil, nada mais é além de uma utilidade social". Desse ponto de vista as regras morais foram consideradas como a expressão daquelas adaptações sociais que, em geral e segundo agrupamentos infinitos, se provaram mais úteis na preservação de grupos de seres humanos na luta pela existência. Spencer admitiu que no caminho as promessas têm que ser feitas entre as reivindicações do egoísmo e do altruísmo, mas assumiu a coincidência básica deles. No entanto, ele não fornece nenhum princípio ou princípios de acordo com os quais os compromissos devam ser planejados. A ética da evolução, como exposta por seus principais defensores, se mostra ser nada mais que uma combinação arbitrária de alguma forma de utilitarismo com uma metafísica especulativa que descobre a base da mente e da consciência no mecanismo físico.

§ 4º. Teoria Sociológica francesa da Moralidade

Com o declínio da autoridade da Igreja católica na França devido ao fomento do livre pensar e com o enfraquecimento da autoridade tradicional do Estado, as duas grandes sanções históricas para a moralidade perderam a maior parte de seu poder. Escritores que trataram da ética na França tiveram, assim, que achar um modo de apresentação e defesa da moralidade sem recorrer às doutrinas teológicas ou teorias políticas. Em seus primeiros anos, Lucien Levy-Bruhl em *L'Idée de Responsabilité* (1884) e Frédéric Rauh em *Essai sur le Fondement Métaphysique de la Morale* (1891) fizeram tentativas para achar uma base para a moralidade no racionalismo metafísico tradicional. Depois ambos abandonaram a abordagem metafísica, e na França em geral, por todo o período, desapareceu pouco a pouco a esperança de se encontrar um fundamento metafísico indiscutível para a moralidade. O problema da ética como concebido agora não deve constituir uma ética científica, como foi tentado pela geração precedente, por dedução do que a ciência nos ensina a respeito da natureza ou do homem, mas formular uma ciência da moral, um estudo específico que toma os fatos da moralidade como dados próprios. A influência mais difundida e efetiva nesta direção foi a de Auguste Comte. Por conseguinte, os métodos utilizados foram principalmente os sociológicos que ele mesmo inaugurou.

Lévy-Bruhl (1857-1939)

O principal pensador a trabalhar com estes métodos em ética, Lévy-Bruhl, em *La Morale et la Science des Moeurs* (1903) investiga os fatos da moralidade do ponto de vista geral da sociologia e faz suas conclusões de uma forma sociológica. A ciência da moral não anula a especulação sobre o ideal moral, mas deve ser o ponto de partida e tem que prover a base para qualquer especulação. Não obstante, Levy-Bruhl não indica a necessidade ou as linhas apropriadas de qualquer especulação e assim não considera quais realmente são os problemas fundamentais da moralidade. Ele pergunta por que, apesar das suas teorias diferentes sobre ética, os pensadores concordam quase sempre em seus julgamentos morais sobre si mesmos e outros. Ele responde que a sociedade impõe modos de agir e inspira esses julgamentos dominando ideias coletivas. Ele segue Émile Durkheim na visão de que o imperativo do dever, insistido por Kant, deve ser explicado pela força de opinião ou ideias em geral aceitas na sociedade.

A ética não pode ser constituída de nada mais que ideias e regras morais que a organização social em qualquer período desenvolveu. Estas regras e ideias são relativas a uma determinada sociedade e só têm valor ou validez com relação a ela. "Se nós consideramos um modo de ação como obrigatório e outro como criminoso, é com mais frequência em virtude de crenças das quais nós perdemos a memória e que continuam na forma de tradições imperiosas e sentimentos coletivos enérgicos." "Uma sociedade viva não se acomoda com uma ética *ad libitum*... só se poderia dar a ela a ética que ela já possui; e se porventura alguém lhe propusesse outra, ela não a aceitaria. Os antigos estavam errados ao imaginar que a ética deve ser construída" – eles tiveram que buscar uma base para isto. Para essa visão sociológica, no entanto, não há nenhuma teoria efetiva da ética exceto a classificação das regras morais como fatos *sui generis*, a análise e explicação deles com relação às condições históricas e as formas sociais que os produziram. Eles não contêm nada de absoluto ou necessário: resultando de circunstâncias infinitamente variadas, eles são divergentes e frequentemente contraditórios.

A teoria sociológica não enfrenta o problema central da ética. Que as formas particulares de nossos julgamentos morais e nossas regras práticas morais dependem da natureza da sociedade humana da época e nas condições em que elas são feitas, é evidente. Ainda, por outro lado, é igualmente claro que a organização da sociedade humana não é, em si, em nenhum grau determinada por nossas ideias morais. E estas ideias não surgem com pouca frequência em oposição ao costume social e conduzem no tempo a uma remodelação da sociedade. Nem todas as ideias morais podem ser consideradas de maneira adequada simplesmente como produtos da sociedade como tal. Além disso, a ética não faz da moralidade e normalmente não a tem considerado originalmente como códigos de regras da maneira como os sociólogos afirmam: regras são, para ela, secundárias. Como secundárias, é verdade que elas variam, ainda que às vezes pareçam contraditórias de acordo com diferenças de tempo e lugar. Isso, no entanto, pode ser considerado pelo fato de que têm referência aos valores fundamentais, aos bens a serem alcançados e aos males a serem erradicados. O caráter das regras para a obtenção de fins semelhantes ou consistentes tem que variar de acordo com as condições nas quais os fins devem ser realizados. É problema central da ética investigar quais são os valores morais fundamentais e quais são os fins pelos quais os indivíduos e as sociedades deveriam mais razoavelmente e para maior vantagem deles se esforçar. Ao não considerar esse problema, pode se dizer que os sociólogos franceses não se importaram em saber por que os seres humanos deveriam agir, quer individual ou socialmente. Eles ignoram os valores que são o objeto da conduta individual e social, para a obtenção do que só as regras têm importância.

§ 5º. *Utilitarismo*

Metafísicas preconcebidas, as teorias biológicas da evolução e da sociologia, todas, têm deixado de dar concepções adequadas para a base da ética: é necessário voltar novamente aos métodos e teorias dos pensadores que se ocuparam com o estudo sistemático dos problemas éticos.

Sidgwick (1838-1900)

Em primeiro lugar, entre os da Inglaterra no início do período estava Henry Sidgwick. De muitas formas sua obra foi transitiva. Ele estava sob as fortes influências do passado com respeito aos problemas com que ele se ocupou, com respeito também aos métodos que usou e às conclusões que ele adotou. Ele mesmo produziu um esboço histórico que indica os passos pelos quais ele chegou às características principais de sua posição, como expôs em detalhes em sua obra ética principal, *The Methods of Ethics* (1874).

As regras morais nas quais ele foi instruído a obedecer pareciam a Sidgwick confusas e até certo ponto duvidosas: elas às vezes eram dogmáticas, insensatas e incoerentes. Antagonizado pela pressão aparentemente externa e arbitrária dessas regras, e repelido pelo relaxamento do pensamento dos moralistas intuicionais, foi atraído ao Utilitarismo de Mill. Ele aceitou tanto o hedonismo psicológico quanto ético de Mill, não percebendo então a incoerência deles, "a profunda discrepância entre o fim natural da ação, felicidade privada e o fim do dever, a felicidade geral". Mas ele chegou a reconhecer que, embora os homens práticos e não filosóficos pudessem acalmar qualquer dúvida relativa à coincidência de interesse e dever por uma "resolução generosa" em favor de impulsos e sentimentos altruísticos, é uma tarefa da filosofia ética tentar achar e tornar explícita a base racional de tal ação. Uma investigação sobre o que realmente é meu interesse, até que ponto os atos que tendem a isto podem ser conhecidos, e até que ponto os resultados correspondem com o dever (ou o bem-estar da humanidade) o levou a sentir esta oposição mais fortemente do que ele sentiu que Mill e os primeiros Utilitaristas tinham sentido entre as chamadas intuições ou percepções do senso moral e hedonismo. "Lenta e relutantemente" ele aceitou a conclusão de que nenhuma solução completa do conflito entre minha felicidade e a felicidade geral é possível com base na existência mundana. Ele sentiu a necessidade de certa base racional para o porquê um indivíduo deveria sacrificar sua felicidade pelo bem do todo do qual ele é uma parte. O método Utilitarista que tinha aprendido de Mill não pôde se tornar coerente e harmonioso sem uma intuição ética fundamental.

Voltando-se para Kant, Sidgwick ficou impressionado com a verdade e importância de seu princípio fundamental: Aja apenas segundo o princípio ou a máxima que você gostaria de ver transformada em lei universal. Embora rejeitasse a metafísica kantiana, aceitou este princípio na forma de que o que quer que seja certo para mim deve ser certo para todas as pessoas em circunstâncias semelhantes. Mas embora "fundamental, certamente verdadeiro, e não sem importância prática", ele viu que isso era inadequado para a construção de um sistema de deveres. E não reduziu a questão da subordinação do egoísmo ao dever: porque o egoísta racional poderia reconhecer o princípio e permanecer um egoísta. A racionalidade do autorrespeito lhe pareceu tão inegável quanto a racionalidade da benevolência. Ele achava que Butler definitivamente tinha sustentado que o "interesse, minha própria felicidade, é uma obrigação manifesta", e que o "amor próprio racional é um dos dois princípios superiores ou essenciais na natureza do homem". Butler reconheceu um "Dualismo da Faculdade Governante", ou, como Sidgwick preferiu dizer, "Dualismo da Razão Prática". A autoridade sobre a qual Butler enfatiza tem que parecer a Sidgwick como a autoridade de razão antes que ele pudesse admiti-la. Debaixo da influência de Butler ele abandonou a falsa doutrina do hedonismo psicológico. Ele se sentiu compelido a reconhecer a existência de impulsos "desinteressados" ou "extrarrelativos" para a ação, quer dizer, impulsos não dirigidos ao prazer do agente.

Reconsiderando sua relação com a ética Intuicional, Sidgwick viu que ele era um Intuicionista a ponto de reconhecer que a regra suprema de almejar à felicidade geral tem que estar sobre uma intuição moral fundamental se precisar ser aceita como obrigatória. O axioma que ele exigiu para seu Utilitarismo – de que um agente racional está limitado a almejar a Felicidade Universal – encontrou nos escritos dos primeiros Intuicionistas ingleses, More e Clarke. Para a teoria e para a prática essa intuição moral fundamental completa o princípio kantiano. Quanto à visão Intuicionista ortodoxa de que há um sistema inteiro de intuições que ele não aceitava, perguntou: Como elas devem ser aprendidas? Homens sinceros lhe pareciam concordar verbalmente e não realmente, assim ele duvidou da visão de Butler da suficiência da consciência do homem sincero. Nesse estado de espírito ele leu Aristóteles novamente, e viu que o que este nos deu foi a moralidade do senso comum da Grécia reduzida à consistência por análise e comparação cuidadosas: não dadas como algo externo mas como o que "nós", ele e os outros na ocasião, averiguaram pela reflexão. Sidgwick acreditava que se fizesse o mesmo pela moralidade de seu próprio tempo e ambiente poderia ser ajudado ao verificar se tinha ou não tinha um sistema de intuições morais. O exame trouxe ajuda à diferença entre as máximas da moralidade do senso comum (até mesmo ao mais forte e mais rígido, por exemplo, veracidade e boa fé) e às intuições (com relação ao dever para com outros) o que ele já tinha atingido, isto é, o princípio kantiano e o princípio fundamental do Utilitarismo.

Estava perfeitamente claro que a única lei que ele podia decisivamente querer como universal era que os homens agissem de modo a promover a felicidade universal. Assim, ele era um Utilitarista sobre uma base Intuicional. Os axiomas ou princípios autoevidentes que, por fim, reconheceu, eram os de Prudência (sugerido no Egoísmo Racional), Justiça ou Equidade e Benevolência Racional (a base lógica do seu Utilitarismo). A moralidade do senso comum revelou-se como um sistema de regras que tendiam à promoção da felicidade geral, sem princípios claros e autoevidentes exceto enquanto são perfeitamente consistentes com o Utilitarismo. O conflito entre Utilitarismo e Intuicionismo apareceu devido a um mal-entendido. Não obstante, ele ainda sentia que havia uma oposição fundamental entre o interesse do indivíduo e o modo de descrever a moralidade. E não pôde encontrar nenhum método confiável de reconciliar essa oposição sem a hipótese do governo moral do mundo, em resumo, sem o Teísmo – até aqui concordava com Butler e Kant. Outra investigação do método do Utilitarismo o levou a ver seus defeitos: em muitos casos a orientação do cálculo Utilitarista é imperfeita. Por isso ele estava ansioso para fazer uso de e tratar com respeito a orientação do senso comum, com base na presunção geral que a evolução dá de que os sentimentos e opiniões morais apontam para a conduta que tende a produzir a felicidade geral. Não obstante, ele não pôde admitir esta hipótese como uma base para rejeitar uma probabilidade forte de uma conclusão oposta derivada dos cálculos Utilitaristas.

§ 6º. *Intuicionismo*

A ética de James Martineau também foi em alguma medida transitiva, mas ele apoiou mais as primeiras formas de Intuicionismo e não as formas mais recentes de pensamento ético.

Martineau (1805-1900)

O seu *Types of Ethical Theory* (1885) era semelhante em suas características principais àquelas formas tradicionais da ética britânica que tinham um fundo teológico. Ele rejeitou a psicologia que levou Sidgwick a considerar o prazer como o fim da conduta. Seu próprio método era, em grande medida, psicológico, sendo uma tentativa de descrever os fatos da consciência. Há certa justificação em seu uso real do método para a queixa feita por Sidgwick de que ele considerou o relato de que sua própria consciência moral dizia de si mesma e assumia que ela seria verdadeira para todos. Martineau, investigando a base da autoridade moral, não poderia reconhecer, nisto, nada além de uma personalidade. A ideia de dever é obrigatória em nós, mas não podemos reconhecer qualquer coisa como obrigatória que não seja mais elevada do que nós mesmos. A fonte de obrigação moral deve, portanto, estar em uma pessoa mais elevada do que nós mesmos; e só a deidade pessoal é adequada a essa exigência. "Na percepção está o eu e a natureza; na moral está o eu e Deus, que permanecem frente a frente". Sidgwick contestou que se Martineau não negasse que a autoridade da razão com respeito às relações de quantidade existe para matemáticos ateus, ele estava limitado por coerência a admitir que a autoridade da consciência com respeito ao correto poderia similarmente existir para um moralista ateu. A visão teológica não deve ser imposta como necessária para a moralidade.

Martineau insistia que o julgamento moral genuíno estivesse exclusivamente sobre os motivos e as fontes internas de ação como distintas de suas consequências externas. Há dois tipos de julgamento: (1) o jurídico, que utiliza os termos é preciso, direito, dever; e (ii) o estético, que utiliza os termos bom e mau. O segundo ele tendeu a considerar em geral como não ético. A fonte de escolha sempre é alguma propensão particular ou paixão que incita à escolha. Esta visão o levou a subestimar ou a ignorar a importância dos efeitos planejados da ação. Contudo, como Sidgwick ressalta, em uma frase Martineau deu certo reconhecimento às consequências: "o cômputo já está mais ou menos envolvido na preferência desta ou daquela fonte de ação; porque proporcionalmente como as fontes de ação são autoconscientes elas contemplam seus próprios efeitos, e o julgamento sobre eles (os efeitos) está incluído em nosso julgamento sobre a disposição". É possível se questionar se esta declaração é psicologicamente correta.

Martineau organizou os motivos e impulsos em uma ordem de maior ou menor valor moral.[163] Mas é evidente que o mais alto nem sempre deve ser adotado, nem o mais baixo sempre suprimido. Todos até certo ponto têm seus lugares na vida de uma forma ou de outra, mas eles devem ser mantidos em suas próprias posições relativas a domínio ou subordinação e dentro de suas próprias esferas. A experiência não prova que há, e não é *a priori* evidente que deva haver uma relação válida universalmente do mais alto e ao mais baixo entre os pares de impulsos. E ao discutir os conflitos entre os impulsos, Martineau, diz Sidgwick, implicitamente apelou ao cânon de consequências. De sua parte, Martineau poderia ter frisado que a ideia de uma escala de valores também poderia ser aplicada às consequências, e que o princípio Utilitarista de Sidgwick é insatisfatório como base para a decisão moral entre grupos alternativos de consequências.

---

[163] Ele oferece a seguinte escala de valores das fontes de ação:

MAIS BAIXOS

1. Paixões Secundárias: Mania de censurar, Disposição para a vingança, Suspeitosidade.
2. Propensões Orgânicas Secundárias: Amor à Facilidade e Prazer Sensual.
3. Propensões Orgânicas Primárias: Apetites.
4. Propensões Animais Primárias: Atividade Espontânea (não seletiva).
5. Amor ao Ganho: (refletivo, derivado do Apetite).
6. Afeições Secundárias: (indulgência sentimental de sentimentos simpatizantes).
7. Paixões Primárias: Antipatia, Temor, Ressentimento.
8. Energia Causal: Amor ao Poder, ou Ambição; Amor à Liberdade.
9. Sentimentos Secundários: Amor à Cultura.
10. Sentimentos Primários de Admiração.
11. Afeições Primárias, Parental e Social; com (aproximadamente) Generosidade e Gratidão.
12. Afeição Primária de Compaixão.
13. Sentimento Primário de Reverência.

§ 7. Ética como uma Ciência: Wundt (1832-1920)

A natureza da ética e os métodos apropriados para ela como uma disciplina separada foram inspecionados por Wilhelm Wundt, *Ethik* (1886); e a atitude que ele adotou foi assumida em escritos sobre ética muito posteriores. A ética não é puramente empírica nem uma disciplina puramente especulativa, mas como toda ciência geral é ao mesmo tempo empírica e especulativa. No curso natural de nosso pensamento, em ética como em tudo mais, o processo empírico deve preceder o especulativo. A observação deve fornecer os materiais com que a especulação ergue sua estrutura. Wundt encontrou estes materiais na psicologia social e na história da civilização. A reflexão científica tenta analisá-los e classificá-los sob pontos de vista gerais. Os problemas especiais da ética sistemática são: (i) evoluir dos fatos que forneceram os princípios nos quais estão todos os julgamentos de valor moral; mostrar como eles se originam; e determinar sua inter-relação; (ii) considerar a aplicação destes princípios aos principais campos da vida moral, como, por exemplo, a família, o governo, o Estado etc. Uma pesquisa desse tipo transcende a oposição da ética de reflexão e da ética de sentimento que Wundt considerou como tendo causado confusão à ciência ética no passado. Também dá lugar aos fatos antropológicos, históricos, jurídicos e econômicos para receberem a devida consideração. Ela satisfaz o lado subjetivo da moralidade – enfatizando as condições de ação voluntária que se apresentam à introspecção; e o lado objetivo em sua relação com os fenômenos históricos.

O bem é uma realização espiritual, que, embora não seja em si prazer, traz a felicidade consigo. Essa realização espiritual não pode ser entendida completamente como a de um indivíduo isolado, mas apenas como um produto da vida social humana, que surge em e relacionada com ela. O "ideal" não é dado de uma vez por todas, mas cada raça e cada geração o promovem a seu próprio modo. A vida manifesta a síntese criativa, que é em parte por meio do que Wundt chama a "heterogenia dos fins" a reunião de diferentes fins para a produção de algo maior em valor que aqueles que buscaram os fins individuais tinham previsto. Há um crescente desdobramento dos fenômenos da vida moral ou de bens morais. Wundt sustentou que a maior parte da humanidade passa pela vida sem qualquer compreensão definida da natureza dos fins remotos para os quais as pessoas trabalham e sofrem. Ele introduziu em sua ética uma concepção extremamente vaga de "vontade geral", o *status* da qual é altamente discutível. Moralidade é o serviço da "vontade geral", que consiste de todas aquelas tendências ativas que os indivíduos têm em comum. Contudo, algo diferente da totalidade dos indivíduos de uma determinada comunidade. Esta vontade geral, embora não seja em si uma personalidade, tem um caráter objetivo diante dos indivíduos, para quem é a mais real das realidades. Seguindo esta noção Wundt parece ter reconhecido que nenhuma explicação completa da moralidade pode ser dada pela sociologia, mas que sua objetividade transcende a sociedade, que é em si julgada por padrões morais. Mas, exceto pela negação de que esta objetividade repousa em algum ser pessoal, ele não deu nenhuma informação a respeito de seu fundamento metafísico na existência. A "vontade geral" parece não ser mais do que o hipostasiar da ideia de universalidade e objetividade moral.

§ 8º. Ética e Teoria dos Valores

Uma abordagem diferente sobre a ética foi feita pelos austríacos Franz Brentano, Alexius von Meinong e Christian von Ehrenfels, que viram a moral à luz de uma investigação geral da avaliação e dos valores. Estes pretendem tanto a averiguação concisa e independente quanto objetos físicos e senso de percepção, e embarcaram nisto com métodos empíricos, se esforçando para chegar a uma teoria geral dos valores.

Brentano (1838-1917)

Brentano[164] sustentou que há uma "faculdade" de "amor e ódio" na mente humana tão real quanto a do julgamento teórico. Em parte, pelo menos, os valores são o produto dessa faculdade simples e indivisível. Ele dá evidência de valores intrínsecos com quase a mesma validez quanto as verdades

---
[164] Ver especialmente *Psychologie von empirischzen Standpunkt*, 1874, e *Vom Ursprung sittlicher Erkenntnis*, 1889.

autoevidentes da lógica. Embora o bem não seja hedonístico, seu alcance é universal: "todo o mundo presente da vida, até mesmo tempos futuros", pode ser levado em conta.

Meinong

Meinong[165] e Ehrenfels deram início a uma análise muito mais detalhada. Meinong insistia que os valores fossem relacionados a emoções pessoais. As emoções nesta esfera têm uma posição análoga à da sensação na esfera do conhecimento de objetos físicos. As coisas não têm nenhum valor absoluto em si mesmas independentemente da relação para com as emoções das pessoas. Os valores não são simplesmente subjetivos, porque eles fazem referência a algo real ou possível além deles. Eles não consistem somente no sujeito ou no objeto, mas em sua relação. Eles residem no complexo relacional entre as pessoas e as coisas que elas desfrutam. Assim, a avaliação é um estado psíquico de aprovação aliado a um julgamento existencial. Sob "circunstâncias favoráveis" cada objeto de valor despertará sentimentos de valor. É impossível encontrar um denominador comum de valores. Meinong tentou escapar do relativismo de sua teoria de valores pessoais pela concepção de valores "suprapessoais", que são "objetos de ordem mais elevada". Tanto os valores pessoais quanto os suprapessoais devem ser descobertos pela pesquisa mais extensa possível. Os bens principais não variam de pessoa para pessoa: eles têm uma validez objetiva de ser o mesmo para todos.

Ehrenfels

Ehrenfels[166] considerava os valores do ponto de vista dos desejos. Ter valor é a mesma coisa que ser desejado; o valor é estritamente contingente ao desejo. O valor é atribuído às coisas porque nós as desejamos: nós não as desejamos porque atribuímos valor a elas. Toda meta do desejo necessariamente deve

---

[165] *Psychologische-ethische Untersuchungen zur Werttheorie*, 1894; *Zur Grundlegung der allgemeinen Werttheorie*, 1923.

[166] *System der Werttheorie*, 1897, 1898; *Grundbegriffe der Ethik*, 1907.

ser aceita conscientemente como um fato possível. Ehrenfels sustentava que o desejo é movido pela possibilidade da intensificação relativa de felicidade. Ele declarou isto na forma de uma lei geral. "Todos os atos do desejo estão condicionados tanto em suas metas quanto em sua força pela intensificação relativa de felicidade que eles, devido às disposições de sentimento do indivíduo, procuram trazer consigo por sua entrada em e duração na consciência." Por "felicidade" não se deve entender "prazer" no senso das teorias hedonísticas. É possível que o desejo pelo objeto seja por sua própria causa, ou por causa de qualquer outra coisa, envolvendo assim a distinção entre valores intrínsecos e extrínsecos. Contudo, os valores não podem ser classificados definitivamente como intrínsecos ou extrínsecos, porque o mesmo objeto pode ser ao mesmo tempo intrínseca e extrinsecamente valioso ao mesmo tempo ou de valor intrínseco numa ocasião e de valor extrínseco em outra. Há duas amplas categorias de objetos de valor: valores humanos e as eficiências e qualidades das coisas e animais. Ehrenfels dissuadiu-se do primeiro método de consideração da conotação dos termos éticos à questão de sua denotação, os objetos aos quais eles poderiam validamente ser aplicados. Os imperativos da moralidade como aplicados aos atos devem ser distinguidos da avaliação ética de disposições das quais eles emergem. As avaliações éticas não são proeminentemente as libertações do indivíduo, mas antes os julgamentos coletivos do todo de um grupo social restringindo-se às avaliações Ocidentais, principalmente Cristãs, ele considera que o ideal ético não deve ser simplesmente não ser o "amor geral à humanidade", embora isso possa ser dominante e central. "Retidão, fidelidade, honestidade, senso de dever, veracidade, autorrespeito, modéstia, castidade, temperança, diligência e amor ao trabalho são todas elas designações para disposições ao desejo, e *ipso facto* para sentimentos que são eticamente mais ou menos altamente avaliados e que representam modificações da benevolência do ponto de vista do desejo diferente do amor ou então não tem nada absolutamente que ver com o amor de outros seres."[167]

---

[167] Para uma declaração mais detalhada, veja Howard O. Eaton, *The Austrian Philosophy of Values*, 1930. Sobre a teoria geral de valores em inglês, veja o W. M. Urban, *Valuation, its Nature and Laws*, 1909; R. B. Perry, *The General Theory of Value*, 1926; J. Laird, *The Idea of Value*, 1929.

Moore (1873-1958)

O problema do valor ético central e assim do conceito fundamental para ética, foi levantado para discussão sistemática por George Edward Moore em seu *Principia Ethica* (1930). Martineau, como os primeiros Intuicionistas, enfatizou as ideias de certo e errado como características dos motivos morais. Sidgwick tinha tornado central a ideia de um fim com referência ao qual a retidão ou iniquidade da conduta poderiam ser julgadas, mas ele concebeu este fim em termos de prazer. Investigação psicológica e uma análise dos julgamentos morais conduziram à rejeição deste último ponto de vista. Se o bem não é prazer, qual é sua natureza? Ao criticar e rejeitar a abordagem metafísica em ética, Moore afirma que a metafísica, compreendida como a investigação de uma suposta realidade suprassensível, pode não ter nenhuma base lógica para responder à questão ética fundamental: o que é o bem em si? De acordo com ele havia várias fontes de erro quase universalmente presentes em matéria de ética: "a prática de perguntar que coisas são virtudes ou deveres sem distinguir o que estes termos significam; a prática de perguntar o que deveria estar aqui e agora, sem distinguir se como meios ou fins – por sua própria causa ou por seus resultados; a busca por um único critério de certo e errado, sem o reconhecimento de que para descobrir um critério temos que saber primeiro que coisas são certas ou erradas; e a negligência do princípio de unidades orgânicas".

Moore aplicaria a todos os objetos ordinários de julgamento ético as duas questões: Isto tem valor intrínseco? É um meio para o melhor possível? A concepção central é, assim, o valor intrínseco, aquilo que é bom em si; e dependente deste é o valor extrínseco, aquilo que é um meio para um valor intrínseco. Mill tinha insistido que "questões de fins últimos não são acessíveis à prova direta", mas não obstante tentou dar uma prova de sua visão quanto ao fim como prazer, e isto por uma confusão enganadora entre "desejável" e "desejado". A investigação empírica mostra que o prazer certamente não é o único objeto do desejo; e que mesmo se estiver sempre entre as causas do desejo este fato em si não bastaria para alguém considerá-lo um bem. "Parece-me que se nós colocarmos razoavelmente diante de nós a questão: a consciência do prazer é o único bem?, a resposta deve ser: Não. E com isto sucumbe a última defesa do hedonismo."

O que é então o bem intrínseco? Aqui precisa ser feita uma distinção. Nós temos o termo "bem" como um predicado em julgamentos morais extremos de valores intrínsecos. Como predicado, "bem" é algo insuperável: é incapaz de ser explicado em outros termos do que ele mesmo; em resumo, é indefinível. Denota um objeto simples e único de pensamento entre diversos outros. As únicas alternativas para a visão de que o bem é indefinível são: ou que é complexo, ou que não há nenhuma noção particular para a ética: e Moore afirma que estas duas podem ser refutadas por meio de inspeção. Os predicados bom e mau acham-se aplicados a uma multiplicidade de coisas. "Há uma vasta variedade de grandes bens intrínsecos e grandes males intrínsecos." Com uma exceção, os mais simples destes são todos altamente complexos, compostos de partes que têm pouco ou nenhum valor em si memos. "Todos estes envolvem consciência de um objeto e quase todos envolvem uma atitude emocional para com este objeto; mas embora eles tenham assim certas características em comum, a maioria de qualidades em relação às quais eles diferem de um para o outro é igualmente essencial ao seu valor: nem o caráter genérico de todos, nem o caráter específico de cada um é muito bom ou muito mal por si só; eles devem seu valor ou demérito, em cada caso, à presença de ambos."

O fato de que o valor de um todo pode ser diferente da soma dos valores das partes complica a investigação de valores intrínsecos. Para todos estes Moore dá o nome de "unidades orgânicas". Aplicando suas concepções à teoria de Sidgwick, Moore contesta que ele não reconheceu o princípio de unidades orgânicas. O acordo que Sidgwick professou ter encontrado entre os julgamentos da moralidade de senso comum e do hedonismo só afirma julgamentos de meios. O Senso Comum negaria que os estados que são imediatamente os mais agradáveis sempre sejam os melhores. Ele também acusa Sidgwick de confusão com respeito à relação entre egoísmo racional e benevolência racional. É uma contradição patente dizer que a felicidade de um homem individual deveria ser o único bem e também que a felicidade de todo o mundo deveria ser o único bem; e essa contradição não é resolvida ao se assumir que a mesma conduta assegurará os dois fins.

A visão de Moore se assemelha ao Intuicionismo, porque ela depende de alguma forma de apreensão imediata do bem intrínseco como final. Mas sua posição difere essencialmente do Intuicionismo incipiente que implicava que as regras de ação são intuitivamente certas. Na realidade, nenhuma proposição com respeito ao dever pode ser autoevidente. O Intuicionismo de Moore é aquele pelo qual o que é bom em si mesmo é autoevidente, não dependente de qualquer razão além de si mesmo. A ética não pode determinar deveres absolutos: tudo que fez ou pode fazer é apontar quais modos de ação entre algumas das alternativas possíveis em certas circunstâncias terão os melhores resultados. Esta tarefa é tão difícil que deve ser ressaltado que nenhuma prova adequada jamais foi dada para que os resultados totais de uma ação fossem ou sejam superiores aos de outra. E se isto é assim com respeito a duas ações, "é muito improvável e completamente impossível provar que qualquer ação única seja *em todos os casos* melhor como meios do que suas alternativas prováveis. Regras de dever, até mesmo neste sentido restrito, só podem ser no máximo verdades *gerais*". Assim a investigação de Moore leva à conclusão, também alcançada pela escola sociológica francesa, de que regras morais não são certezas intuitivas absolutas, mas são relativas às condições nas quais o bem é buscado. Mas ele vai além daquela escola em um empenho de investigar a natureza do bem, com a conclusão de que estão incluídos vários bens. Desse modo, pode-se levantar a questão: Há uma unidade orgânica na qual todos os bens particulares são combinados em um valor maior do que aquele possuído por quaisquer das partes ou por sua mera totalidade? Moore não reivindica poder apontar para qualquer todo, mas frisa que só uma investigação conduzida pelos métodos que ele usava poderia nos justificar ao afirmar que as verdades éticas estão unidas de alguma maneira particular. Nas circunstâncias em que nossa vida moral é vivida é possível duvidar se tal investigação poderia ser concluída.

Rashdall (1858-1924)

Hastings Rashdall em *The Theory of Good and Evil* (1907), expondo uma teoria geral da ética descrita como Utilitarismo Ideal, semelhantemente insistiu que todos os julgamentos morais são ou sugerem no final das contas julgamentos quanto aos valores dos fins. A ideia de "bem" ou "valor" é logicamente anterior a de "correto". Não obstante, ele deu ao correto mais importância do que a de ser um mero meio para o bem. O bem e o correto sugerem um ao outro. "A ideia de dever está implicitamente contida na ideia de valor... A ideia de bem e a ideia de correto são, como me parecem, termos correlativos. Está sugerido na ideia do bem que ele deva ser promovido". O valor moral é proeminentemente o tipo de valor que nós atribuímos a um bom caráter, isto é, no qual se encontra a retidão de conduta, mas esta é constituída por qualidades de personalidades julgadas como boas. Em seu desenvolvimento, a teoria de Rashdall é essencialmente uma doutrina de bens, entre os quais as virtudes pessoais acontecem.

A base da investigação deve ser um exame dos julgamentos morais. A essência dos julgamentos morais, que reivindicam ser objetivos e universais, deve ser buscada na razão. Não pode ser emocional.[168] As emoções são, por natureza, variáveis e subjetivas, não menos associadas com a aprovação e a desaprovação moral que outras. "A faculdade moral é a razão, não todo tipo de sentimento ou emoção." Não obstante, "julgamentos morais são em geral acompanhados pela emoção". O julgamento não seria feito se o sentimento que faz parte de sua base não estivesse presente. Mas o sentimento que é a base de um julgamento moral não é qualquer moral ou tipo de sentimento especificamente mais elevado. Rashdall não reconhecia a existência de qualquer "emoção" especificamente "moral". Julgamentos morais usam categorias intelectuais; e "uma categoria intelectual deve ser a mesma para todas as inteligências, embora possa haver um grau maior ou menor de clareza, franqueza e suficiência em sua apreensão em diferentes estágios de desenvolvimento". Os valores ou bens que são últimos são de alguma maneira intuitivamente discernidos. Ainda deve ser frisado que Rashdall estava longe de mostrar que a natureza dessa intuição era predominantemente racional.

O princípio fundamental do Utilitarismo Ideal de Rashdall é que os "atos são certos ou errados conforme eles tendam ou não a promover um Bem-estar ou εὐδαιμονία ou bem que consiste de vários elementos, o valor relativo dos quais é intuitivamente discernido. Embora o fim não seja hedonístico,

---

[168] Veja também seu livro: *Is Conscience an Emotion?*

ele inclui prazeres como algumas vezes bons. Alguns prazeres podem ser julgados ruins. Além disso, embora o julgamento moral esteja no final das contas preocupado com os fins, para o ponto de vista hedonístico os meios frequentemente fazem parte do fim. Os múltiplos bens que a ética tem que reconhecer não existem lado a lado sem afetar uns aos outros. "Todos eles são partes, elementos ou aspectos de uma vida idealmente boa que é o dever de cada um para promover para todos. A separação de valores é uma forma de abstração. "O ideal da vida humana não é a mera justaposição de bens distintos, mas um todo no qual cada bem é feito diferente pela presença de outros."

Não obstante, um exame do processo real de decisão moral em face de modos alternativos de ação revela que os bens e males particulares e suas relações são e devem ser consideradas pelos métodos de abstração e comparação. As possíveis ou prováveis consequências previstas dos modos alternativos de ação têm em geral de ser comparadas com alguma referência aos detalhes e suas reivindicações relativas calculadas. Para que isto seja realmente feito é preciso que de alguma maneira todos os valores sejam mensuráveis, que possam ser "pesados" uns contra os outros. Tal procedimento envolve um princípio de comparação e avaliação, e, nesse caso, qual é? Nenhum princípio é aparente. A estimativa deve ser feita em atenção ao bem-estar geral e será afetado pelo ideal dominante ou tipo de vida e caráter do indivíduo que o faz. Também terá referência ao que John Stuart Mackenzie chamou "universos de desejo", frequentemente sobrepondo em parte entre qual escolha é feita.

Pode haver uma incoerência definida entre o bem individual e o de outros, mas a evidência empírica não nos justifica ao postular a ideia de um "bem comum", como ensinado por Green e outros, sugerindo que o bem para um deve sempre ser idêntico ao bem para todos. A moralidade real envolve alguns axiomas que reivindicam uma posição influente, na verdade suprema. Estes são a Prudência, a Benevolência e a Equidade. "É autoevidente para mim que eu devo (onde não entra em choque com o bem maior de outro) promover meu próprio bem maior; que eu deveria preferir em geral um bem maior a um menor e que eu deveria considerar o bem de um homem como de valor intrínseco e igual com bem semelhante de qualquer um." A vida moral envolve uma apreensão imediata de valores, ainda que seja raramente possível saber imediatamente por intuição que curso de ação deveria ser adotado. Não há nenhuma intuição da "retidão" do tipo requerido. Em decisões morais genuínas está envolvida certa forma de cálculo de consequências mais ou menos simples ou complexo. Este cálculo é o que chamamos casuística. Uma teoria de moralidades que se mantêm perto dos fatos reais da vida moral tem que admitir a casuística não só como possível, mas como inevitável.

Paulsen (1846-1908)

Em uma data muito anterior uma exposição da ética, que culminava em uma visão geral semelhante à de Rashdall, foi concedida por Friedrich Paulsen, cuja *Ethik* se tornou amplamente conhecida pela tradução de Frank Thilly (1899). Ética é uma doutrina de bens que em sua unidade constitui a vida perfeita; e uma doutrina de virtudes e vícios, de deveres como modos de conduta para atingir a perfeição. Seu método era principalmente empírico. Ele se diferia de Rashdall com relação à parte desempenhada pelo sentimento e razão na moralidade. "A questão: 'o que é uma boa vida?' em última análise será decidida pelo sentimento imediato e incontrovertível, no qual a essência íntima do ser se manifesta." Em moralidade o intelecto tem seu lugar somente na consideração dos meios: "a natureza do bem mais elevado na realidade não é determinada pelo intelecto mas pela vontade". "O intelecto como tal não conhece absolutamente nada de valores, ele se distingue entre verdadeiro e falso, o real e o irreal, mas não entre bem e mal. Rashdall admitiu o sentimento como parte da base do julgamento moral e falou de intuição, mas não considerou a relação destes dois, ou se na verdade eles são distinguíveis. É em uma consideração mais íntima disso que a diferença entre Paulsen e Rashdall deve ser solucionada. Como Moore diz acerca do bem predicado que é indefinível, assim de seu conceito final, a vida perfeita, Paulsen insistiu: "É tão impossível definir a vida perfeita quanto é definir uma espécie de planta ou animal. Embora possa ser possível formar algum tipo de concepção de uma moralidade humana universal, nenhum indivíduo poderia perceber isto. Porque se o bem mais elevado para o indivíduo for uma vida na qual todos os poderes corporais e mentais são desenvolvidos e exercidos completamente, ele diferirá com indivíduos diferentes. As diferenças nas vidas dos indivíduos são condições essenciais para a perfeição da humanidade. Consequentemente, regras específicas da moralidade não são absolutamente válidas para todos. Com a ajuda da consciência e da sabedoria o indivíduo tem que aplicar as regras gerais às suas condições especiais, com quaisquer modificações que possam ser requeridas.

Sorley

Uma exposição dos fundamentos da ética, do ponto de vista da teoria geral dos valores, é concedida na *Moral Values and the Idea of God* (1918) de William Ritchie Sorley. Sorley se aliou com aqueles que rejeitam a tentativa de deduzir um sistema da ética a partir de uma metafísica preconcebida. Depois de exame detalhado ele rejeitou também as reivindicações da ética da evolução e realçou a falsa psicologia na qual as teorias hedonísticas repousam. A ética é uma forma de pensamento *sui generis*: "a afirmação da bondade não é realmente alcançada por meio da dedução de quaisquer afirmações sobre a existência". Bondade ou valor moral é um de vários tipos diferentes de valor. A avaliação não é simplesmente o aprazível. E, além disso, embora o prazer "pertença a todo tipo de valor quando realizado em sua abundância e em algum grau pertence a toda realização de valor", não é uma medida ou padrão de valor.

Voltando aos valores morais como o objeto específico da ética, Sorley dá uma declaração concisa de certos fundamentos. "Os dados da ética são as avaliações particulares ou julgamentos de bem e mal passados em certas situações concretas. Estas são intuições morais, no sentido literal, porque elas são imediatas e da natureza de percepção, não resultados do raciocínio. Mas elas não são intuições como entendidas pelos moralistas escolásticos ou modernos da escola intuicional; porque elas não são proposições gerais e não são derivadas delas outras verdades morais pela dedução. Nem têm eles qualquer reivindicação infalível à verdade." Em julgamentos morais, como em todos os outros tipos de julgamentos, há uma possibilidade de erro; mas erros podem ser descobertos e corrigidos por outra percepção e por comparação. O método é semelhante àquele do desenvolvimento da ciência natural com base nas percepções dos sentidos. Valores morais têm certas características distintivas. Eles sempre têm alguma relação com a vida interna; não podem ser separados da intenção e motivo internos. Envolvem certa discriminação entre meios e fins: os valores morais últimos são necessariamente intrínsecos. A distinção entre meios e fins não é, porém, uma distinção fixa: "meios e fins obscurecem uns aos outros na experiência e nenhum valor pode pertencer a um deles independentemente do outro. Ou pode ser que cada um tenha algum valor em si mesmo, mas que o valor de toda experiência realizada é maior do que a soma dos valores que pertenceriam a suas partes consideradas separadamente". Houve e há considerável confusão entre um valor em si e o processo pelo qual se torna consciente disso. A validez de que a reivindicação dos julgamentos morais sugere que a afirmação "isto é bom" ou "isso é mau" não declara a existência de desejo ou de aversão ou de um sentimento de inclinação ou indignação. Ela não aponta "para um estado pessoal ou subjetivo da mente, mas para a presença de um valor objetivo na situação".

Validez sugere validez não apenas para um só, mas para todos. Dois julgamentos morais que contradizem um ao outro não podem ser ambos verdadeiros. "Liberdade de contradição, coerência e assim possível sistematização são critérios pelos quais a validez de qualquer julgamento moral pode ser testada." É preciso uma análise cuidadosa, por que dois julgamentos morais que contradizem um ao outro em sua expressão pode realmente encarnar o mesmo princípio aplicado em condições diferentes. Muito da aparente contradição entre julgamentos morais reais na história da humanidade pode ser removida por formulação precisa. Sistemas de julgamentos morais consistentes em si também podem parecer estar em oposição. Consequentemente o teste de abrangência necessita ser aplicado: e não somente com respeito a que possível sistema pode incluir o maior número de fatos: "nós temos que encontrar um princípio que compreenderá tanto os sistemas contraditórios quanto explicar sua oposição justificará qualquer validez que eles possuam".

Esta concepção de um sistema de valores deve ser aceita como substituindo no essencial aquela de uma escala de valores. Um homem não compara tanto os valores individualmente quanto os considera com referência a sua coerência em um sistema, que gradualmente se torna dominado por uma concepção principal, determinando sua conduta e sua visão sobre o que é de maior valor. Há assim ideais diferentes. "Determinar o modo no qual são relacionados ideais diferentes um ao outro em uma comunidade de vidas que buscam o valor mais elevado não é um problema inicial. Antes é o trabalho que coroa uma teoria ética. Contudo, exceto isso, nós não seremos capazes de dar uma solução satisfatória do problema da escala de valores. Por que este problema tem sido resolvido em outro – o problema da unidade orgânica ou todo sistemático nos quais todos os valores entram e por sua relação com o que o lugar e grau de todos os valores parciais são determinados."

Sorley esclarece que os julgamentos morais sempre implicam existência. Não é a *Ideia* de amor que é significada no julgamento: o amor é bom. Para ser amor bom é preciso que exista de outro modo além de uma ideia. A alegação deve, talvez, ser declarada de uma forma hipotética: Se e quando o amor existe, ele é bom. Ele sugere isto em algumas passagens. Admitindo que os valores morais sejam encontrados em particulares, ele insiste, não obstante, que o que é de valor é um universal nos particulares. "É em virtude de um presente universal no particular que o particular é aprovado." O portador ou sujeito do valor (seria suficiente e menos discutível dizer "valor moral") sempre é, em última instância, a personalidade. Esta exposição sugere uma hipóstase dos universais em uma personalidade eterna existente. Pode, no entanto, se questionar se qualquer evidência adequada é de fato determinada para a afirmação da existência dos valores salvo nos particulares temporários experimentados. Se for aceito que nós não podemos passar da afirmação da existência à declaração de que aquilo que tem existência também possui valor, parece ser especulação passar dos universais em particulares (valores morais experimentados) para sua existência eternamente e em perfeição em uma personalidade suprema.

§ 9º. O Fim Moral com a Expansão da Vida

Muito do pensamento dos últimos cinquenta anos tem enfatizado o caráter dinâmico da experiência. Na investigação da natureza do bem, convencidos da insuficiência das primeiras concepções do fim moral, os escritores têm buscado uma concepção ampla o bastante para incluir todas as formas de bens intrínsecos e dar o devido reconhecimento ao caráter dinâmico da experiência. Isto tem sido considerado se encontrar sob o termo "vida".

Guyau

Mesmo no início do período, Jean Marie Guyau em seu *Esquisse d'une Moral sans obligation ni sanction* (1885) argumentou que a moralidade não pode estar verdadeira ou adequadamente baseada na autoridade divina, nem em um absoluto da razão, nem em convenções sociais. Antes é um produto do poder interno de nosso próprio ser intimamente relacionado com o impulso. Essa conduta é moral, o que, nas circunstâncias, promove a expansão da vida ao seu mais alto grau. A concepção da riqueza e expansão da vida é o princípio fundamental sugerido por Albert Schweitzer em seu livro *Civilisation and Ethics* (1923).

Eucken (1846-1926)

Na filosofia ética de Rudolph Eucken nós temos uma tentativa de formular a natureza da vida que estará de acordo com as exigências mais plenas e mais elevadas da natureza humana. Ele insiste no caráter dinâmico da vida e sua filosofia foi denominada Ativismo. Mas a atividade tem que ter formas dependentes dos motivos que a inspiram e os fins aos quais ela é dirigida. As ações, porém, têm um caráter dependente de uma atitude geral e sistema de vida que gera ou está aliado a uma visão do mundo particular. De seus numerosos trabalhos, *Die Grundlinien einer neueren Lebensanschauung* (1907) indica claramente o seu método e a sua conclusão. Os conflitos morais não estão, no final das contas, entre possíveis cursos particulares de ação: eles estão entre vários "tipos de vida".

Os tipos de vida não diferem tanto no que eles afirmam como no que eles negam ou ignoram. Eucken se empenhou em realçar as insuficiências de vários tipos prevalecentes de vida e por um método de crítica construtiva alcança uma indicação de um tipo mais abrangente. O tipo naturalista trata o homem simples e somente como uma parte de um esquema mecânico da natureza. É evidente que o homem é uma parte do esquema da natureza física e que sua vida envolve isto, mas suas ideias, emoções e ações apontam para além da natureza física e não podem ser completamente dispostas dentro dela. A vida do individualismo estético, da cultura própria, fracassa, para o homem que sente interesse em e se esforça pelo bem-estar alheio, e os valores da cultura frequentemente envolvem relações com outros eus. Eucken acusou o tipo socialista de vida por tratar o indivíduo como mero meio para o suposto bem-estar de um todo social, considerando que o todo social não pode conter nenhum valor que não esteja incluído nas experiências dos indivíduos. Isso também coloca tal ênfase nas relações externas ao ambiente como subestimar ou ignorar a importância das satisfações e dos motivos internos.

Passo a passo, pela crítica de sistemas opostos, Eucken conduz à concepção da "vida espiritual". A vida espiritual não é estranha ou contrária à natureza externa, mas é vivida e evolui no esquema da natureza. Ela centra-se no indivíduo, cuja cultura própria está incluída nisto, contudo, só em e por sua relação e cooperação com outros na complexidade da sociedade humana. Assim, a vida espiritual inclui dentro de si mesma tudo que é de valor nos tipos mais estreitos de vida. Mas os bens que eles oferecem não são impostos ao homem: eles têm que ser definitivamente apropriados pela atividade de seu espírito. Consequentemente, a vida espiritual é chamada "selbstständiges", autodependente ou independente. A vida está em curso, sempre se expandindo e organizando seus conteúdos.

Desse modo, a inspiração do sistema ético de Eucken considera essencialmente os motivos da liberdade espiritual e da abrangência. O sujeito moral tem liberdade e capacidade de avanço além de sua condição em qualquer dado momento. Nada é verdadeiramente um valor para o eu que não foi apropriado por sua própria atividade. A boa vontade é aquela que dentro de seus possíveis limites almeja à gama mais ampla de valores ou àquilo que se ajusta na gama mais ampla de valores ou auxilia na coordenação da gama mais ampla de valores. Contudo, a concepção de Eucken da vida espiritual independente é extremamente vaga com respeito aos detalhes. Ele fez pouco para investigar os bens particulares que são relevantes à vida moral. O caráter do portador ou portadores desta vida torna-se incerto. Às vezes a vida espiritual independente se assemelha à experiência de um espírito universal; em outras como as experiências e lutas e modos de interação de uma multiplicidade de espíritos em relação a um sistema de natureza que não é espiritual.

Mas se vida é um processo no qual o presente é diferente do passado, até onde, se sob qualquer condição, pode a ética do presente corretamente ser limitada pelo passado ou é dependente dele? É a ênfase sobre o caráter dinâmico e espontâneo da vida que marca as visões sobre a ética de filósofos tão distintos como Benedetto Croce[169] e John Dewey.

Croce (1866-1952)

Para Croce a conduta moral consiste em um reajuste das reivindicações que competem na direção da intensificação da vida. Mas, desse modo, ele exagera certos aspectos da vida como processo, não se preocupando em considerar os valores que fazem a vida valer a pena, poder-se-ia dizer até mesmo que ele levanta uma dúvida se de seu ponto de vista pode haver ou precisa haver alguma consideração séria quanto a isso. Pode haver um sentido, como afirma Croce, em que toda situação moral seja única, mas se o pensamento tem alguma importância e pode ser de alguma forma efetivo na orientação da vida, ele deve ser capaz de formar alguma concepção do valor ou dos valores que, pelo desenvolvimento, tem alguma estabilidade e alguma consistência na mudança. Ao ressaltar o caráter da contínua nova criação da vida, Croce deixou de fazer justiça ao caráter de continuidade, ordem e repouso nas quais Aristóteles insistiu há muito tempo. Embora ele professe reconhecer a importância da descrição empírica, isso parece não ter nenhuma importância para sua filosofia do prático. O homem, diz ele, não é um consumidor de prazeres, mas um criador de vida. É mais verdadeiro experimentar dizer que ele é ambos. O que determina ou aponta a direção do reajuste das reivindicações rivais? Croce parece rejeitar qualquer questão deste tipo. A vida cria o problema moral e só a vida pode fornecer a solução. Toda tentativa de declarar o problema em termos conceituais ou inventar um plano ou sistema de vida é simples casuística. Contudo, seguramente, o pensamento com seu olhar tanto retrospectivo quanto avançado, com sua análise e construção, é um fator em vida que não é mero processo. O ético é a "volição do Universal". "O que é o Universal?" ele pergunta e responde:

---

[169] *The Philosophy of the Practical: Economic and Ethic*, 1908.

"É o Espírito, é a Realidade na medida em que é verdadeiramente real, na medida em que é unidade de pensamento e desejo; é a Vida na medida em que realizada em sua profundeza como esta unidade em si; é a Liberdade, se uma realidade assim for concebida como desenvolvimento perpétuo, criação, progresso". O indivíduo moral tem a "consciência de trabalhar para o todo". Croce torna-se estulto no início por seu tratamento do sentimento. "Aqueles que invocam o sentimento em filosofia são, deste ponto em diante, um pouco ridículos." Ele, porém, nos adverte contra os erros tanto do polipaticismo quanto do apaticismo. Ele mesmo apenas esboça "a pequena troca da conversação ordinária" dos chamados sentimentos de "pátria", "amor", "natureza" e "do divino". Mas quais são os valores que sua filosofia reconhece? No fim, seu próprio ponto de vista parece suscetível à acusação de ser apática.

Dewey (1859-1952)

O caráter dinâmico da existência ou experiência é semelhantemente enfatizado por John Dewey. Em vários trabalhos[170] ele opõe a ideia do imutável em todos os ramos do saber e isto em nome do reconhecimento da espontaneidade e liberdade. O conhecimento não sugere uma realidade imutável e transcendente, nem a vida moral um ideal imutável e eterno. "O abandono pela inteligência de um fim fixo e estático foi a condição prévia necessária de uma ciência livre e progressiva tanto das coisas quanto da moral; a emancipação das ciências dos valores remotos já feitos e abstratos foi necessária para tornar as ciências disponíveis para criar e manter valores mais específicos aqui e agora." Ele diz que as escolas de ética no passado operaram sob a hipótese de que há um bem único, fixo e final. Nós temos que abandonar a ideia de um bem final fixo por "uma crença em uma pluralidade de bens e fins mutáveis, móveis e individualizados". Valores morais não podem ser alcançados pela dedução dos universais. Antes a vida moral depende de investigação detalhada da situação particular,

---

[170] Veja, por exemplo, *The Influence of Darwin on Philosophy, and Other Essays*, 1910; *Critical Theory of Ethics*, 1894; *Reconstruction in Philosophy*, 1920; *Human Nature and Conduct*, 1922.

da análise, de traçar as consequências de possíveis modos de ação e tratar a decisão como hipotética até que as consequências antecipadas tenham sido comparadas com as consequências reais. Concepções gerais são úteis ao ajudar a enfrentar a situação individual. Classificações podem sugerir possíveis características às quais se deveria ficar atento ao estudar um caso particular. Desse modo, a atenção deve ser desviada da preocupação com concepções gerais e dirigida ao problema dos métodos efetivos de desenvolvimento da investigação em situações individualizadas. "Nós não podemos buscar ou atingir a saúde, a riqueza, a aprendizagem, a justiça ou bondade em geral. A ação é sempre específica, concreta, individualizada e única. E, por conseguinte, os julgamentos sobre os atos a serem executados devem ser semelhantemente específicos."

Assim, em contraste com a direção do esforço para um objetivo remoto e a procura por um ideal moral universal, a tarefa da inteligência é a discriminação de bens presentes intrínsecos e a investigação nos meios imediatos variados de sua realização. O termo bens é tomado em seu mais amplo sentido. Dewey fala de bens naturais e sociais; mas não parece distinguir nenhum como valores especificamente morais. Não há nenhuma questão importante separada do conhecimento moral e consequentemente nenhuma coisa como uma ciência ética isolada. Em vez de especulação sobre um padrão último do direito ou na natureza do fim último do homem, deve-se utilizar a fisiologia, a antropologia e a psicologia para descobrir tudo que pode ser descoberto a respeito do homem, seus poderes orgânicos e tendências. As artes sociais, a lei, a educação, a economia e a ciência política devem ser consideradas como instrumentos a serem utilizados em métodos inteligentes de aprimorar a sorte comum. Ele, porém, é severamente crítico da distinção entre bens como intrínseca e instrumental, uma distinção que ele considera como perniciosa em seus efeitos na prática. "Possivelmente ninguém pode estimar quanto do materialismo obnóxio e da brutalidade de nossa vida econômica se deve ao fato de que os fins econômicos foram considerados como meramente instrumentais. Quando eles são reconhecidos como intrínsecos e finais em seu lugar como quaisquer outros, então será visto que são capazes de idealização e que se a vida deve valer a pena eles têm que adquirir o valor ideal e intrínseco."

Dewey quer insistir que os valores sejam desfrutados no processo, um processo contínuo de esforço e obtenção. Nenhuma condição é meramente instrumental. "O fim não é mais um término ou limite a ser alcançado. É o processo ativo de transformar a situação existente. Não a perfeição como uma meta final, mas o processo duradouro de aperfeiçoar, amadurecer, refinar, é o objetivo de viver". "Desenvolver-se é o único fim moral." Deveria parecer que, em sua ênfase na atividade de olhar adiante do processo da vida, Dewey tende a subestimar a importância do reconhecimento dos valores de um tipo estável e duradouro do que a experiência passada da raça nos ensinou. Sua insistência na espontaneidade e liberdade do processo da vida é de grande importância e definitivamente necessária, mas corre o risco de dar uma falsa perspectiva com respeito à importância do novo e único. O crescimento do homem moralmente, por outro lado, depende em grande medida do que ele leva consigo de suas realizações no passado, e não de si próprio individualmente tanto quanto da humanidade socialmente. "Se nós ainda desejamos fazer nossa paz com o passado", diz ele, "e resumir os bens plurais e variáveis da vida em uma única palavra, sem dúvida o termo felicidade é o mais conveniente. Mas nós deveríamos trocar novamente a moral livre pela metafísica estéril se nós imaginamos que a felicidade é algo menos e único do que os indivíduos que a experimentam; algo menos complexo do que a constituição das suas capacidades, ou algo menos variável que os objetos nos quais suas capacidades são dirigidas".

Hobhouse (1864-1929)

Insistindo na liberdade em avanço ao futuro, Leonard Trelawney Hobhouse em seu livro *Morals in Evolution* (1906) mostrou como a evolução da moralidade também foi um processo de consolidação do que foi obtido pela experiência e pelo pensamento do passado. Por meio de uma pesquisa detalhada do desenvolvimento das normas de conduta e ideais de vida, Hobhouse viu a moralidade a partir de sua primeira aparição à sua mais elevada realização como o regulamento da vida. Baseada principalmente no impulso e instinto, a conduta esteve de maneira crescente sob o domínio do costume social e das concepções gerais, até que por fim é vista à luz de teorias gerais da realidade como um todo. "O pensamento que concede interpretação harmoniosa e coerente à experiência é verdadeiro até onde alcança", mas em nenhum estágio tais teorias podem se estabelecer como finais. As características gerais da ideia ética são que todo homem como um agente responsável permanece sob obrigações para consigo mesmo, para com outros, para com a sociedade como um todo, definidas pelas exigências do bem comum. O avanço moral é do reconhecimento de e conformidade para com as exigências dos grupos mais simples até o domínio por um ideal coordenado e inclusivo. "No início as regras habituais não tinham o caráter distintivo das leis morais. Logo, as obrigações morais são reconhecidas, mas ainda não são fundadas sobre qualquer princípio ético geral. Até este ponto persiste a moralidade da tradição social primitiva, em que 'amor e ódio', os impulsos sociais e os anti-impulsos, estão misturados. Em um terceiro estágio são formados os princípios morais e ideais de caráter e conduta..." Progresso moral vem pelo esforço, no qual as condições de vida entram cada vez mais debaixo do domínio da mente. Não é um resultado inevitável de condições naturais do ambiente, mas depende da força espiritual inerente e interna do tipo. A evolução moral vai do jogo de forças cegas à evolução autoconsciente da humanidade. Em *The Rational Good* (1921) Hobhouse esboçou a teoria ética geral para a qual sua reflexão filosófica na história da moralidade o tinha conduzido. É uma declaração da reivindicação da razão à prática de governar. A razão está preocupada com a interconexão entre as experiências; mas a vida é um processo e assim o trabalho da razão nunca está completo. A verdade é constantemente ampliada e o erro eliminado. O bem é uma harmonia de experiência e sentimento. O bem racional postula uma harmonia de toda a experiência de todos os seres sensíveis, até onde afeta o sentimento. Ele sugere uma harmonia da mente consigo mesmo e com o mundo. O universalismo desta ordem racional inclui mas transcende o indivíduo. O princípio moral fundamental é o processo em direção à harmonia toda-abrangente – "o ajuste mais perfeito e a coordenação de forças permanentes que trazem melhoria ao movimento no mundo."

§ 10. Características da Ética Contemporânea

As teorias de ética inspecionadas neste capítulo refletem em grande medida as mudanças e atitudes variáveis e as ideias na vida prática. Embora não seja possível dizer que houve ou tem acontecido uma "transvaloração de todos os valores", as ideias morais tradicionais e os modos de conduta definitivamente são desafiados. O processo esteve longe da aceitação dos princípios gerais como universalmente vinculados a uma consideração do valor das experiências individuais como tais. Para propósitos práticos, essas experiências são consideradas de acordo com certos padrões ou tipos, mas o valor dos particulares necessariamente não é pensado como consistindo em um elemento ideal compartilhado por todos em comum. Apesar da pressão da comunidade social, a ênfase será dada novamente à vida da pessoa do indivíduo. Não parece haver qualquer obrigação racional ou inevitável pela qual, para seu próprio sacrifício, o indivíduo desta geração devesse em tempo adotar como seu objetivo a realização de algum resultado remoto de uma possível evolução adicional das espécies. Semelhantemente, não é evidente que ele esteja sob qualquer obrigação racional ou inevitável para subordinar seu próprio bem ao de um bem incalculável de um todo social e amplo. As regras morais prevalecentes na comunidade são consideradas como expressões da experiência passada de seus membros e para uso como orientação, mas como não tendo nenhuma autoridade moral. A única autoridade moral reconhecida está na qualidade moral da experiência pelo próprio indivíduo. Em contraste com a ênfase anterior sobre princípios de aplicação universal, a peculiaridade da pessoa individual é reconhecida, e sugere-se que ele deva refletir o reino dos valores morais de seu ponto de vista distintivo. Em lugar de objetividade e universalidade como sugerindo um caráter formal de identidade da moral para cada um e para todos, o que é buscado é uma coerência ou consistência da moralidade de cada um com a de todos os outros. Na execução prática dessas atitudes, como em sua expressão intelectual, houve e há muita experimentação, com o resultado de que a vida contemporânea não mostra tanto acordo com respeito a detalhes da prática moral como prevaleceu no começo do período considerado. Tendências recentes em ética mostraram a fragilidade, se não o inteiro fracasso, de tentativas de basear uma teoria satisfatória da ética em alguma forma de metafísica abstrata. Eles manifestaram a impossibilidade de atingir uma compreensão da vida moral e do valor moral simplesmente a partir de princípios e fatos da evolução biológica. Eles deixaram claro que as teorias hedonísticas estão baseadas em uma psicologia falsa e muito simples. Ali surgiu um estudo independente da natureza dos julgamentos morais, de suas formas particulares e suas implicações fundamentais. Uma ciência da ética foi invocada primeiro para examinar estes dados empíricos da moralidade. A tarefa que parece mais urgente é uma enumeração de valores morais particulares. Samuel Alexander notou a necessidade disto já em 1889, mas não é possível dizer que alguém já tenha embarcado seriamente na tarefa. Então ele disse: "Uma parte da tarefa da ética é fornecer um *catalogue raisonné* dos diversos julgamentos morais que compõem os conteúdos da consciência moral; uma descrição ordenadamente sistemática das observâncias morais da vida. Esta é a mais trabalhosa e talvez a parte mais importante da ética".[171] Obviamente, para seu cumprimento, é preciso uma vasta gama de conhecimento dos julgamentos morais de diferentes raças, tempos e climas, e das condições nas quais eles surgiram; e isso combinado com um exame intensamente crítico de suas implicações fundamentais. Uma pesquisa de valores morais sugerirá um sistema ou sistemas orgânicos, nos quais todos podem ter um lugar. Em qualquer dado momento qualquer sistema semelhante está inevitavelmente incompleto, porque no processo de viver novas qualidades são experimentados e admitidos ao todo crescente.

 A filosofia da moralidade, enquanto distinta da ética, não está preocupada em buscar uma base ou ideal para a moralidade (os quais só podem ser achados dentro de si mesmos), mas com o lugar da moral na totalidade da experiência. Foi sugerido em muito do que já foi dito que o problema da base da obrigação moral, que antigamente ocupava um lugar central em discussões éticas, passou mais ao fundo. A investigação de valores é considerada independentemente das questões secundárias sobre quem pode estar interessado em sua produção e quem pode desfrutar deles. Antigas teorias tentaram encontrar uma base para a obrigação fora da própria experiência moral, na vontade de Deus, na

---

[171] *Moral Order and Progress.*

soberania do estado ou em um imperativo categórico da razão. A verdade simples é que agora se admitiu que a base de obrigação para se esforçar pelo bem deve ser achada na natureza do próprio bem. Assim, pode ser razoavelmente afirmado que os recentes movimentos em ética serviram para sua emancipação do domínio de considerações não éticas. Ela se tornou mais analítica em seu procedimento. Embora não tenha ainda atingido o que promete, aponta para a realização de uma visão mais rica e mais abrangente da vida e dos valores morais em particular. Por ora pode parecer faltar os movimentos necessários para a coordenação e unificação dos bens intrínsecos particulares nos quais sua atenção está centrada. É oposta a qualquer forma de concepção geral que poderia de alguma forma limitar a atividade e impedi-la de se esforçar por uma riqueza de valores sempre crescente.

O fato de o estudo da ética ter-se emancipado de pressuposições metafísicas não significa que por isso ela possa evitar toda referência metafísica e escapar de todas as implicações metafísicas. Mas com as investigações mais empíricas e analíticas dos últimos cinquenta anos houve uma negligência geral da investigação nestas implicações. Enquanto alguns escritores, como Moore, reconhecem o "bem" não só como predicado como também um "universal", o *status* metafísico de universais é envolvido em algum mistério ao se dizer que eles "subsistem". A natureza da unidade, se houver, no reino dos valores necessita de mais consideração do que lhe foi concedido. Em alguns círculos ainda há uma sobrevivência da primeira visão conceptualista. Assim, Wilbur Marshall Urban, em *Valuation, Its Nature and Laws* (1909), pergunta, "Não há, pelo menos para reflexão, algum valor intrínseco e abstrato logicamente pressuposto nestes fins empíricos aos quais, como uma pressuposição última, as suposições implícitas, as normas empiricamente desejadas, nas várias situações de julgamento podem ser logicamente reduzidas?" Isto sugere um significado de unidade de um tipo abstratamente lógico. A noção de que valores são unificados pela posse de alguma característica que é um denominador comum de todos é uma sobrevivência do intelectualismo formal. A unidade agora buscada é de uma ordem diferente: é a coordenação, o harmonizar de particulares que são diversos de alguma forma do todo que é sistemático ou orgânico. Isto não deve ser alcançado tanto pela reflexão abstrata como por métodos de unificação prática. O princípio que pode guiar tais esforços práticos é um de consistência sentida e não uma ideia de um denominador comum de qualidades ou características dos bens a serem unificados. Unidade significante pode não ser algo que já existe para o intelecto descobrir: o que nós temos é antes um processo de unificação que é alcançada gradualmente.

§ 11. *Ética e Teísmo*

Alguns poucos escritores buscaram uma base metafísica para ética em uma filosofia teísta. Esta parece a única tentativa definida feita em tempos recentes de considerar as implicações metafísicas da moralidade sem reduzir a própria moralidade ao *status* de mera aparência. Isto constitui a tese central dos *Moral Values and the Idea of God* de Sorley e é um dos principais argumentos em várias das obras de Rashdall. O argumento foi concisa e explicitamente afirmado por Rashdall em uma passagem também citada por Sorley. "Uma lei moral absoluta ou ideal moral não podem existir *em* coisas materiais. E não existe na mente deste ou daquele indivíduo. Só se nós acreditarmos na existência de uma mente para a qual o verdadeiro ideal moral já é em algum sentido real, uma mente que é a fonte de tudo que é verdadeiro em nossos próprios julgamentos morais, nós podemos racionalmente pensar no ideal moral como não menos real que o próprio mundo. Só assim nós podemos acreditar em um padrão absoluto de certo e errado, que é tão independente desta ou daquelas ideias e desejos reais do homem quanto os fatos de natureza material. A crença em Deus, embora não (como a crença em um eu real e ativo) um postulado de haver qualquer coisa como a moralidade, é a pressuposição lógica de uma moralidade objetiva ou absoluta. Um ideal moral não pode existir em nenhuma parte e de modo algum senão em uma mente; um ideal moral absoluto só pode existir em uma mente da qual toda a Realidade é derivada.[172] Nosso ideal moral só pode reivindicar validez objetiva na medida em que pode ser considerado racionalmente como a revelação de um ideal moral que existe eternamente na mente de Deus."

Arthur James Balfour em seu *Theism and Humanism* (1915) se empenhou em mostrar que os valores em geral, inclusive a moral, perderiam parte de

---

[172] Ou pelo menos pelo que toda Realidade é controlada.

seu valor e apelariam, parte da sua reivindicação sobre nós, se divorciados de uma visão teísta da realidade. Clemente C. J. Webb em *Divine Personality and Human Life* (1920), associando a moral com a reverência por uma "pessoa", também ressalta mais do que é agora habitual sobre o aspecto de obrigação em moralidade. Nós temos que reconhecer em obrigação, diz ele, "um aspecto não somente de *autonomia*, mas também de *heteronomia*, que se mostra na inspeção ser realmente uma *teonomia*". A ideia de "bem" ao qual a pesquisa prévia da ética recente parece ter nos conduzido é de uma totalidade orgânica de uma multiplicidade de bens: mas não é nesse sentido que o termo poderia ser considerado como usado por Webb na passagem seguinte na qual ele declara sua posição teísta em sua relação com a moral: "A concepção de um Ser Supremo que não é meramente bom, mas *o Bem*, é, desse modo, para o estudante da moralidade, não uma especulação sugerida pelo desejo (por mais legítima e até mesmo inevitável que o desejo possa ser) de executar o pensamento de uma Inteligência Perfeita, mas lhe é recomendado no curso de reflexão sobre os fatos da própria experiência moral".

§ 12. Liberdade Humana

A atitude dos escritores que tratam da ética para com o problema da liberdade humana mudou durante os últimos cinquenta anos. Em tempos mais remotos a noção de responsabilidade moral recebia muito mais atenção que agora e pensava-se que era estreitamente ligada à ideia de liberdade. Agora se pensa em geral o suficiente para reconhecer o fato da escolha moral. O esforço de encontrar uma *via media* entre o determinismo mecânico e libertarianismo completo com o conceito de autodeterminismo, enquanto ajuda a superar algumas das rudezas da primeira posição mencionada, não é possível dizer que se prova adequado para uma explicação dos problemas mais difíceis da reforma do caráter. A ideia de liberdade entra na ética contemporânea de outra forma, como, por exemplo, na filosofia de Dewey. Ela conota a liberdade de atividade procurando novos valores e novos métodos para sua obtenção; a liberdade de inteligência a partir da escravidão para as ideias do passado, a liberdade da consciência moral a partir da sujeição para um ideal fixo. A ideia de liberdade é tratada, assim, como significante para atitudes práticas e não como a descrição de uma característica metafísica da consciência humana. Representa a atitude para a qual o presente e o futuro estão abertos a novidades na moral como em todas as outras esferas. E nesse sentido torna-se aliada das formas modernas de descrição da evolução como "emergente". Porque os valores que aparecem em cada estágio não são vistos só e completamente devidos a causas no passado por um processo de determinação mecânica, nem como se eles fossem chamados à existência por um ideal cuja realidade está de algum modo no futuro ou é eterno.[173] Em outras palavras, valores como emergentes não são explicados por meio de referência a causas eficientes (como do materialismo ou o velho naturalismo) nem por causas finais (como do antigo idealismo clássico). Pode com alguma razão ser contestado que esse método de descrição em termos de evolução emergente simplesmente ignora os problemas últimos que, não obstante, continuam a pressioná-lo sobre o pensamento humano. Por mais que possa ser, é considerado como suficiente em ética reconhecer a realidade da atividade humana e o elemento de espontaneidade no avanço moral.

§ 13. Moralidade e Imortalidade

A importância da ideia de imortalidade para a moralidade recebeu especial insistência de Rashdall, que afirmava que é mais importante para a ética do que a ideia de Deus. A racionalidade do ideal de moralidade parece estreitamente relacionada com a possibilidade de sua obtenção e obtenção não é evidente e completamente possível na duração de uma vida humana comum. É, porém, a qualidade de vida e não sua duração com o que o pensamento contemporâneo está preocupado de maneira particular. Enquanto está sendo vivido julga-se que o moralmente bom é preferível ao moralmente mau e isso não é alterado se a vida cessar completamente: quando não há vida é evidente que não há nenhum bem moral como nenhum mau. A ideia de imortalidade apela para algumas mentes como provendo lugar para mais avanço moral da personalidade individual; mas não é essencial para uma atitude moral para com a vida como ser vivida agora.

---

[173] Veja S. Alexander, *Space, Time, and Deity*, 1920.